2020年
广西蓝皮书
BLUE BOOK OF GUANGXI

广西民族地区发展报告

DEVELOPMENT REPORT OF ETHNIC MINORITY AREAS OF GUANGXI

广西社会科学院　编

知识产权出版社
全国百佳图书出版单位
—北京—

图书在版编目（CIP）数据

广西民族地区发展报告 . 2020 年广西蓝皮书 / 广西社会科学院编 .
— 北京 : 知识产权出版社 , 2022.11
ISBN 978-7-5130-8442-0

Ⅰ . ①广…　Ⅱ . ①广…　Ⅲ . ①民族工作－研究报告—广西—2020　Ⅳ . ① D633

中国版本图书馆 CIP 数据核字 (2022) 第 206534 号

本书以广西民族地区全面建成小康社会为年度聚焦，以总报告、综合篇、年度聚焦 · 族别篇为主要框架，力求全面反映 2019 年广西 11 个世居少数民族全面建成小康社会的总体情况和实现程度，既有宏观论述和总体分析，也有区域发展和个案分析，点面结合，充分发挥蓝皮书在广西民族地区和民族发展方面所起的决策参考、政策先声、投资指南、舆论平台、研究资料库的作用，突出原创性、实证性、权威性、连续性、前沿性。

本书可供民族学领域的研究者及相关部门工作者阅读使用。

责任编辑： 高　源　　　　**责任印制：** 孙婷婷

广西民族地区发展报告（2020 年广西蓝皮书）

GUANGXI MINZU DIQU FAZHAN BAOGAO（2020 NIAN GUANGXI LANPISHU）

广西社会科学院　编

出版发行： 知识产权出版社有限责任公司
网　　址： http：//www. ipph. cn
http：//www. laichushu. com
电　　话： 010-82004826
社　　址： 北京市海淀区气象路 50 号院
邮　　编： 100081
责编电话： 010-82000860 转 8701
责编邮箱： laichushu@cnipr.com
发行电话： 010-82000860 转 8101
发行传真： 010-82000893
印　　刷： 北京建宏印刷有限公司
经　　销： 新华书店、各大网上书店及相关专业书店
开　　本： 720mm × 1000mm　1/16
印　　张： 17
版　　次： 2022 年 11 月第 1 版
印　　次： 2022 年 11 月第 1 次印刷
字　　数： 260 千字
定　　价： 88.00 元

ISBN 978-7-5130-8442-0

2020 年广西蓝皮书编委会

本书编委会

主　编

覃　娟　黄润柏

副主编

张　健　冼　奕　罗柳宁

编　辑

潘文献　刘建文　王红梅

前　言

蓝皮书系列是广西社会科学院学术研究的一个重要品牌。广西社会科学院民族研究所自 2009 年开始负责编撰有关民族发展的蓝皮书，2009 年版和 2012 年版蓝皮书名为《广西民族发展报告》，全面反映广西民族地区的经济、社会、文化发展情况。从 2013 年开始，蓝皮书由广西社会科学院与广西壮族自治区民族宗教事务委员会合作编纂出版，书名改为《广西民族地区发展报告》，其内容不再只是对当年广西民族地区和民族发展进行全面的研究和反映，而是选择一个重点，如文化、民生、教育、旅游等内容进行专题研究，在此基础上形成一个综合性的研究报告。

本书以广西民族地区全面建成小康社会为年度聚焦，以总报告、综合篇、年度聚焦・族别篇为主要框架，力求全面地反映 2019 年，即脱贫攻坚收官之年广西 11 个世居少数民族全面建成小康社会的总体情况和实现程度，同时紧跟新时期新阶段广西民族发展和民族工作的主线，详述广西民族地区和民族发展的现状、成就和经验，深入研究民族地区和民族发展中的热点问题和新问题，既有宏观论述和总体分析，也有区域发展和个案分析，点面结合，充分发挥蓝皮书在广西民族地区和民族发展方面所起的决策参考、政策先声、投资指南、舆论平台、研究资料库的作用，突出原创性、实证性、权威性、连续性、前沿性。

本书作者以科研机构的专业研究人员为主，也有部分来自行政机构、事业单位等部门的人员。本书在框架上力求全面反映 2019 年广西民族地区和民族发展总体情况，在选题上尽量捕捉广西民族地区和民族发展的热点和难点问题。我们希望本书既是对广西民族地区和民族发展的一种真实记录，又能对民族工作起到决策参考作用，同时对民族发展的学术研究也有所裨益。由于经验和水平有限，书中的错漏和缺陷在所难免，希望得到业内专家和热心读者的批评指正，欢迎大家提出宝贵意见。

前言

[illegible]

目录

总报告

综合篇

年度聚焦·族别篇

附 录

总 报 告

广西民族地区全面建成小康社会调查报告

广西社会科学院民族研究所课题组*

“小康社会”是人民对相对富裕、安康、美好生活的憧憬。改革开放初期，邓小平同志第一次明确使用“小康社会”概念表述中国现代化的发展目标。党的十五届五中全会明确提出，“从新世纪开始，我国将进入全面建设小康社会、加快推进社会主义现代化的新的发展阶段”。2012 年，党的十八大报告进一步明确了中国要在 2020 年实现“全面建成小康社会”的目标任务。

中国幅员辽阔，资源禀赋和发展环境不同，区域功能定位不同，东部、中部、西部发展差距较大，各地生产力发展水平参差不齐，因此，各地在全面建成小康社会方面发挥的作用有不同的侧重，各地的全面小康建设水平也存在显著差异。

“全面建成小康社会”不是建成一模一样的小康社会，全面小康不是也不可能是“同一水平小康”，但“全面建成小康社会”的“底线”要求非常明确，这个底线要求就是打赢脱贫攻坚战。习近平总书记指出：“我们不能一边宣布全面建成了小康社会，另一边还有几千万人口的生活水平处在扶贫标准线以下，这既影响人民群众对全面建成小康社会的满意度，也影响国际社会对我国全面建成小康社会的认可度。”[1]脱贫攻坚既是全面建成小康社会

---

* 课题组成员：潘文献，广西社会科学院民族研究所副研究员；覃娟，广西社会科学院民族研究所所长，研究员；张健，广西社会科学院民族研究所副研究员；刘建文，广西社会科学院民族研究所副研究员；冼奕，广西社会科学院民族研究所助理研究员；王红梅，广西社会科学院民族研究所助理研究员；蒋斌，广西社会科学院新型智库处处长，副研究员。

[1] 习近平 . 关于《中共中央关于制定国民经济和社会发展第十三个五年规划的建议》的说明［J］. 求是，2015（22）.

的重要任务，也是目标要求。2020年是中国全面建成小康社会目标实现之年，也是全面打赢脱贫攻坚战的收官之年。目前，广西民族地区的贫困县绝大部分已经脱贫摘帽，融水苗族自治县、三江侗族自治县、那坡县、乐业县、隆林各族自治县、罗城仫佬族自治县、都安瑶族自治县、大化瑶族自治县8个县也达到了脱贫标准，2020年年底已实现全部脱贫摘帽。

广西有壮族、汉族、瑶族、苗族、侗族、仫佬族、毛南族、回族、京族、水族、彝族、仡佬族12个世居民族。广西是以壮族为主体的少数民族自治区，瑶族、苗族、侗族、仫佬族、毛南族在聚居区都建有自治县，回族、水族、彝族、仡佬族是散杂居，缺乏基础的统计数据，本报告主要反映广西民族地区小康建设水平。

一、全面建成小康社会的指标体系和判定标准

从2002年起，学界对全面建成小康社会的指标体系进行了很多研究和讨论，有很多共识，也有不少争议。2008年，国家统计局印发了《全面建设小康社会统计监测指标体系》。在全面建成小康社会的进程中，关于指标体系和判定标准的争议一直没有停止。2013年10月18日，国家统计局公布了目标值采用全国统一标准的方案1，同时兼顾东、中、西部地区划分不同目标值的方案2。

各省区统计局在国家方案的基础上，对指标体系又进行了修改。对照《自治区统计局关于印发广西全面建成小康社会统计监测实施方案的通知》（桂统字〔2019〕62号）中《全区全面建成小康社会统计监测指标体系》和《市级全面建成小康社会统计监测指标体系》，不难发现其与2013年国家统计局公布的方案在具体指标和目标值设置上发生了一些变化。

2020年第11期《求是》杂志发表了习近平同志的重要文章《关于全面建成小康社会补短板问题》。文章指出：

> 一是把握好整体目标和个体目标的关系。全面建成小康社会是国家整体目标，到2020年实现国内生产总值和城乡居民人均收入比2010年翻一番，并不意味着所有地区、所有市县、所有人届时都要翻番，更不意味着不同区域、不同人群届时都同步达到全国平均水平。我国发展不平衡，城乡、区域、人群之间存在收入差距是正常

的，全面小康不是平均主义。对此，思想上要统一认识、广泛宣传。

二是把握好绝对标准和相对标准的关系。在全面建成小康社会目标要求中有的是绝对指标，比如脱贫，是指在现行标准下农村贫困人口实现脱贫、贫困县全部摘帽、解决区域性整体贫困。现行标准是指农村居民每人每年生活水平在2300元以下（2010年不变价），这与“两不愁三保障”要求是一致的。同时，也有不少相对指标，如环境改善方面，要求劣V类水体比例低于5%，这类指标将来还要持续改善。

三是把握好定量分析和定性判断的关系。全面建成小康社会和完成“十三五”规划在时间节点上是一致的。可以说，完成了“十三五”规划主要指标任务，也就实现了全面建成小康社会目标。衡量全面小康社会建成与否，既要看量化指标，也要充分考虑人民群众的实际生活状态和现实获得感。

全面建成小康社会是国家整体目标。从指标体系看，民族地区全面建成小康社会目标关键看是否完成了“十三五”规划主要指标任务，民族地区人民群众的实际生活状态和现实获得感是否显著提高。民族地区农村贫困人口实现脱贫、贫困县全部摘帽、解决民族地区区域性整体贫困是绝对标准。

本报告认为，民族地区完成脱贫攻坚任务，就是实现了自身全面建成小康社会的目标任务。本报告参考《自治区统计局关于印发广西全面建成小康社会统计监测实施方案的通知》，尽量结合多方面的材料反映广西民族地区小康建设水平。一些具体指标没有在2020年实现预设目标值，说明建成水平有高中低的差别。报告中有的指标在县级层面没有统计，有的指标相关政府部门没有公开发布；有的指标可能不够准确和权威。因此，本报告采用的指标只是作为学术研究的参考和对比。

二、广西壮族地区全面建成小康社会水平

壮族在广西主要聚居在南宁市、柳州市、百色市、河池市、崇左市、来宾市，6个地级市壮族人口比例都超过50%；广西其他地级市也有壮族人口分布，但人口所占比例相对较低，本报告以6个地级市壮族各方面的发展情况进行说明。

（一）经济发展

广西壮族地区经济发展呈现明显的不均衡不充分的特点，两极分化严重。南宁市和柳州市是广西经济发展的核心城市，而崇左市、百色市、河池市、来宾市则是广西经济发展相对滞后的地区，其中，河池市、百色市曾经是广西贫困县最集中的区域，河池市 11 个县区全部是贫困县（国家级 9 个，自治区级 2 个），百色市 12 个县区中有 11 个是贫困县（国家级 9 个，自治区级 2 个）。

南宁市作为广西壮族自治区首府，是广西政治、经济、文化中心，是北部湾经济区的核心城市，同时也是“一带一路”和西部陆海新通道的重要节点。在经济发展上，南宁市以第三产业为主，第三产业占地区生产总值的比例达到 65.6%。2019 年，南宁市地区生产总值 4506.56 亿元，全市人均地区生产总值 61 738 元。2019 年年末，南宁市拥有规模以上工业企业 1044 家，其中工业产值超亿元的企业 361 家。金融等服务业、电子信息、食品工业是南宁市的主导产业。2019 年，南宁市城镇化率达到 63.7%。为了进一步增强南宁市综合竞争实力，带动全区经济社会又好又快发展，打造引领全区高质量发展核心增长极，2019 年广西壮族自治区提出“强首府战略”，提出到 2035 年南宁市经济总量占全区比重力争达到 30%。

柳州市是西南工业重镇，也是广西最大的工业城市，工业产值约占广西的 1/4。2019 年，柳州市地区生产总值 3128.35 亿元。柳州市经济发展以工业为主导，汽车、冶金、机械制造等是柳州市的支柱产业，但受汽车市场收缩影响，2019 年柳州市第二产业增加值为 1551.91 亿元，占地区生产总值的比重为 49.61%，下降 0.7%。柳州市是广西城镇化率最高的地区，2019 年城镇化率达到 65.42%，远高于全区 51.09% 的平均水平。柳州市正在加快传统产业转型升级，加快战略性新兴产业布局。

河池市是广西山区比例最高、经济发展最为落后的地区。2019 年，河池市地区生产总值 878.10 亿元，人均地区生产总值仅 24 703 元。河池市是有色金属之乡、水电之乡，在发展过程中国形成了有色金属、食品加工、电力、茧丝绸、建材五大支柱产业，但规模总量有限。2019 年，河池市的城镇化率只有 37.52%，远低于全区平均水平；第一、第二、第三产业增加值占地区生产总值的比重分别为 21.52%、28.17% 和 50.31%，说明河池市经济发展正从农业主导型逐步向服务业主导型转变。广西壮族地区各市地区生产总值及在全区的占比如表 1 所示。

表 1　壮族地区各市地区生产总值及在全区的占比

地区	2019 年地区生产总值 / 亿元	地区生产总值占全区比重 / %
南宁市	4 506	21.22
柳州市	3 128	14.73
崇左市	760	3.58
百色市	1 258	5.92
河池市	878	4.13
来宾市	654	3.08
合计	11 184	52.66

资料来源：各市国民经济和社会发展统计公报。

总体上看，广西壮族地区经济发展呈现严重的两极分化，发展不均衡不充分非常显著。崇左市、百色市、河池市、来宾市地区生产总值总和不及南宁市，只比第二位的柳州市略高。6 个市地区生产总值占广西总体的 52.66%，对全区经济发展有重要影响。

从人均地区生产总值看，壮族地区总体上在 2020 年实现了翻一番的目标，但各市差异显著。柳州市和南宁市不仅经济总量大，人均地区生产总值增长也较快，实现了翻一番的目标。百色市提前一年实现了翻一番的目标。河池市和来宾市经济增长较慢，到 2020 年难以实现翻一番的目标（表 2）。

表 2　壮族地区各市人均地区生产总值翻番情况　　单位：元

地区	2010 年	2019 年	2020 年是否能翻一番
南宁市	26 300	61 738	是
柳州市	35 230	77 056	是
崇左市	18 734	36 129	是
百色市	16 106	34 194	是
河池市	15 011	24 703	否
来宾市	18 385	29 215	否

资料来源：2019 年数据根据各市国民经济和社会发展统计公报整理，2010 年数据来自《广西统计年鉴 2011》（中国统计出版社，2011 年）。

在城镇化方面，除南宁市和柳州市城镇化率较高外，崇左市、百色市、河池市、来宾市的城镇化率都达不到全区的平均水平。特别是崇左市、百色市和河池市，城镇化率相差较大。来宾市城镇化率相对接近全区水平，但近十年来发展速度相对偏慢，人均地区生产总值已经被百色市超越。广西壮族地区总体上常住人口城镇化率接近 54% 的目标值。

（二）人民生活

由于经济的持续发展，广西壮族地区的人民生活持续改善，总体上已经达到小康水平。城镇居民可支配收入在 2019 年都实现了翻一番的目标（表 3）。城市建成区规模不断扩大，城市功能逐步完善，交通基础设施持续改善。2019 年，各市高速公路已经实现相互连通；除崇左市和河池市以外，南宁市、柳州市、百色市、来宾市都通行高铁动车，来宾市到南宁市的高铁动车通行时间只需 40 多分钟。

表 3　壮族地区各市城镇居民人均可支配收入增长情况　　单位：元

地区	2010 年	2019 年	2020 年是否翻一番
南宁市	18 032	37 675	是
柳州市	17 766	37 358	是
崇左市	15 620	33 297	是
百色市	15 976	32 784	是
河池市	14 889	29 665	是
来宾市	17 334	34 950	是

资料来源：2019 年数据根据各市国民经济和社会发展统计公报整理；2010 年数据来自《广西统计年鉴 2011》（中国统计出版社，2011 年）。

在一系列惠农政策，包括脱贫攻坚政策的综合作用下，壮族地区农村居民的收入增长速度快于城镇居民收入增长速度。到 2020 年，农村居民人均可支配收入相当于 2010 年农民人均纯收入的 3 倍（表 4）。农村基础设施改善显著，农村地区生活水平不断提高，特别是贫困地区发生了翻天覆地的变化。壮族地区农村不仅实现了行政村全部通硬化路，100% 通客车，而且实现了 20 户以上自然屯全部通砂石以上的道路。2010—2019 年，壮族地区农村居民家庭汽车拥有量快速增长，农村地区也出现停车难的问题。

表 4　壮族地区各市农村居民人均可支配收入增长情况

地区	2010 年农民人均纯收入 / 元	2019 年农村居民人均可支配收入 / 元	2020 年是否能翻一番
南宁市	5 005	15 047	是
柳州市	4 934	14 715	是
崇左市	4 621	13 320	是
百色市	3 460	12 195	是
河池市	3 598	10 141	是
来宾市	4 659	12 810	是

资料来源：2019 年数据根据各市国民经济和社会发展统计公报整理。

注：2010 年数据为农民人均纯收入，与农村居民人均可支配收入概念不同，但有较强的相关性。

总体上看，广西壮族地区完成脱贫攻坚任务，经济发展、人民生活、文化建设、民主发展、资源环境等方面的关键指标都达到了或者接近“十三五”规划的要求。人民生活显著改善，人民群众的获得感增强，广西壮族地区实现了全面建成小康社会的目标。然而，发展不平衡不充分的问题依然存在，因此在今后的发展中，要坚持以发展为第一要务，加强补短板，惠民生，促进高质量发展。

三、广西瑶族地区全面建成小康社会水平

瑶族在广西分布广泛，本书以广西 6 个瑶族自治县（恭城、富川、都安、大化、金秀、巴马）作为瑶族地区的代表。2015 年年底，除了恭城之外，其余 5 个瑶族自治县都是国家扶贫开发工作重点县。“十三五”期间，瑶族自治县以脱贫攻坚引领经济社会发展全局，实现了翻天覆地的变化。

（一）经济发展

随着 2019 年人均地区生产总值最低的都安县实现翻一番的目标，达到 12 398 元，广西 6 个瑶族自治县全部实现了人均地区生产总值比 2010 年翻一番的目标。得益于脱贫攻坚的巨大投入，广西瑶族地区经济在“十三五”期间连续实现较高速度的增长。

瑶族地区工业经济受到各种市场要素制约，发展比较缓慢，但秀美的山水却为旅游业发展提供了丰富的资源，以旅游业为主的服务业近年来发展迅速，旅游业已经成为带动瑶族地区经济发展最大的驱动力量。由于发展起点低，瑶族地区城镇化率水平较低，2019年只有富川县城镇化率达到40%以上；人均地区生产总值最高的恭城县城镇化率只有32.59%，巴马县仅29.58%。

（二）人民生活

随着经济的发展，瑶族地区人均可支配收入大幅增长，实现了比2010年翻一番的目标。农村居民可支配收入增长更快，逐渐缩小了与城镇居民的相对差距。脱贫攻坚极大地改善了城乡居民的居住条件和生产生活条件，实现了所有建制村通客车。然而，瑶族地区的收入水平相对较低，2019年都安县农村居民人均可支配收入8956元，是全广西最低一档。这一收入水平与33个国家贫困县农村居民人均可支配收入11 958元相比，差距不小。此外，经济基础薄弱，医师和养老床位未能实现目标值。

总体上看，广西瑶族地区完成了艰巨的脱贫攻坚任务，农村地区生产生活条件极大改善，群众的满意度和获得感显著提升。瑶族地区保持了环境优良，但经济发展相对滞后，一些民生短板仍需继续改善。

四、广西苗族地区全面建成小康社会水平

苗族在广西主要分布在融水苗族自治县、隆林各族自治县和西林县，但以融水苗族自治县最为集中，本报告以融水苗族自治县为例进行论述。

（一）经济发展

广西苗族地区经济持续增长，进入中等低收入地区行列。根据初步核算数据，2019年融水县全县地区生产总值126.17亿元，人均地区生产总值约为2.97万元，实现了人均地区生产总值翻一番的目标。融水县以旅游业带动第三产业发展，旅游业成为融水地方经济发展的重要增长点，第三产业占地区生产总值的比重不断上升。2010年，融水三次产业结构比例为27 ∶ 44 ∶ 29，第三产业增加值为11.5亿元，接待国内外游客100万人次，旅游总收入3亿元。2019年，融水县一、二、三产增加值分别完成18.32亿元、44.20亿元和63.65亿元，第三产业占地区生产总值的比重为50.45%，

对经济增长贡献率达 57.23%。

（二）人民生活

随着经济的持续发展，融水县人民生活水平不断提升，城乡居民收入持续增长。2010 年，融水县城镇居民可支配收入为 15 348 元，农民人均纯收入为 3391 元。2019 年，融水城镇居民人均可支配收入达 31 040 元，比 2010 年增长了一倍；农村居民人均可支配收入达 13 909 元，比 2010 年增长了 3 倍。城乡居民可支配收入比由 2010 年的 4.52 降低到 2019 年的 2.23，城乡居民收入相对差距大幅缩小。

总体上看，融水苗族自治县在经济发展、人民生活、三大攻坚、民主法治、文化建设、资源环境方面的关键指标达到了全面建成小康社会的要求，但在创新驱动、教育、卫生、司法、人才、养老等方面还有明显的短板，城乡差距还比较大。融水县全面建成小康社会指标完成情况显示了融水县的社会主要矛盾已经转化为人民日益增长的美好生活需要和不平衡不充分的发展之间的矛盾。为了共圆复兴梦想，融水县需要立足长远，深化改革开放，激发发展活力和经济发展新动能；实施乡村振兴，统筹城乡发展，推进县域经济高质量发展；加快补齐民生短板，不断满足人民美好生活需要。

五、广西侗族地区全面建成小康社会水平

侗族在广西主要聚居在三江侗族自治县，融水苗族自治县、龙胜各族自治县也有分布，但人口所占比例较低，本报告以三江侗族自治县为例进行说明。

（一）经济发展

三江侗族自治县坚持以脱贫攻坚统领全局，全县经济社会持续健康发展，结构优化、效益提升，产业以茶叶、油茶、竹木和旅游业为主。三江县全县地区生产总值由 2010 年的 28.54 亿元增长到 2019 年的 73.92 亿元，人均地区生产总值翻一番。2019 年，三江县第三产业占地区生产总值比重为 54.4%，城镇化率接近 28%。

（二）人民生活

三江县人民生活显著改善。2019 年，三江县城镇居民人均可支配收入

31 110 元，同比增长 8.0%；农村居民人均可支配收入 13 572 元，同比增长 10.1%。居民可支配收入实现了翻一番的目标，城镇登记失业率也控制在 5% 以内，城乡收入比大幅缩小，为 2.29%。

三江县高铁、高速公路先后建成，贵阳至广州高铁、柳州至三江高速等重大交通基础设施的建成，极大地促进了三江县的经济发展。作为国家重点贫困县，三江县脱贫攻坚前期工作效果不佳，后期奋力追赶，2020 年已经达到脱贫摘帽条件，人民群众的生产生活条件显著改善。

六、广西仫佬族地区全面建成小康社会水平

仫佬族属于人口较少民族，在广西主要聚居在河池市罗城仫佬族自治县（以下简称“罗城县”），在罗城县周边有零星分布，本报告以罗城县为例进行说明。

（一）经济发展

罗城县近年来大力发展油茶、糖料蔗、水果、桑蚕、肉牛等扶贫产业，风电开发、酒业、饮用水及旅游业形成产业规模。罗城县 2019 年实现地区生产总值 56.38 亿元，人均地区生产总值 17 983 元，实现了比 2010 年翻一番的目标。2019 年，罗城县第三产业占地区生产总值比例超过 50%，常住人口城镇化较低，为 32.47%。

（二）人民生活

仫佬族是广西三个人口较少民族之一。除了常规的脱贫攻坚投入以外，国家于 2005 年开始实施扶持人口较少民族发展规划，仫佬族地区经济和社会发展项目投入要比一般的贫困县多，人民生活的改善程度也相对显著。但力度最大、改善最为显著的时期，还是 2015 年以来脱贫攻坚阶段。2019 年，罗城县城镇居民人均可支配收入 24 902 元，农村居民人均可支配收入 8915 元，与 2010 年相比都实现了翻一番的目标。2019 年，罗城县城乡居民收入比为 2.79。

七、广西京族地区全面建成小康社会水平

京族同样是中国人口较少民族，主要聚居在东兴市江平镇的“京族三

岛”（巫头岛、山心岛、万尾岛），由于不是县级的行政区域，京族地区相关的市级、县级统计指标缺乏统计。本报告通过定性和部分定量指标描述京族地区的发展水平。

（一）2019 年实现较高水平全部脱贫

京族三岛在改革开放以后，从传统的渔业和农业转向发展对外贸易、水产品养殖、海产品加工和旅游服务。在这一过程中，京族地区的经济发展水平迅速提高，京族群众普遍过上了富裕的生活。20 世纪 90 年代，京族地区提前达到总体小康水平，但仍有少数脆弱家庭因劳动力缺乏、疾病等原因陷入贫困。2015 年，江平镇万尾村的贫困户有 26 户。

除了向贫困户提供贷款发展水产养殖和餐饮店等家庭经营，以及通过扶贫车间吸收贫困劳动力，政府部门还组织贫困户参与农民专业合作社，通过自有土地资源或者政府投入的扶贫资金“代种代养、土地入股”，贫困户获得分红。2019 年，京族实现贫困户全部脱贫摘帽。

2019 年，京族地区农村居民人均可支配收入超过 2 万元，100% 消除了农村危旧房，楼房普及率达 100%，80% 以上的家庭拥有汽车。横向比较，京族地区农村居民人均可支配收入比全国农村居民人均可支配收入高 4000 多元，与江苏省农村居民的可支配收入 22 675 元平均水平相当，高于广东省农村 18 818 元的平均水平。

（二）全面发展的京族地区

京族地区快速发展，过去需要渡船才能到达的京族三岛，已经实现了便利的交通。钦州至东兴的高速公路极大改善了对外交通。东兴市将京族三岛规划入东兴京岛风景名胜区，深入实施“旅游兴疆”战略，着力挖掘京族独特的旅游文化资源优势，使“文化 + 旅游”模式发挥更大效力。

京族地区环境治理成果显著，污水和生活垃圾得到有效处理，处理率 100%；空气质量 100% 达优良等级。京族地区的学前教育、义务教育全面发展。村级卫生室和医院医疗条件不断改善。由于有较多的企业和合作社，对外贸易专业人员和律师较多。京族地区是广西民族地区中唯一的农村教师、医生、律师等专业技术人员达到目标比例且总体保持稳定的地区。这种情况既与京族地区经济收入水平高有关，也与京族地区的整体发展态势紧密相关。

（三）未来民族地区农村发展的可选择方向

广西民族地区农村居民逐渐进入城市，城镇化率逐渐提高，这是社会发展的必然趋势。然而，并不是所有农村居民都必须进入城市，乡村振兴时代的到来，为农村地区的发展提供了更多的机会。京族地区提供了一种选择样本：将家乡建设好，大幅缩小城乡差距，使现代化的家乡成为新型城镇化的一部分，从而实现不大规模迁移也能便利分享城市的公共服务资源和经济辐射。只有这样，才能从根本上解决农村"空心化"和留守儿童等一系列社会问题，也才能使城市在发展中避免因急剧扩张而出现的一系列问题。

八、观察与思考

（一）脱贫攻坚作为全面建成小康社会的底线作用重大

脱贫攻坚之前，民族地区普遍存在区域性贫困。脱贫攻坚以来，广西迎难而上，精准施策，确保脱贫攻坚任务如期完成。不论是通过易地扶贫搬迁，还是通过就地就近发展，脱贫攻坚真正使贫困群众第一次拥有了全面建成小康社会的获得感。

（二）加大区域生态补偿力度促进民族地区发展

广西民族地区的经济发展取得了很大的成绩，人民生活也有了极大的改善，但经济发展水平还是与东南沿海经济发达地区有非常大的差距，而且这个差距还有继续扩大的趋势。广西民族地区在资源环境上有显著的优势，有很多地方是国家重要的生态功能区，为全面建成小康社会作出了贡献。完善区域间的生态补偿机制，加大生态补偿力度，将进一步促进民族地区更好更快地实现绿色发展。

（三）惠农政策要瞄准农民而不是只限于农村

在城镇化加速、农民大量进入城镇的情况下，学生营养餐计划却只能在农村地区学校执行，在城镇就读的农村户籍学生无法享受这一普惠性政策；又如涉农资金可以统筹使用，但是不能用在城镇区域。广西易地扶贫搬迁中80%以上的农村贫困人口进入了城镇区域，人均6万元的费用远远不足以支撑易地扶贫搬迁安置点的发展。因此，统筹城乡发展需要深化改革。要给予地方政府更多的决策自主权，让地方政府能够更好地深化改革，促进城乡协同发展。简言之，惠农政策要突破一些关键的瓶颈，要瞄准农民而不是只限于农村。

（四）民族地区要建成“低欲望高幸福感”的社会

“低欲望高幸福感”的社会中，“低欲望”让人们容易满足，高实现性让人们容易有“幸福感”。“低欲望高幸福感”需要文化认同和价值引导，其必然是城乡差距缩小的社会，是收入、教育、医疗有基本保障的社会。从某种意义上说，脱贫攻坚实现的“两不愁三保障”就是建立了一整套基础的保障体系，它们是支撑追求幸福感的基础和底线。未来民族地区的发展需要进一步加强全面的社会保障系统，提高保障水平，实现高幸福感。

在党的领导下，广西全区人民一定能取得脱贫攻坚的全面胜利，全面建成小康社会的目标一定能实现。但是，发展不平衡不充分仍是最突出的矛盾，后发展欠发达仍是广西最大的区情。与东部发达地区相比，广西全面建成小康社会的水平还有不小的差距。全面建成小康社会是美好新生活的新起点，广西要不断探索，闯出新路子，加快民族地区发展速度，提高发展质量，进而不断提高人民群众的获得感、幸福感。

综 合 篇

新时代广西民族团结进步创建创新研究报告

黄仲盈　莫洋洋*

广西自古以来就是少数民族聚居的地方，作为一个多民族的民族自治区域，长期居住着汉族、壮族、瑶族、侗族、苗族、京族、回族、毛南族、仡佬族、仫佬族、水族、彝族十二个世居民族。各民族在平等的基础上，友好往来，团结互助，和睦相处，建立了良好的民族关系。同时，广西位于祖国的南部边陲，集沿边、沿江、沿海于一体，是我国五个少数民族自治区中唯一的既沿边又沿海的省份，也是我国西南地区唯一具有出海口的省份，为我国的边疆安全作出了巨大的贡献，在改革开放中经济文化发展也取得了巨大的成就。所有这些成就，很大程度上取决于广西长期以来形成的各民族互助合作、友好平等、和睦共处的民族大团结的格局。

广西作为民族团结进步的典范，长期以来积累的宝贵经验对我国各民族共同团结奋斗、共同繁荣发展的民族工作具有极为重要的借鉴意义和启示作用。所以，进行广西民族团结进步创建创新研究，一方面，可以对广西长期以来形成的平等、团结、互助、和谐的民族关系进行一次较为全面的历史回顾和现实经验总结；另一方面，也为党和政府在巩固国家统一、维护边疆稳定、增进民族团结、促进社会稳定等方面提供一些建设性的意见和建议。

一、广西民族团结进步创建创新的经验及成效

广西民族团结进步事业得到了党中央和国家领导人的高度评价。2010年5月，时任国家副主席的习近平同志在广西考察工作时就充分肯定了广西

* 黄仲盈，广西民族研究中心副研究员；莫洋洋，广西壮族自治区民族宗教事务委员会政策法规处三级主任科员。

的民族团结现象，称赞广西为“我国民族团结进步的典范”。2017年4月，习近平总书记在广西考察时又对广西民族团结创建工作作出了进一步指示：“希望你们总结好、运用好、发展好民族团结进步的成功经验，深入开展民族团结进步的成功经验，深入开展民族团结进步创建活动，像爱护自己的眼睛一样爱护民族团结，使各民族心连心、手拉手的好传统代代相传。”

历史经验的总结和优良传统的传承固然重要，而现实的政策措施更是给广西民族团结进步创建工作锦上添花。“我国民族团结进步的典范”的荣誉，承载着自古至今广西各族人民世世代代的理想与奋斗、传承与创新、经验与智慧，功在当代，利在千秋。所以，广西民族团结进步格局的形成，归功于党和国家正确的民族政策；归功于广西壮族自治区各级党委、政府认真贯彻落实党的民族政策，不断地推进民族团结进步活动创新，脚踏实地地带领全区人民共同团结奋斗、共同繁荣发展；归功于广西各族人民对中华民族坚定不移的认同。

（一）积极推进民族团结进步法治建设

法治建设是民族团结工作的重要内容，早在中华人民共和国成立初期，我国就将民族团结写入宪法给予高度重视，如1949年9月通过的《中国人民政治协商会议共同纲领》、1954年的《宪法》都对加强民族平等、促进民族团结作出了明确的规定，此后亦是不断完善了促进各民族和睦相处、平等团结的法律体系。新时代以来，广西通过贯彻落实中央指示、制定地方特色民族法规政策及建立健全社会工作机制等方式推进了民族团结法治建设，成效显著。

一是贯彻落实党和国家相关政策法规。近年来，广西区党委先后召开十一届二次、三次、四次、五次、六次全体会议，就学习贯彻落实习近平总书记对广西工作的重要指示和“建设壮美广西　共圆复兴梦想”的重要精神作出部署。2018年9月30日通过了《广西壮族自治区人民代表大会常务委员会关于加强民族团结进步创建活动的决定》，2019年5月28日通过了《中共广西壮族自治区委员会关于进一步解放思想改革创新扩大开放担当实干加快建设壮美广西共圆复兴梦想的决定》，还制定出台了《广西壮族自治区贯彻落实〈中共中央、国务院关于加强和改进新形势下民族工作的意见〉实施方案》《广西依法治理民族事务促进民族团结实施方案》《关于贯彻落实国家“十三五”促进民族地区和人口较少民族发展规划的实施意见》《关于贯彻落实〈兴边富民行动“十三五”规划〉的实施意见》等文件，从自治区层面明确了广西民族团结工作的指导思想和总体目标，并提出了具体任务要求。这些文件的出台，保证了我国民族团结政策从中央到地方的统一和完整，体现了广西对中央领导和权威的坚定支持。

二是加强自治区自治条例立法。1957 年 7 月，第一届全国人民代表大会第四次会议批准成立广西壮族自治区。同年 9 月，在南宁举行的广西省第一届人民代表大会第五次会议上，成立了广西壮族自治区筹备委员会，设立了法制处，负责草拟《广西壮族自治区自治条例》，历时 4 个多月，进行了 7 次修改最终形成了条例草案。后来由于各种政治运动的干扰，此项工作未能完成。党的十一届三中全会以后，1980 年 10 月，广西第五届人大常委会第五次会议决定，重新起草自治区自治条例，此后经过 1984 年、1988 年、1990 年一系列修改，几易其稿，直至 1993 年 10 月完成了自治条例草案的第 19 稿。由于当时国家经济体制转轨，国家相关政策与自治法的有关规定、与民族自治地方的权利和要求有一定差距，自治区自治条例的制定还没有最后完成。2014 年，在党的十八大所提出的全面依法治国的政策指引下，自治区人大重启了自治条例的制定工作，并将其列入自治区十二届人大常委会五年立法规划，目前，相关调研和制定工作正在有序进行中。

三是形成具有广西特色的民族政策法规体系。结合民族及社会实际，广西制定了具有地方性、民族特色的民族法规政策措施，初步形成了以民族区域自治法为核心，地方性法规和自治县自治条例、单行条例相配套的具有广西特色的民族法规体系。截至 2020 年 10 月，广西现行有效的自治条例、单行条例及涉及民族因素的地方性法规共 52 件，具体包括：12 件自治县的自治条例；21 件自治县单行条例，主要涉及森林管理、道路管理、水库移民、旅游管理、野生植物保护、香猪产业保护、脐橙产业保护、民族特色村寨保护发展、传统村落保护、包装饮用水水源保护及开发、非物质文化遗产保护条例等方面；19 件涉及民族因素的地方性法规，包括发展中医药壮医药条例、非物质文化遗产保护条例、少数民族语言文字工作条例、民族教育促进条例、南宁市民族教育促进条例、清真食品管理条例、河池市非物质文化遗产保护条例、来宾市忻城土司文化遗产保护条例、崇左市左江花山岩画文化景观保护条例等。这些地方性民族法规政策措施为解决广西民族问题、发展社会主义新型民族关系、推进广西民族团结进步事业，构筑了法律保障。

（二）建立健全维护民族团结和社会稳定的合力机制

民族团结创建工作涉及各民族的政治、经济、文化、教育、科技、财政、金融、环境等方方面面，因此绝不仅仅是民族工作部门的事情，需要各行各业、各条战线、各个部门的支持和积极参与。新时代以来，广西区党委、政府加强构筑广西民族工作合力机制，为加强广西民族团结、促进边疆稳定、维护祖国统一提供现实基础。

一是组建民族工作委员会制度。2007年11月10日，广西区党委、区人民政府发文成立自治区民族工作委员会。其主要职能是贯彻执行党中央和国务院关于民族工作的方针政策及法律法规，落实好党的民族区域自治政策；研究全区民族工作的重大问题，对重大民族工作问题进行宏观决策，指导全区民族工作；指导和协调各委员单位认真贯彻执行党和国家、自治区党委和自治区人民政府关于民族工作的方针政策，检查各委员单位开展民族工作情况；开展民族工作的调查研究，就全区民族工作的重大问题向自治区党委、自治区人民政府提出工作建议等。民族工作委员会的组建，以铸牢中华民族共同体意识为主线，在坚持和完善民族区域自治制度，深入开展民族团结进步创建工作，推动民族工作与经济社会发展无缝衔接，推动少数民族聚居区脱贫攻坚、开展兴边富民行动等方面均取得了新成效新突破。2020年，民族工作委员会创新工作举措，印发实施《自治区民族工作委员会委员单位结对挂点打造民族团结进步示范村工作方案》，开展委员单位结对挂点打造民族团结进步示范村工作。40个委员单位结对挂点全区41个村，覆盖14个设区市37县（市、区），与当地党委政府合力培育和打造挂点村，成为广西民族团结进步创建工作的亮丽名片，发挥了典型示范引领作用，推进了全区民族团结进步创建工作，持续推进了广西民族团结进步模范区建设。

二是实现民族团结创建工作的社会化。民族团结创建工作，需要举全区之力，广泛发动全党、全社会的力量，积极联合各级各部门，重视和解决有可能影响广西民族团结、边疆稳定、民族和谐的经济因素、文化因素、教育因素、环境因素，促进少数民族和少数民族聚居地区的经济社会发展。这其中，少数民族代表人士和专家学者队伍是一支不可忽视的建设力量。2009年，自治区党委、政府颁发了《关于进一步开展民族团结进步创建活动的意见》，明确提出要建设一支高素质的支持民族工作的少数民族知名人士队伍的要求。2012年，自治区党委、政府颁布了《广西壮族自治区建设民族团结进步模范区总体实施方案（2012—2016年）》，进一步明确要求“建设好少数民族知名人士队伍”。2014年，自治区民族事务委员会（后改为“民族宗教事务委员会”）在全国率先成立了以少数民族代表人士、专家学者为主的自治区民委专家咨询委员会（后改为“民宗委专家咨询委员会”，以下简称“专家咨询委员会”），推动广西民族团结创建工作的科学化、民主化和程序化。这也是自治区民宗委围绕该委促进团结进步的根本工作任务，采取构筑合力机制的科学工作方法，坚持依靠智库力量的工作思路，秉持实现各方共赢的常态工作理念，作出成立咨询委员会机构的重大决策的创新性成果。自成立以来，专家咨询委员会在做好民族团结进步工作、关注少数民族地区的发展问题、推动少数民族文化传承、促进民族宗教和谐等方面均作出了显著的成绩。

三是建立民族关系监测评价处置机制。2007年2月，国务院办公厅印发的《少数民族事业“十一五”规划》指出：建立民族关系监测系统，制定处置涉及民族因素突发性事件应急预案。根据以上文件精神，2010年，广西在全国率先建立了民族关系监测评价处置机制。该机制包括：“一个系统”，即现代化、遍及全区民委系统的信息报送电子网络系统；“两个信息资料库”，即自治区、市、县三级少数民族社团信息资料库和少数民族知名人士信息资料库；“三支队伍”，即民族工作信息员队伍、民族工作专业顾问队伍和民族关系协调员队伍；“四项制度”，即各级民委与各少数民族社团、少数民族知名人士之间交流沟通联谊制度，民族关系信息收集加工和汇总上报制度，民族关系监测评价制度和民族矛盾纠纷处置制度。该项工作成效显著，在了解民族关系状况、协调处理民族矛盾纠纷、维护少数民族合法权益、维护社会稳定和促进民族团结方面赢得了主动。2013—2017年，自治区民宗委通过民族关系监测评价处置机制向自治区党委、政府报送可能影响民族团结和社会稳定的重要信息50多条，各级民宗委参与妥善处置的涉及民族因素可能影响民族团结的矛盾纠纷案（事）件30多起，为维护广西民族团结和社会稳定发挥了积极作用。该项工作得到了国家民委和广西区党委、政府的充分肯定，并在全国民族关系状况分析会上介绍了经验，同时获得了国家民委专项奖励的荣誉。

（三）打造全方位的民族团结进步创建宣传教育体系

习近平总书记强调，教育是提高人民综合素质、促进人的全面发展的重要途径，是民族振兴、社会进步的重要基石，是对中华民族伟大复兴具有决定性意义的事业。长期以来，自治区党委、政府率领全区各族人民深入持久地开展民族团结教育活动，促进各民族交往交流交融，铸牢中华民族共同体意识，形成了具有地方特点和民族特色的“团结和谐、爱国奉献、开放包容、争优创先”的广西精神。

一是建立健全立体化的广西民族教育体系。长期以来，自治区党委、政府高度重视和大力发展民族教育，构建了大中小学一条龙、各层各面大协同的广西少数民族教育体系，不断推进民族团结进步事业的和谐发展。2000年以来，自治区党委、政府先后投入数十亿元，实施了贫困地区义务教育工程、中小学危房改造工程、教育对口支援工程、边境地区建设大会战教育建设工程、东巴凤革命老区建设大会战教育建设工程、广东省对口支援广西地区教育工程等一系列的教育建设工程，切实保障民族地区教育事业的顺利发展。2007年，全区以党政领导苦抓、各族人民苦干、社会各界苦帮、教育战线苦战的“四苦”精神，率先在全国5个自治区实现了“两基”目标，义务教育普及程度达到100%。从1980年起，自治区开始在14所高校开办大学民族预科教育，建立少数民族预科教育基地，并于2003年实行民族预科生免费上学的政策。截至2017年年底，全区共有高等学校80所、高等教育在校生114.76万人，分别是自治区成立之初的26.7倍和604倍。1988年，自治区党委、政府在融水苗族自治县创办了瑶族女童班，随后将之推广至三江、龙胜、都安等民族自治地方。目前，已经探索和建立起了少数民族女童班、女子初中班、女子高中班一体化的少数民族女童教育模式。从1981年起，为保护和传承壮族文化，自治区财政每年单列专项经费用于开展壮、汉“双语”教学。

二是凝心聚力共促民族素质发展。习近平总书记强调，做好民族工作，关键在党，关键在人。长期以来，自治区党委、政府坚持对各级各类干部进行民族理论和民族政策的培训，培养德才兼备的少数民族干部队伍。在各级党校、行政学院、干部学院、社会主义学院及各级各类干部学习班、培训班、研修班等开设马克思主义民族理论政策和民族团结教育课程、专题，广泛深入地宣传和学习党和国家的民族理论、政策、法规等，全面提升少数民族干部的工作能力和业务素质，不断强化马克思主义国家观、民族观、历史观、文化观和宗教观的教育，引导他们自觉做到“五个认同”[1]。坚持民族团结教育“从娃娃抓起”，在小学、初中、高中、中等专业学校开展民族团结教育课程。自治区财政安排教材采购专项经费，将《广西民族团结教育读本》等民族团结教育教材纳入义务教育阶段免费教科书范围，推动各级各类学校在课堂教学中融入民族团结教育内容，培养学生的民族自信、民族自尊及民族自豪感。在大专院校思想政治教育课程中专题介绍民族理论政策知识，或者专门开设民族理论与民族政策课的专业基础课、公共必修课及通识通选课，全面推动党的民族理论政策进教材、进课堂、进头脑。以广西民族大学民族理论与民族政策课堂教学为主体，组建高校民族理论课程联盟，推动民族理论政策课程内容本土化、教学模式生活化、育人目标现代化的“三化”改革，开创了民族团结教育课堂教学的新模式。2007 年，“马克思主义民族理论与民族政策课程”被评为国家级精品课程；2010 年，该课程教学团队被评为国家级教学团队，真正实现了让和谐化为民族的素质的教书育人的目的。“十二五”期间，拍摄了业内第一门国家视频公开课。“十三五”期间，“马克思主义民族理论与民族政策课程”被认定为国家级精品资源共享课。

三是铸牢各民族共有精神家园。2011 年，自治区第十次党代会提出了“建设民族团结进步模范区”的奋斗目标，并将民族团结教育纳入公民道德教育和社会主义精神文明建设的全过程。以讲“一个”民族团结是福、分裂动乱是祸的道理，讲“两个共同”的民族工作主题，讲“三个离不开”的社会主义和谐民族关系，讲“五个认同”的社会主义民族观，讲马克思主

[1] “五个认同”：指对伟大祖国的认同、对中华民族的认同、对中华文化的认同、对中国共产党的认同、对中国特色社会主义的认同。

义“五观”的“五讲”为主线，在全社会开展民族团结宣传教育，营造民族团结良好氛围。以讲“广西故事”为主题，组织做好百集电视纪录片《广西故事》和百个百姓故事《行进广西·精彩故事》的录制和刊播工作，开展“德行天下·微影故事——广西践行社会主义核心价值观主题微电影征集展示”“德耀中华·大美广西——道德模范在身边”“寻找最美家庭”等活动，引导广大干部群众坚定中国特色社会主义道路自信、理论自信、制度自信、文化自信。2016年，《广西故事》被国家新闻出版广电总局评为上星频道最具影响力节目。以“民族团结教育活动月”“壮族三月三”为平台，不断创新民族团结教育的载体和手段。2008年，自治区党委、政府决定在当年并此后每年开展一次“民族团结教育活动月”；2014年，自治区党委、政府将“壮族三月三”定为广西法定的民族传统节日。“民族团结教育活动月”“壮族三月三”期间，自治区各地开展各项具有民族性、区域性、群众性的民族团结教育活动；组织民族团结教育先进事迹宣讲团在全区各地进行巡回宣讲，讲述和谐壮乡民族团结的动人故事，让各族人民手足相亲，守望相助；在新闻媒体开设“我们都是兄弟姐妹——铮铮民族魂，悠悠爱国情”等典型宣传系列专栏，总结和宣扬广西民族团结进步的经验和典型，提升各族人民和睦相处、和衷共济、和谐发展的思想共识；在边境一线、海疆一线和民族乡行政村推进“国旗工程”，开展升国旗唱国歌仪式，增强各族人民维护祖国统一、维护民族团结、反对分裂的自觉性，强化各族人民的民族认同和国家认同。

（四）积极营造民族互嵌式社区结构和社会环境

构建民族互嵌式社区，是党的十八大以来党中央在充分吸收和借鉴古今中外处理民族关系经验教训的基础上，结合当代中国实践提出的在新时代背景下处理和做好民族工作、促进民族团结进步创建的新思路和新指向。长期以来，广西区党委、政府从经济相通、文化相美、思想相和、生活相近、居住空间相同等方面打造民族互嵌式社区，营造促进各民族共居共学共事共乐的居住条件和社会环境。

一是探索城市民族工作新途径。城市民族工作，最主要的是针对少数民族流动人口的管理和服务工作。截至2019年年底，全区登记暂住人口约

300 万人，其中少数民族 80 多万人。南宁市作为广西首府，城市民族工作尤其重要。针对少数民族流动人口流动性大、生存技能相对较弱、居住环境差、就业面窄、汉语言表达不畅等情况，南宁市以提升归属感、尊严感和幸福感为切入点，坚持以人为本、服务为先的理念，按照公平对待、合理引导、完善管理、搞好服务的原则，成立了全国首家地市级少数民族流动人口服务中心，搭建少数民族居民参与社区管理与服务的机制和平台，被确定为全国首批少数民族流动人员服务管理体系建设试点城市，探索走出了一条“13456”[1]的服务管理城市少数民族流动人口的新途径。据统计，自少数民族流动人口“13456”管理服务平台建立以来，共为少数民族流动人口提供就业创业服务体系 4.3 万人次，解决住（租）房问题超 5 万人次，开展劳动技能培训 3.11 万人次，解决近 5 万名随迁子女入学难问题，提供法律咨询 0.3 万人次，追讨工资 500 多万元，成为南宁市协调民族关系、增进民族感情、化解民族矛盾的一个重要载体，也成为各民族同胞在南宁和睦相处、和衷共济、和谐发展的一个重要保障，得到国家民委、自治区民宗委和各族少数民族流动人口的高度肯定，成为继广州、北京、武汉、上海模式之后第五个全国民族事务服务体系，即“南宁模式”。2016 年 9 月，南宁市被命名为“全国民族团结进步创建活动示范市”，是全国仅有的 13 个示范市（地、州、盟）之一。

二是营造各民族群众共居共学共事共乐的良好社区环境。广西自古以来就是一个多民族聚居的地方，长期以来，各民族友好交往、交流，相互交融，多民族杂居村寨、社区越来越多，各族人民同住一条村、同习一门艺、同耕一峒田、同过一个节现象也非常普遍。国家通用语言文字大范围推广使用，2010 年广西普通话普及率达到 80.7%，是全国第 3 个完成三类城市语言文字工作评估的省区。族际通婚日益普遍，“十口之家，情融五族”的家庭

[1] “13456”：“1”是成立全国首家地市级少数民族流动人口服务中心；“3”是构建市、区、社区三级服务网络体系；“4”是建立完善工作准则、队伍建设、结对帮扶、法律援助四项基本服务制度；“5”是成立民族干部骨干，少数民族联谊会会员，社区“民族之家”成员，志愿者，民族工作信息员、协调员、专家顾问等五支服务队伍；“6”是整合推进外来经商就业、住房租赁、子女入学、法律援助、困难补助、清真食品六项服务。

结构随处可见。各民族群众共居共学共事共乐的良好社区环境不断涌现，如南宁市中华中路社区通过在社区设立“民族之家”“少数民族流动人员服务站”等平台，教育和引导辖区内居住的壮、汉、瑶、苗、侗、维吾尔等民族群众相互尊重、相互交流、相互理解，和睦相处，和衷共济，和谐发展。2012年6月，中华中路社区荣获“全国民族团结进步创建活动示范社区”称号。环江毛南族自治县思恩镇陈双村是个移民大村，居住着壮、汉、毛南、苗、瑶、水6个民族，形成了“一村六族”的民族居住格局，其扎实有效地开展了“六联六促”民族团结进步创建活动，鼓励各族群众互动交流，交知心朋友，做和睦邻居，结美满姻缘，共建美好乡村社区，激发了各民族共同团结奋斗、共同繁荣发展的主体意识，各民族的共同体意识不断增强，2014年被自治区党委、人民政府评为“自治区民族团结进步示范村”，2017年被国家民委命名为“中国少数民族特色村寨”。

三是发展社会主义和谐民族关系。广西自古以来就是一个多民族聚居地。中华人民共和国成立后，广西贯彻落实党的民族平等和民族团结政策，通过颁布《关于少数民族工作的指示》《关于学习民族政策的通知》《关于学习民族政策的几项规定》等政策文件，有序、慎重、稳妥地开展民族工作，逐步消除了历史上遗留下来的民族不平等和民族歧视等现象，稳定了社会秩序，加强了民族团结。长期以来，广西各族人民在共同当家作主的基础上建立起了平等、团结、互助、和谐的新型民族关系。自治区党委、政府按照中央的部署，采取切实有效措施，在政治、经济、文化上全方位发力，持续推动全区各族人民的平等交往、自主交流与深度交融。各族干部群众民族事务一起管，国家大梁一起扛，海防边关一起守，脱贫解困一起帮，发展路子一起闯，五彩文化一起赏，美好生活一起创，绿水青山一起养，形成了各族人民一家亲、同心共筑中国梦的大好局面。广西社会科学院社会舆情调查研究表明，“民族关系”连续十几年一直是广西群众满意度最高的社会指标。2017年4月，习近平总书记在广西考察民族工作时充分肯定了广西的民族关系：“作为全国少数民族人口最多的自治区，广西各族人民长期以来亲如一家，民族关系十分融洽。”

二、当前广西民族团结进步创建存在的问题和不足

当前，广西各民族团结友爱，社会和谐稳定，人民安居乐业，民族团结进步创建工作也取得了显著成效，但民族团结进步创建同样存在和面临着一些值得重视的问题，影响了广西民族大团结格局的巩固和广西民族地区的和谐发展。

（一）相关民族政策有待进一步完善和贯彻落实

民族政策是党和国家为解决我国的民族问题，实行民族平等、团结、互助和各民族共同团结奋斗、共同繁荣发展而制定的一系列法律、法规、政策等。与非民族自治的省市不同的是，民族区域自治地区在政策制定、制度安排、资金落实、人才培养等方面具有较大的自主权，特别是在财政、税收、干部配备、地方性法规的制定、自治权的享有和使用等方面相对于其他非民族自治的省市更自主、更灵活。但是，在现实的执行过程中，一些民族政策未得到很好的贯彻落实，一定的程度上削弱了广西民族区域自治的权利，影响了民族团结进步创建工作的顺利进行。

（二）相关配套政策、制度有待于进一步充实和细化

当前，广西规范和指导各地各部门开展民族团结活动的法规和规范性文件较为缺乏，主要是立法相对滞后，指标体系不完善。2016 年 11 月 30 日广西壮族自治区第十次党代会提出“建设民族团结进步模范区”决策部署后，只有 2016 年出台的《中共广西壮族自治区委员会贯彻〈中国共产党统一战线工作条例（试行）〉实施办法》和 2018 年 9 月 30 日广西壮族自治区第十三届人民代表大会常务委员会第五次会议通过的《广西壮族自治区人民代表大会常务委员会关于加强民族团结进步创建活动的决定》这两个文件对民族团结进步创建活动提出具体要求，且对相关指标设定、考核细则、奖惩措施等缺乏进一步的系统化和细则化。目前，全国已有多个省（区）、市出台了民族团结进步工作条例，如《青海省促进民族团结进步条例》《云南省民族团结进步示范区建设条例》《贵州省促进民族团结进步条例》《新疆维吾尔自治区民族团结进步工作条例》《新疆维吾尔自治区民族团结教育条例》《拉萨市民族团结进步条例》等，将组织开展民族团结进步创建活动上升为各级

政府的法定职责，明确各级各部门的责任和义务，实现了民族团结进步创建工作的法治化、规范化、常态化。

（三）相关实施方案和措施还需进一步规范化和具体化

当前，广西民族团结进步模范区建设工作未能对国家相关规定和群众要求给予细化和量化，工作制度化、常态化、精细化不足，特别是缺乏科学的制度规范和严格的量化考评机制。一是未能明确模范区建设工作考核、通报、问责和奖励制度，未将民族团结进步模范区建设纳入各级党委、政府年度工作目标一起部署、一起落实、一起检查、一起考核。2019 年，广西将民族团结进步作为 4 个专项工作（其他 3 个专项为党的建设、平安建设、精神文明）之一纳入绩效考核奖励，设置“贯彻落实重大决策部署、履行职能职责、创新开展民族团结进步工作、表彰奖励、经验推广”5 项考核指标 10 个方面具体评分细则，但由于缺乏相关操作细则，多数地方政府和各级相关部门对该项考评工作持观望态度。二是未能多方联动，形成党委领导、政府主抓、部门协作、社会参与的民族团结进步创建机制，民宗委委员制度作用不明显，全社会共同参与创建、共同维护民族团结的氛围不浓。相比之下，云南不仅出台了《云南省民族团结进步示范区建设条例》，而且构建了民族团结进步示范区建设评价指标，制定出台民族团结进步示范区规划，确定实施 6 大工程、30 个项目，设置 33 个量化考核指标，涵盖方方面面，确保示范区建设实体化、工程化、项目化；各州市结合当地实际，可进一步细化实施方案和考核评价指标，使示范区建设各项目标任务落到实处。

（四）相关部门权责和工作合力还需进一步明确和加强

民族团结工作是一项涉及面极广的系统工程，需要各级党委、政府统筹协调、督促落实，以及各部门积极配合、基层单位发挥主体作用。由于广西的民族关系一向良好，民族团结法制宣传教育工作往往容易被忽视。目前，广西的民族团结工作还是难以与中心工作、业务工作紧密结合起来，二者存在相互分离的“两张皮”现象。原因主要有三点：一是民族团结工作主要是做人的工作，中心工作、业务工作主要是做事或物的工作，对象的差异容易导致“两张皮”现象。二是中心工作、业务工作周期短，而民族团结工作是长期任务。三是中心工作、业务工作纳入绩效和干部考核比重较高，民族团结工作比重较低。

（五）相关教育体系和教育课程还需进一步完善和强化

十年树木，百年树人，教育是民族团结进步的重要基石。自治区成立以来，特别是“十二五”以来，广西的民族教育事业取得了快速发展，教育普及程度大幅提高，但与全国发展水平相比还有较大差距，教育发展不平衡、不充分的问题还比较突出。截至2017年年底，广西有51个县（市、区）通过国家义务教育发展均衡县督导检查，通过率仅占全区县（市）区总数的50%左右，均衡发展压力大；64个少数民族聚居县（市、区）主要分布在桂中和桂西北，主要教育指标不仅低于全国平均水平，也低于全区平均水平，特别是龙州县、靖西市、那坡县、防城区、宁明县、凭祥市、大新县、东兴市8个边境县（市、区），教育经费不足，教育发展不充分的现象仍比较突出。此外。2008年12月，教育部、国家民委联合颁布了《学校民族团结教育指导纲要（试行）》，将民族团结教育课程列入地方课程实施的重要专项教育，成为学校教育的组成部分。十几年来，广西民族大学逐渐形成“民族理论与政策”课程的教育品牌，其所推进的“民族理论政策教学”内容本土化、教学模式生活化、育人目标现代化的“三化”改革成为全国民族院校推广的经验。但纵观全区高等高职院校，仅有广西民族大学专门设置“民族理论与政策”课程，与内蒙古、新疆、西藏、宁夏其他4个民族自治区均在全区高校开设“民族理论与政策”课程相比还有诸多不足，这就充分说明民族团结教育课程进校园在广西还需进一步加强和推广。

三、促进广西民族团结进步创建的相关建议和对策

中央对广西的民族团结进步创建工作赋予“典范”的称号，既是一种荣誉，也是一种鞭策，更是一种责任，要继续保持和发扬“典范”，广西任重而道远。民族团结进步“典范”是广西各族人民在漫长的历史发展过程中和谐共生、共存共荣的结果，更是中华人民共和国成立以后，党和国家正确地实施民族平等、民族团结政策的结果，集中体现了中国民族区域自治制度的优越性。在新的形势下，必须保持和发扬广西的“典范”经验，巩固和发展广西各族人民大团结的格局，发展广西和谐民族关系，促进和提升广西各族

人民的民族认同意识和国家认同意识，发挥和体现中华民族强大的凝聚力。

（一）建立民族政策的调研和评估机制

开展民族团结进步创建工作，必须建立和完善相关的专家调研和评估机制，以提高政策评估的客观性和全面性，提高政策评估结论的公信力。一是进行事前风险评估。在一项民族政策出台之前，要组成专家调研组，深入民族地区调研，倾听基层群众的意见，收集、整理和汇总少数民族群众反馈的信息，尽量做到客观、全面、可行。二是进行事中绩效跟踪。要对政策的实施对象进行一系列的跟踪考察，分析政策实施过程中执行的情况、取得的实效、出现的问题等，找出其中的症结所在，并不断地改进和完善。尤其是相关民族政策的实施，必须从民族地区的历史条件、文化传承、发展现状、风俗习惯、民族品性等多方面综合考察，不断调整政策，以符合民族地区和少数民族发展的实际需要。三是进行事后综合评估。这涉及建立专业评估组的问题。一项政策能否发挥其应有的作用，主要还是看其最终的成效。这个成效，不仅需要行政机关进行评估，还需要专家学者进行评估。由于专家学者在技术化、专业化等方面具有相对的比较优势，这就使他们在评估上更加趋于理性化，可以更加客观、全面地反映政策实施的成效，以便及时发现问题，及时调整政策。

（二）建立民族团结创建的组织和践行机制

民族团结进步创建工作需要形成工作合力，要有顶层设计，要“务实”不能“务虚”。一是将民族团结先进创建工作融入全区工作大局统筹推进。将民族工作与中心工作紧密结合、有机统一、融会贯通，做到一起规划、一起部署、一起落实、一起考核，使二者相互协调，互相促进。二是制定出台《广西壮族自治区民族团结进步促进条例》。尽快制定出台符合广西区情的《广西壮族自治区民族团结进步促进条例》，用法规、政策、制度的形式将民族团结的政策做法固定下来，能为我们解决民族问题提供指导性意见，改变当前广西开展民族团结进步创建活动法治建设水平相对滞后的局面，更好贯彻执行党的民族政策。三是将广西民族团结成功经验融入规章制度政策文件之中。当前广西地方性民族法规有关民族团结内容较少，仅有的一些地方性民族法规也没有广西特色，未有效纳入广西民族团结进步的成功经验。所以，可以利用广西各民族交往交流交融相对密切、各地区经济社会发展相对协调等有利条件，将广西民族团结进步的成功经验具体化、政策化，制定相应的专门规范性文件或者作为规范性文件的重要内容。

（三）营造民族大团结的社会氛围

大力弘扬民族团结的“典范”精神，以民族团结塑造人，以民族和谐引导人，营造促进各民族大团结的良好社会氛围。一方面，以民族和谐为主要研究导向，通过著书立说，在舆论上渲染和宣传广西长期以来形成的各民族和睦相处、和衷共济、和谐发展的民族大团结格局。必须以“典范”为行动指南，一切研究工作要紧紧围绕“民族和谐”这个中心，权衡各民族之间政治权利与经济利益的一致性，消除各民族之间相互隔阂和互不信任的心理，正确处理和调解各民族之间的矛盾和纠纷，使广西各族人民在相互交往、接触、沟通的过程中，尊重彼此政治、经济、文化等各方面发展的成果，协调个人利益与集体利益、民族利益与国家利益之间的密切联系，进而增强中华民族认同和国家认同意识，促进民族地区和谐社会的构建。另一方面，促进马克思主义民族理论和民族政策课程在学校教育教学体系中的运用和推广。在各个学校设置马克思主义民族理论与民族政策的课程，进行民族平等的教育、民族团结的教育、中华民族社会主义统一大家庭的教育，增进各族人民对民族关系“三个离不开”的认识和理解，维护民族团结，促进国家统一。

（四）制定民族利益的诉求与表达机制

实践证明，少数民族群众参与构建民族地区和谐社会，维护社会主义和谐民族关系的积极性，主要来自于其自身利益的保障和对社会无利益冲突的心理诉求。当前，民族地区少数民族在其利益表达上尚存在着诸多不如人意的地方，如表达意识不强、表达制度不健全、表达渠道不通畅、表达组织程度低、表达方式不当、表达回应不佳等。针对以上存在的问题，在民族团结先进创建工作中需要加强以下制度建设：一是各级政府及相关部门完善基层民主制度、信息公开制度、信访制度、立法和决策旁听制度、公民监督制度、社情民意访谈制度、公民诉求回应制度等，搭建多种形式的沟通平台，及时了解、处理少数民族群众反映的问题，引导他们以理性、合法的形式表达利益诉求，预防和及时化解社会矛盾。二是积极培育和壮大少数民族利益表达组织，增强少数民族在社会利益分割中的话语权和行动力，如组建各种社会团体、行业协会、研究学会等，提高利益表达组织骨干人员的公民法律意识、法治观念及沟通协调的工作能力，实现少数民族与政府之间在民生利益表达和民生决策上的下情上传、上下贯通、政通民和。三是充分发挥广播、电视、报纸、杂志、网络等媒体作用，拓宽社情民意表达渠道，积极收集少数民族的意见和建议，推动少数民族民生利益表达的广泛性、全面性建设。

（五）建立民族舆情处置与疏导机制

发展社会主义和谐的民族关系，为民族团结先进创建工作保驾护航，要建立科学、合理的民族舆情处置与疏导机制。一是充分运用学术知识和研究成果，利用电视、电台、报纸、刊物、网络等媒体，采取各种形式，大力营造正面、积极的民族舆情氛围，以占领宣传的主阵地。二是加强与相关传媒的合作力度，加大有关民族理论、民族政策和民族团结先进事例、个案及个人的宣传力度，特别要重视来自少数民族群众的信息和案例，使传媒的信息和评论更贴近实际、贴近群众、贴近生活，有效地引导民族舆情。此外，专家学者要对民族舆情进行深刻的分析，以其独特的见解，对民族舆情进行话题引导和舆论方向的控制，使民族舆情朝正确、良性的方向发展。三是要掌握民族舆情的话语权。民族舆情在形成和传播的过程中，个别错误信息和言论会迅速蔓延，误导少数民族群体的认知和判断。为此，要从源头上掌握信息的真伪和全貌，制定对策，主动出击，以便控制舆情，把握全局。

“十三五”期间广西兴边富民发展研究报告

刘建文*

广西壮族自治区地处祖国南大门，边境地区有百色、崇左和防城港三市，那坡、靖西、大新、龙州、宁明、凭祥、东兴、防城8个县（市、区），是我国唯一与东盟成员国既有陆地接壤又有海上通道的省区，是中国—中南半岛经济走廊最便捷的贸易通道。

广西边境地区是少数民族集聚区。第七次全国人口普查主要数据显示，2020年11月，百色市各少数民族人口为2 983 232人，占总人口83.53%，其中壮族人口占总人口74.95%；那坡县各少数民族人口为160 630人，占总人口93.51%；靖西市各少数民族人口为477 455人，占总人口97.61%。崇左市各少数民族人口为1 780 913人，占总人口85.26%，其中壮族人口占总人口84.09%；大新县各少数民族人口为272 370人，占总人口96.39%，其中壮族人口占总人口96.07%；龙州县各少数民族人口为1 780 913人，占总人口85.26%，其中壮族人口占总人口84.09%；凭祥市各少数民族人口为99 452人，占总人口76.59%，其中壮族人口占总人口75.10%；宁明县各少数民族人口为259 126人，占总人口81.13%，其中壮族人口占总人口80.21%。防城港市各少数民族人口为438 656人，占总人口41.93%；防城区各少数民族人口占总人口35.11%；东兴市各少数民族人口占总人口32.25%，其中京族人口占总人口9.64%。[1]“十三五”期间，广西兴边富民工作取得了很大的成就，既积极发展经济，维护社会稳定，也保卫了祖国南大门的安全。

---

* 刘建文，广西社会科学院民族研究所副研究员。

[1] 数据来源于各地第七次全国人口普查。

一、边境地区基础设施建设成就突出

“十三五”期间，边境地区的交通和口岸基础设施建设升级取得了新的突破，促进了兴边富民高质量发展。

（一）交通基础设施建设成果显著

“十三五”期间，广西边境地区建成了靖西至龙邦、崇左至靖西、崇左至水口、防城区至东兴等一批高速公路，东兴—芒街二桥建成投入使用；完成了左江崇左至南宁（宋村三江口）Ⅲ级航道工程、崇左港扶绥港区扶绥将军岭作业区一期工程等一批重大交通项目。开工建设南宁至崇左铁路、防城港至东兴铁路、隆安至硕龙高速公路、崇左至爱店高速公路、巴马至凭祥（友谊关）高速公路（崇左段）、大新德天至宁明花山公路、水口至驮隆中越二桥、崇左港中心港区濑湍作业区工程、左江山秀船闸扩能工程等一批重大交通项目。左江、右江航道自崇左、百色以下可实现1000吨级货轮直达粤港澳地区。“通边达海”“边海互动”的边境地区交通格局已基本形成。

（二）口岸基础设施进一步完善

“十三五”期间，广西加强对边境口岸基础设施的投入，边境口岸不断升级，大大促进了边境贸易和边境加工业的发展。龙邦口岸那西通道已经建设成为广西沿边地区功能齐全的现代化口岸，粮食和水果进境指定口岸基础设施建成开放使用，百色岳圩边贸互市点已经投入运营，新兴、弄平边贸互市点正在建设中；凭祥综合保税区货场扩建完成、凭祥铁路水果进境指定口岸建设已经投入运营；水口口岸升格为国际性口岸并扩大开放水口二桥，友谊关口岸扩大开放浦寨、弄尧通道和硕龙口岸对外开放相继获得国家批复；东兴—芒街二桥口岸已经建成投入运营，东兴峒中口岸扩建基本完成。截至2019年年底，边境地区有东兴、友谊关、水口、凭祥（铁路）、龙邦、平孟等国际性口岸（一类口岸）6个，双边性口岸（二类口岸）6个，边民互市点25个，中越友谊关—友谊口岸国际货物运输专用通道日均通关车辆达1200多辆次。

二、开放合作成效显著

（一）开放合作平台集聚优势凸显

广西边境地区拥有众多开发开放合作平台，百色市、崇左市和防城港市都拥有国家级重点开发开放试验区，都属于沿边金融综合改革试验区。百色市是国家生态型铝产业示范基地、全国政策性金融扶贫实验示范区。崇左市拥有凭祥边境经济合作区、中越凭祥—同登跨境经济合作区、中越德天—板约国际旅游合作区、凭祥综合保税区、中国广西自由贸易试验区崇左片区；防城港市则拥有中越东兴—芒街跨境经济合作区、东兴边境旅游合作试验区、防城港国际医学开发试验区、东兴边境经济合作区等平台。这些平台从不同的领域和维度推动边境地区的开放创新和经济发展，对边境民族地区兴边富民具有极大的促进作用。

（二）对外贸易突飞猛进

边境地区口岸已经成为广西对外贸易的主要窗口。2019 年，崇左市外贸进出口额完成 1893.39 亿元，比上年增长 28.3%，总量占全区的 40.3%，保持全区第 1 位；其中，出口额完成 1300.24 亿元，增长 19.0%；进口额完成 593.15 亿元，增长 55.1%。百色全市外贸进出口总额 261.81 亿元，比上年增长 20.5%；其中，出口总额 231.35 亿元，增长 31.4%，进口总额 30.45 亿元。对越边境贸易 240.03 亿元，加工贸易 205 亿元，一般贸易 19.28 亿元。[1] 防城港市外贸进出口额 804.9 亿元，比上年增长 12%，列在全区各地级市第 2 位。2019 年，边境地区三市进出口额 2960.1 亿元，占全区外贸进出口总值 4694.7 亿元的 63.05%，成为带动广西对外贸易发展的重要引擎。

（三）落地加工业持续发展

“十三五”期间，边境地区依托开放合作平台优势，着重抓边境产业园区建设，促进落地加工业加速发展。百色市建成了广西万生隆国际商贸物流中心东盟跨境产业园；崇左市建成了水口产业园区、凭祥综合保税区贸易加工区、夏石—宁明边境贸易加工产业带；防城港市建成了江平产业园等一批

---

[1] 进出口总额分为边境贸易、加工贸易、一般贸易三个种类。

落地加工业园区，大力发展木材、坚果、水产品等边境贸易加工业，逐步发展面向东盟成员国的电子信息产品、服装等出口加工业。同时，边境地区三市发挥口岸（互市点）独特优势，大力实施边贸扶贫工程，充分利用边民可享受“每人每天交易8000元货物全免关税”的边贸优惠政策，组建边贸合作社（互助组），创新“边民+合作社（互助组）+落地加工”模式，组织边民尤其是贫困边民通过参与边贸商品落地加工、互市贸易、边贸运输、装卸货物等方式实现脱贫致富。

三、经济发展和人民生活水平得到较大的提高

“十三五”期间，边境地区发展壮大了一批产业，这些产业成为当地经济发展的支柱产业，也提高了人民生活水平。

（一）建立了一批支柱产业

蔗糖业成为崇左市农民脱贫致富的支柱产业。崇左市是国家重点“双高”糖料蔗基地，所辖7个县（市、区）中有5个被国家发改委定为甘蔗生产基地县；全市甘蔗种植面积由2016年的421万亩发展到2019年的434万亩，原料蔗产量达2619.56万吨，已成为广西乃至全国甘蔗生产第一大市，甘蔗产量及糖产量约占广西的1/3、全国的1/5，连续17个榨季居广西和全国首位，成为名副其实的“中国糖都”。2019—2020年榨季，辖区内6家企业集团15家糖厂开机生产，总榨蔗量1671.16万吨，混合产糖216.79万吨，混合产糖率12.97%。甘蔗入厂量、产糖量继续居全国地级市首位。全市实现蔗农收入近90亿元，其中贫困蔗农总收入20亿元左右。全市60%左右的农民经济收入主要来源于甘蔗收入，糖业财税是崇左市财政收入的重要来源，约占全市全年财税收入的1/3，有的县（区）甚至达到70%。崇左市积极推进糖产品精深加工，打造制糖循环产业链。目前，已经形成了制糖、造纸、酒精、酵母、酵母抽提物、味精、生物肥、生物质发电等多条蔗糖循环经济产业链。2019年，崇左全市糖业循环经济（不含制糖业）产值达到70亿元。当前，广西边境民族地区已经成为全国蔗糖的主力产区，带动了边境民族地区群众脱贫致富。

铝产业成为广西的重要支柱产业。铝业是广西边境民族地区新崛起的特

色产业，目前，已经形成了以百色市铝工业为龙头、崇左市和防城港市联动发展的边境地区铝工业产业带，成为我国重要的铝工业基地。2019 年，百色市一批铝产业项目建成投产，一批铝产业项目加快建设，铝土矿—氧化铝—电解铝—铝精深加工—铝应用的铝全产业链基本形成，实现年产 187 万吨电解铝、320 万吨铝加工产能。2019 年，百色全市氧化铝产量 846.46 万吨，电解铝产量 181.63 万吨，铝合金产量 5.55 万吨，铝材产量 128.52 万吨；铝合金增长 87%、二氧化锰增长 40.9%、电解铝增长 39.2%、铝材增长 14.8%。田林百矿铝业、德保百矿铝业、广西翔嵘铝业、靖西鲁桂铝业、靖西天桂铝业五家企业拉动规模以上工业累计产值增长 6 个百分点。2019 年，百色市铝产业总产值达到 643.5 亿元，同比增长 18.1%。2020 年，防城港中铝集团年产 200 万吨氧化铝项目建成投产。同时，年产氧化铝 200 万吨的龙州县低品位难处理铝土矿开发及综合利用（氧化铝）项目正在建设之中。这些项目极大地带动了边境地区的工业经济增长，促进了广西铝产业转型升级，铝产业链千亿元产业即将建成。

此外，崇左市南国铜业有限责任公司和防城港市金川有色金属有限公司的铜业也得到快速发展，已经成为边境地区新的千亿元产业。

（二）边境地区同步进入全面小康社会

广西边境民族地区是贫困地区。据 2016 年 8 月的数据，百色市、崇左市和防城港市三个边境市的贫困人口占广西贫困人口的 23.4%，除了凭祥市和东兴市外，广西边境其他县市都是贫困县（市、区）。百色市是全国 14 个集中连片的贫困地区之一，全市 12 个县（市、区）中有 9 个是国家扶贫开发工作重点县，2 个是自治区扶贫开发工作重点县。2016 年，广西边境地区还有 1 057 828 人贫困人口，其中边境县（市、区）390 577 人（表 1）。百色市边境地区的那坡县和靖西市、崇左市的龙州县和天等县是国家级贫困县。截至 2020 年 11 月，广西边境地区脱贫攻坚全面完成，与全区同步进入全面小康社会。

百色市是边境地区贫困人口最多的设区市。2019 年，全市居民人均可支配收入 19 669 元，比上年增长 8.9%；按常住地分，城镇居民人均可支配收入 32 784 元，比上年增长 7.1%；农村居民人均可支配收入 12 195 元，比上年增长 10.0%。城镇和农村居民人均可支配收入均比 2010 年的指标翻一番。“十三五”期间，百色市脱贫致富“造血”功能显著提升，建成脱贫奔康产业园496个，带动13.5万户贫困户；“5+2”特色产业覆盖率达96.1%，其中，百色芒果扶贫产业被国家、自治区作为扶贫产业典范推广。2019年，建成就业扶贫车间342家，建成爱心公益超市268个，开展建档立卡贫困劳动力职业技能培训2.3万人次，农村贫困劳动力新增转移就业7.08万人；1854个行政村（社区）集体经济收入均达到4万元以上，其中，272个行政村达到10万元以上，全市贫困村集体经济总收入同比增长35.7%；全市完成建档立卡搬迁入住42 118户181 687人，2019年提前一年完成“十三五”建档立卡贫困人口搬迁任务。2020年11月，百色市所有贫困县全部摘帽，170个贫困村全部出列，剩余的3.78万贫困人口全部脱贫。[1]

表1 2016年广西边境地区贫困人口总数分布

地区	贫困户总数/户	贫困人口总数/人	贫困村总数/个
广西边境地区	269 660	1 057 828	1 122
其中：边境县（市、区）	99 726	390 577	386
①防城港全市	8 352	34 288	81
东兴市	730	2 780	4
防城区	2 985	12 599	42
②百色全市	172 542	681 668	754
靖西县	31 163	125 872	123
那坡县	13 670	53 768	59
③崇左全市	88 766	341 872	287
大新县	16 815	64 961	48
龙州县	14 018	50 828	47
宁明县	17 562	71 949	52
凭祥市	2 783	10 256	10

资料来源：广西扶贫网。

崇左市是广西脱贫攻坚主战场之一，所辖7个县（市、区）中，龙州、天等属于国家扶贫开发工作重点县，龙州、宁明、大新、天等4个县属于全

[1] 关于百色市2019年国民经济和社会发展计划执行情况与2020年国民经济和社会发展计划草案的报告[EB/OL].（2020-04-17）[2021-06-03]. http://www.baise.gov.cn/zwgk/jcxxgk/ghjh/zzqgh/t6630475.shtml.

国滇桂黔石漠化片区县，扶绥、江州、凭祥属于扶贫开发面上县。“十三五”时期，全市有贫困村 287 个，占全市行政村的 1/3 以上；农村贫困人口 34.18 万人，总量排广西第 5 位；贫困发生率 18.16%，排广西第 3 位。

2019 年，崇左市全体居民人均可支配收入 20 967 元，比上年增长 9.5%，比 2010 年翻一番，提前一年实现翻番目标。城镇居民人均可支配收入 33 297 元，比上年增长 7.7%；农村居民人均可支配收入 13 320 元，比上年增长 11.0%[1]，全面建成小康社会。全市脱贫攻坚取得显著成效，农村贫困人口由 2016 年 34.18 万人减少到 2019 年年底的 1.09 万人，实际减贫 33.67 万人，贫困发生率从 2016 年 18.16% 降到 2019 年年底的 0.54%；贫困村由 2016 年 303 个减少到 2019 年年底的 25 个。2017 年，龙州县成为广西首个脱贫的国家扶贫开发工作重点县；2018 年大新县、宁明县顺利脱贫摘帽；2020 年 5 月，天等县实现脱贫摘帽，退出贫困县序列。2020 年，崇左全市脱贫人口 34.18 万人，实现贫困人口全部脱贫目标。

四、问题与挑战

（一）基础设施建设不能满足边境民族地区开放发展的需要

1. 交通基础设施建设相对落后

交通落后主要表现在两方面：一是铁路系统已经满足不了日益增长的客运需求，湘桂铁路南宁—凭祥段扩能改造、靖西—龙邦铁路迟迟不动工，制约了边境地区与内地之间铁路运输效能的提高；二是沿边公路也不完善，多数一类口岸还没有修通高速公路，二类口岸没有全部通达二级公路，大多数边民互市点只有等外公路，与中国　中南半岛国际经济走廊的定位不相称，不利于边海互动，影响沿边经济发展。

2. 口岸基础设施及配套设施建设滞后

广西沿边口岸虽然不少，但是口岸基础设施建设欠账多，口岸功能满足不了进出口的需求，一些重要口岸及互市点查验、仓储、监管等基础配套设施严重老化。凭祥铁路口岸现有的铁路运力和基础设施难以适应资源大开发、经济大发展、人流物流大流动的需要，亟须进行扩能改造建设。边境地

[1] 见《崇左市 2019 年国民经济和社会发展统计公报》。

区二类口岸无法享受国家专项扶持资金，仅靠地方财政投入明显不足，广西的二类口岸及边境贸易互市点的建设资金缺口大。

（二）可持续发展的经济生态系统还未形成

边境地区大多数县市经济发展水平仍然落后，财政收入少，自主发展能力差，可持续发展的经济生态系统还没有建立起来。

1. 边境地区创造财政收入能力差

除了靖西市、东兴市和凭祥市财政收入较好以外，其他县市财政收入都不高。2019年，靖西市财政收入23.05亿元，同比增长6.2%，但是公共财政预算支出达64.33亿元。那坡县财政收入完成40 838万元，公共财政预算支出336 048万元。大新县财政收入39 318万元，同比增长5.2%；公共财政预算支出289 668万元，同比增长5.9%。龙州县财政收入49 351万元，同比增长1.7%；公共财政预算支出311 763万元，同比增长18.0%。凭祥市进出口总额最多，但是2019年财政收入仅64 980万元，同比下降1.9%；公共财政预算支出222 192万元，同比增长19.7%。宁明县财政收入5.02亿元，同比下降19.3%；公共财政预算支出35.33亿元，同比增长2.3%。防城区财政收入87.86亿元，同比增长6.2%；公共财政预算支出139.53亿元，同比增长9.6%。东兴市财政收入8.53亿元，同比增长7.6%；公共财政预算支出21.18亿元，同比增长1.6%。[1]可见，边境民族地区的经济依然落后，财政入不敷出，财政支出依赖国家财政转移支付，进出口贸易对财政收入贡献并不大，地方经济发展缺乏财力支持。

2. 边境地区企业带动农村经济发展和农民致富能力较弱

广西边境民族地区的龙头企业数量少、规模小，真正形成规模、具备较强竞争力的只有锰业、铝业、木材加工业和蔗糖企业，但是这些产业受市场价格变动影响大，锰业和铝业的自身发展都面临很多困难，对农村辐射带动的面还比较窄。虽然蔗糖业覆盖面较大，但由于大部分贫困户土地偏少，甘蔗产业带动农村经济发展和农民致富能力比较弱。

3. 边境民族地区人民的收入仍然很低

虽然边境地区的县市都已摆脱贫困，但是由于边境地区缺乏大项目、大

[1] 参见边境各县市2019年国民经济和社会发展统计公报。

产业，可持续发展的产业还没有建设完善，边境地区大部分村经济基础差、产业发展落后，群众增收乏力，边境贸易政策惠及面不广，边民就业渠道窄，抵边的居民收入水平低且不稳定，脱贫户的可持续脱贫面临不少困难。2019年，大新县、靖西市、龙州县、那坡县、宁明县的城镇居民人均可支配收入和农村居民人均可支配收入都低于广西的平均水平。

（三）城乡教育发展不平衡

由于历史和自然条件等原因，边境民族地区城乡教育发展不平衡。随着经济收入水平的提高和少数民族思想观念的更新，群众向往优质教育的愿望日益迫切，家长们纷纷把孩子送到县城或乡镇所在地的学校就读。同时，由于边境地区的就业、教育和医疗卫生条件差，许多边民外迁，一些村落出现空心化的趋势，从而导致少数民族聚居村屯学校因缺乏生源而被迫停办。边境地区的学校规模越办越小，不少村屯学校校舍闲置，而县城和乡镇所在地学校的校舍都严重不足，“城镇挤，农村空”现象十分突出。

（四）边疆安全稳定面临诸多挑战

由于广西边境地区特殊的地理位置，边境民族地区安全隐患依然存在：广西边境地区通道、便道多，反恐防恐工作压力大；个别走私活动影响边境地区的安全稳定。此外，随着进一步开放，边境地区的通道、便道、口岸、开发区、保税区、合作区数量不断增加，进出入边境的人流、物流剧增，对边境地区的警力、执法执勤装备、军地管理力量及管控措施形成挑战。

五、进一步推进兴边富民发展的思考

（一）创新边境地区开发开放体制机制

广西边境地区拥有国家级重点开发开放试验区、沿边金融综合改革试验区、边境经济合作区、跨境经济合作区、国际旅游合作区、综合保税区、自由贸易试验区、边境旅游合作试验区、国际医学开发试验区等开放合作平台，不同的平台具有不同的政策，需要不同体制机制支撑，只要深挖政策潜力，整合各平台政策，形成政策组合，同时，建立与市场化、国际化相适应的体制机制，兴边富民就可以跨上更高一级的台阶。因此，边境地区要加强对各开放合作平台体制机制改革力度，建立与开放合作平台高质量发展相适应的体制机制，加强部门之间的协调联动，在用地供给和管控、重大项目推进、通关便利化、人才引进、投融资、市场监管等方面创新管理体制机制，促进兴边富民可持续发展。

（二）加强边境地区基础设施建设

加快边境地区综合交通基础设施建设，重点打通制约综合交通运输网络形成的薄弱环节，补齐短板，强化衔接，消除瓶颈，优化网络。积极推进崇左至凭祥城际铁路、靖西—龙邦铁路、百色—黄桶铁路、湘桂铁路南宁至凭祥段扩能改造工程、云桂沿边铁路（广西段），凭祥至东兴、隆安至硕龙、崇左至爱店、巴马至凭祥（崇左段）、南宁吴圩机场—上思—东兴峒中、百色至那坡、那坡至平孟、南宁至大新等高速公路、G219沿边公路升级改造工程（广西段），左江龙州至崇左（冲塘村）航道工程等项目建设，通过水路、公路、高铁等多种交通方式实现互通互联，完善多式联运转运设施设备和系统集成，形成便捷的通边达海国际运输通道。

建设完善口岸基础设施，重点加快建设新升级为一类口岸的联检大楼及其配套设备等口岸基础设施建设。推进百色水运口岸、防城区里火、凭祥平而、那坡弄平等口岸建设，推进水口口岸、龙邦口岸和平孟口岸设立海关特殊监管区。

（三）高质量发展边境地区旅游经济

边境旅游是广西旅游业的优势，也是惠及边境地区最大的产业，但是目前还没有跟区内全域旅游很好地整合起来。要将边境地区旅游与桂林、南宁、巴马等区内外旅游景区景点连成旅游线向国内外推广；突出做好“边”的文章，兼顾做好“海”的文章，全面发展“海、陆、空”特色旅游产品，充分利用边境旅游、滨海旅游、生态资源优势，打造边关风情、滨海休闲、生态康养旅游品牌，构建特色精品旅游线路，加大高品质旅游景区、旅游度假区、生态旅游示范区等旅游品牌创建力度，加快推进江山半岛、友谊关、花山、金滩旅游度假区建设，积极推进桂林—下龙湾跨国自驾车黄金游线和防城港—东盟各成员国海上邮轮航线的常态化运营与产品升级。探索在边境地区与越南、老挝等国家建设“跨境康养旅游合作区”。

加强对少数民族特色村寨的保护和开发。结合乡村振兴战略和观光旅游，采取政府扶持和市场化运作方式增加对边境民族地区民族文化、传统习俗浓郁的村寨的资金投入，重点保护和开发边境民族地区少数民族聚居区人口比例较高、少数民族民居特色典型、自然风光优美、传统文化与习俗保留较好的特色村寨，增加少数民族群众收入。

（四）大力培育边境地区落地加工业

加快从通道经济向口岸经济转型升级，做好边境地区落地加工业规划。根据各地的优势和特点，合理布局边境地区落地加工业园区，利用国家开放平台和政策在东兴、宁明、凭祥、龙州、靖西等地建立产业园区，发展边境加工业，提高贸易产品的附加值。完善边贸扶贫政策和边贸扶贫模式，纠正在落实边境贸易政策中的形式主义，创新边民合作社的边贸模式，利用边贸为产业园区提供充足的原材料，真正让国家政策惠及边民、便利边民。推动百色市和防城港市“进口氧化铝—出口铝深加工产品”加工产业链发展，开展“进口氧化铝—出口铝深加工产品”加工贸易业务。支持水口口岸、龙邦口岸和平孟口岸按照程序申请粮食、植物种苗、冰鲜水产品、肉类、食用水生动物、坚果类、中药材等进境指定口岸和指定监管场地。

（五）强化边境地区的综合治理

加强民生基础设施建设。重点建设好边境民族地区的教育、医疗、交通、基本公共服务等民生设施，完善提高边民住房、基本养老、基本医疗保险等民生政策，加快推进边境地区乡村振兴战略，切实提高边民的生活和社会保障水平。全面推进法治建设，维护社会公平公正，重点推进依法行政，深化司法体制改革，建立健全公共法律服务体系。全面构建边境地区党政军警民“五位一体”管控体系，实施军警民大联防，构筑边境联防防线。加强中越边境地区警务协作机制建设，合作打击边境地区违法犯罪活动。

广西民族文化和旅游发展报告

王红梅*

2019年，是全面建成小康社会的关键之年，也是文化和旅游组织机构改革后踏上文旅融合发展新征程的全面开局之年。这一年，广西文化和旅游系统以习近平新时代中国特色社会主义思想为指导，不断推进文化和旅游领域治理体系和治理能力现代化，以高质量发展为目标，牢牢把握文化和旅游融合发展的主线，着力提供优质的文旅产品、优越的文旅服务，文化建设和旅游发展迈上新台阶。

一、广西民族文化和旅游发展概况

（一）各类文化事业蓬勃发展

公共文化设施加快完善。为加快广西全区全面建成小康社会的步伐，2019年，全区着力完善公共文化服务体系，补齐公共文化设施短板。针对未建成、未达标的县（市、区）公共图书馆、文化馆、博物馆、乡镇（街道）综合文化站，自治区逐步纳入乡村振兴发展公共服务能力提升三年行动计划，并安排专项建设资金，以补齐公共文化服务短板。2019年，自治区财政投入2.204亿元，新建8个图书馆、8个文化馆、5个博物馆和新建改扩建40个乡镇综合文化站[1]。截至2019年年末，全区共有县级以上公共图书

---

* 王红梅，广西社会科学院民族研究所助理研究员。

[1] 广西壮族自治区文化和旅游厅关于对自治区政协十二届二次会议第20190085号提案的答复［EB/OL］.（2019-06-06）［2021-05-03］. http://wlt.gxzf.gov.cn/zwgk/jytajg/t2236653.shtml.

馆 116 个，文化馆 124 个，博物馆 131 个；❶ 扎实推进“壮美广西 智慧广电”工程，全区共有广播电视台 90 座，有线广播电视用户 641.03 万户，数字电视用户 635.46 万户。2019 年年末，广播节目综合人口覆盖率为 97.81%；电视节目综合人口覆盖率为 98.92%。❷

文化扶贫稳步推进。2019 年，全区充分挖掘文化在扶贫扶志扶智中的特殊作用，共下达文化事业经费 2.7 亿元，用于支持贫困地区脱贫攻坚，安排了 1.4 亿元建设贫困村公共文化服务中心 560 个。截至 2019 年年底，全区村级公共服务中心覆盖全区 86% 的行政村。组织全区文艺院团开展文化扶贫惠民演出活动 3108 场，观众 287 万人次，覆盖全区 106 个有扶贫任务的县（区）。❸ 充分挖掘非物质文化资源，深入实施传统工艺振兴计划，一批传承示范基地、生产保护示范基地和传统工作站在八桂大地遍地开花，“非遗 + 扶贫”的文化扶贫路子不断取得新成效，加快了贫困群众脱贫致富的步伐。

文化遗产保护和利用工作扎实开展。全区着力完善国家、自治区、市、县四级非遗名录保护体系建设。截至 2019 年年底，全区共有 52 个项目列入国家级非物质文化遗产名录，762 个项目列入自治区级非物质文化遗产名录。❹ 加强非物质文化遗产传承人队伍建设，2019 年新增第六批自治区级非遗项目代表性传承人 188 人，实施非遗传承人群研培计划，提高传承人的学习能力和传承水平。充分利用“壮族三月三”系列文化活动与“文化和自然遗产日”主题活动，广泛开展非遗项目展演、非遗法规宣传、非遗实践研讨交流活动，营造保护传承优秀传统文化的浓厚氛围。全区文化遗产保护利用持续推进，完成湘江战役红军遗骸骨收敛保护及设施建设，娅怀洞遗址、花山岩画、湘江战役等文物点列入第八批全国文物保护单位，广西全国文物保护单位已达 81 处。

---

❶ 回眸 2019：广西文旅十大亮点！文化和旅游工作取得优越成绩［EB/OL］.（2020-01-10）［2021-05-03］. https://baijiahao.baidu.com/s?id=1655265635678918861&wfr=spider&for=pc.

❷ 2019 年广西壮族自治区国民经济和社会发展统计公报［EB/OL］.（2020-03-17）［2021-05-03］. http://tjj.gxzf.gov.cn/tjsj/tjgb/qqgb/t2381676.shtml.

❸ 同❶.

❹ 同❷.

艺术精品创作再创佳绩。2019 年，在各地文化文艺工作者的辛勤付出下，一批有内涵、有温度的文艺精品随之而出，系列文艺精品走出广西、走向东盟、走向世界，成为宣传广西、展示广西的重要名片之一。其中，民族舞剧《花界人间》获第十六届中国文化艺术政府奖文华大奖提名剧目奖；壮剧《百色起义》入选 2019 年度国家舞台艺术精品创作扶持工程 10 台重点扶持剧目；舞蹈作品《打扁担》《海的女儿》入围第十二届中国艺术节第十八届群星奖决赛，最终《打扁担》荣获全国群众文艺领域的政府最高奖项——群星奖；舞剧《刘三姐》、纪录片《壮美广西》等 31 部作品获得广西第十五届精神文明建设“五个一工程”优秀作品奖；小说《蛋镇电影院》、音乐《喜鹊登枝》、电视剧《北部湾人家》等 49 部作品获得第九届广西文艺创作铜鼓奖。

（二）旅游产业发展取得新成绩

旅游人次和旅游收入再创新高。据统计，2019 年广西全区接待国内外游客共 8.76 亿人次，同比增长 28.2%，实现旅游总消费 10 241.44 亿元，同比增长 34.4%。其中，接待入境过夜游客 623.96 万人次，同比增长 11.0%，国际旅游（外汇）消费 35.11 亿美元，同比增长 26.4%；接待国内游客 8.70 亿人次，同比增长 28.4%，国内旅游消费 9998.82 亿元，同比增长 34.5%。[1]

旅游扶贫迈出新步伐。2019 年，广西全区共下达贫困县旅游发展专项资金 2.2 亿元，用于支持贫困地区脱贫攻坚；争取国家旅游发展基金 2500 万元，支持贫困地区建设旅游厕所 323 座；指导贫困地区建设高铁无轨站旅游集散中心 11 个，新创广西四星级以上乡村旅游区（农家乐）46 家，休闲农业与乡村旅游示范点 30 家，自治区级生态旅游示范区 11 家，自治区级中医药健康旅游示范区 16 家；全年发动 48 家旅游规划单位，完成 84 个旅游扶贫村屯编制工作，以公益规划方式，助推贫困地区的乡村旅游发展。[2]

旅游品牌创建和市场整治取得新成效。2019 年，广西全区新评定 4A 级景区 40 家，4A 级景区数量达到 254 家，位居全国第三位。阳朔县、金秀县

---

❶ 广西壮族自治区 2019 接待游客 8.76 亿人次［EB/OL］.（2020-01-21）［2021-05-03］. http://travel.china.com.cn/txt/2020-01/21/content_75635983.html.

❷ 2019 年广西文化和旅游脱贫攻坚成效喜人［EB/OL］.（2019-12-10）［2021-05-03］. http://gx.sina.com.cn/news/sh/2019-12-10/detail-iihnzhfz4931250.shtml ? from=gx_cnxh.

荣获国家首批全域旅游示范区称号，阳朔遇龙河旅游度假区荣获国家级旅游度假区。旅游市场综合监管和扫黑除恶专项斗争稳步开展，旅游行政审批工作改革有序推进，旅游市场管理水平和服务质量稳步提升。

（三）文化和旅游融合取得新亮点

文化和旅游融合体制机制创新稳步推进。2019年，广西着力深化文化和旅游系统体制改革，创新文化与旅游融合发展机制。坚决按照中央部署和自治区要求，落实机构改革任务，强化文化系统和旅游系统在发展理念、机构队伍、工作平台、保障体系等方面的无缝对接。稳步推进文化系统和旅游系统综合改革，全区国有演艺企业社会效益评价考核工作稳步推进，国有文艺院团改革逐步向纵深拓展，桂林国际旅游胜地、防城港边境旅游试验区、中越德天—板约瀑布跨境旅游合作区、巴马国家级旅游业改革创新先行区、涠洲岛旅游区综合改革稳步推进。2019年11月，广西全区文化旅游发展大会在桂林顺利召开，广西出台了支持文化旅游高质量发展的“1+7”[1]系列文件，明确了加快打造“三地两带一中心”[2]的广西文化旅游发展新格局，建立起了制度化召开全区文化旅游发展大会的常态化工作机制，形成了“举办一届文旅大会，打造一个旅游精品，助推一地经济发展”的文化旅游融合发展模式，开启了文化旅游强区建设新征程。

重大文旅项目稳步推进。广西全区把重大项目建设作为推进文化与旅游

---

❶ “1+7”政策文件：1个主文件，即《中共广西壮族自治区委员会广西壮族自治区人民政府关于加快文化旅游产业高质量发展的意见》；7个配套文件，即《广西壮族自治区人民政府办公厅关于支持全区文化旅游发展大会承办城市的若干意见》《广西壮族自治区人民政府关于支持桂林市加快文化旅游产业发展的意见》《广西壮族自治区人民政府办公厅关于支持文化旅游产业高质量发展用地政策的若干意见》《广西壮族自治区人民政府办公厅关于促进民营文化旅游企业高质量发展的实施意见》《广西壮族自治区发展和改革委员会广西壮族自治区文化和旅游厅关于以世界一流为发展目标打造桂林国际旅游胜地的实施意见》《广西壮族自治区发展和改革委员会桂林市人民政府关于桂林漓江生态保护和修复提升工程方案（2019–2025年）》及《项目表》（《广西文化旅游发展大会承办城市项目表》《全区文化旅游产业重大项目表》）。

❷ “三地两带一中心”：“三地”即桂林国际旅游胜地、北部湾国际滨海度假胜地、巴马国际长寿养生旅游胜地；“两带”即中越边关风情旅游带、西江生态旅游带；“一中心”即南宁区域性国际旅游中心城市。

融合发展的重要抓手，按照自治区“三区两带一中心”的文化旅游高质量发展布局。2019 年，广西全区文旅产业实施重大项目共计 223 个，总投资 6648.35 亿元[1]。桂林融创万达文化旅游城、南宁万有国际旅游度假区、北海银基国际医疗康养旅游产业新城等一批重大文旅项目顺利推进，阳朔“三千漓”、三江“百千万”旅游综合体等一批特色文旅项目建成营业。

文化旅游对外交流持续推进。2019 年，广西组织文化艺术团赴新加坡、塞浦路斯、巴林、阿曼、马耳他、菲律宾 6 个国家举办“美丽中国 · 壮美广西”欢乐春节专场文艺演出、展览、民俗文化交流活动；组织开展“山水暖你 壮乡等你——东游广西”“壮族三月三 · 相约游广西”联合促销活动和“诗在壮乡 何必远方——广西人游广西”等主题活动；成功举办第 14 届中国—东盟文化论坛和中国（广西）—东盟文化旅游周、2019 中国—东盟博览会旅游展、2019 中国—东盟传统医药健康旅游国际论坛（巴马论坛），进一步深化中国与东盟文化旅游交流合作。

二、广西民族文化和旅游发展面临的问题与挑战

（一）民族文化产业发展相对滞后，产业竞争力不足

文化既有事业属性，也具有产业属性。总体上看，广西文化产业综合实力偏弱，文化相关产业增加值占地区生产总值比重偏低，规模以上文化企业少，有研发项目的规模以上文化制造企业在全国排名滞后。根据《中国文化及相关产业统计年鉴（2018）》，2017 年广西文化及相关产业增加值仅 480 亿元，排名全国第 20 位，占地区生产总值的比重为 2.59%，远低于全国平均值 4.2%。中国人民大学文化产业研究院发布的“中国省市文化产业发展指数（2018 年）”将全国各省（自治区、直辖市）文化产业发展按照聚类分析分为强势、普通、弱势三个梯队，广西文化产业发展指数位于弱势梯度，与北京、上海、江苏等地区的综合指数差距较大。广西文化产业发展相对滞后受制于多方面因素的影响：一是文化产业区域发展不平衡。全区民族文化产

[1] 回眸 2019：广西文旅十大亮点！文化和旅游工作取得优越成绩［EB/OL］.（2020-01-10）［2021-05-03］. https://baijiahao.baidu.com/s?id=1655265635678918861&wfr=spider&for=pc.

业发展主要集中在南宁、桂林、柳州等地，大多地级市的民族文化产业尚处于起步发展阶段，对文化产业在区域经济发展中的战略地位认识不明确，发展文化产业动力不足。二是新兴文化产业发展滞后。广西全区民族文化产业发展仅限于一些传统文化产业，如新闻出版业、广播影视业、工艺美术业、文化旅游业等，产业发展的质量和效益不高，科技含量高的现代传媒、动漫游戏、数字视听、演艺娱乐等新兴文化产业发展滞后。三是文化产业发展投入不足。广西全区对文化产业的资金投入尚且不足，除自治区财政安排的文化产业发展专项资金外，市县财政基本没有安排文化产业发展专项资金，导致广西文化产业发展普遍面临市场活力不足、企业融资困难、投资渠道不畅等问题，文化产业发展亟待更多政府财政予以资金扶持。

（二）文艺创作与旅游精品不足，品牌影响力偏弱

在文化艺术创作方面，广西依然面临精品力作不足、平庸之作较多的困境，高质量的文艺精品供给不足成为全区文化与旅游融合发展的软肋。在全国常设性重大文化艺术奖项中，如在中宣部精神文明建设“五个一工程”奖、文化和旅游部“文华大奖”等精品力作评选中，广西获奖项目下降明显；舞台艺术精品创作受高端人才短缺、创作资金不足等因素制约，近年来创作质量逐渐走低。在 2019 年全国颁布的第十五届精神文明建设“五个一工程”奖公示名单中，广西独立创作的电影、电视剧（片）、戏剧、图书等的文艺作品未有一项入选。

在民族特色旅游方面，民族特色旅游产品缺乏，特色旅游名县高品位、高档次、高效益的旗舰型旅游项目较少，没有形成在区内外具有核心竞争力的区域性旅游品牌。全区 A 级以上旅游景区数量规模较多，但 5A 级的精品景区依然不足。截至 2019 年年底，广西全区 5A 级景区仅有 6 家，在全国各省区排名中处于落后水平。

（三）文化与旅游融合发展不足，融合水平和层次有待提升

一是职能融合有待磨合。在新一轮机构改革完成后，广西文化和旅游部门进行了合并调整，但机构整合后仍需面临职能融合难题，尤其在工作理念、核心职能、统计标准等方面难以实现有机衔接，充分实现互补难度依然

不小。二是文化与旅游融合的政策架构仍未有效构建。随着机构改革的深入推进及文化旅游消费升级出现的新变化，原有的文化与旅游的政策体系难以适应文旅融合发展的新形势、新要求，全区引导和支持文化与旅游深度融合的政策体系仍处在不断探索中，特别是针对融合发展出现的新业态、新经济，政策探索仍亟待跟进。三是旅游开发中以文促旅认知不足。长期以来，广西各地旅游开发多关注自然风光，旅游项目设计多注重以自然山水景观为主要卖点，对文化的挖掘和创新性应用构思不足，文化资源与市场深入对接还不充分，大批的历史文化名址、文化历史遗迹、特色名村名镇还停留在初级开发阶段，博物馆、艺术馆、非遗展示馆等作为以文促旅的先行者，影响力和吸引力明显不足，高层次、高品位的文化创意旅游项目开发有待提升，需进一步深入挖掘民族文化的深度和广度。四是以旅载文展现仍不充分。在推进旅游开发建设过程中，广西民族文化特色仍有待深层次的挖掘利用。一些地方在开发旅游产品时，偏离了民族化、地方化、特色化的发展方向，陷入同质化的尴尬境地，没有形成在区内外具有影响力的特色旅游品牌，特色小镇建设缺乏对地方文化元素和文化因子的挖掘，特色民族村寨缺乏科学合理的规划。全区对民族特色旅游产品培育不足，文化吸引力尚未得到充分展示，难以满足游客对异质文化的体验需求。

（四）文化和旅游软硬设施欠账多，品质旅游短板突出

文化和旅游基础设施是文化和旅游活动的重要载体，对扩大文化旅游消费、推进供给侧结构性改革有着十分重要的作用。但广西文化和旅游基础设施建设受制于资金投入、建设用地保障等制约，设施建设欠账还比较多，品质旅游“短板”较为突出。

公共文化服务设施建设相对滞后。全区城乡文化基础设施历史欠账多，各级文化设施配套不足，上规模、上档次的少，规模和设备多达不到国家标准，“老少边山”地区农村文化设施整体滞后的情况仍比较突出。自治区自然博物馆年久失修，与省级博物馆的标准差距较大。作为非物质文化遗产资源大省，广西全区还没有一个自治区级非物质文化遗产传承展示中心。全区100多个县（市、区），非遗保护中心不足40个，覆盖率不足50%。[1]一些

---

[1] 数据参见广西壮族自治区文化和旅游厅官方网站。

地市级的图书馆、群众艺术馆设施老化、管理水平较低，亟待升级改造，县级图书馆、文化馆及乡镇文化站标准化建设水平还比较低，“老少边山”的农村地区文化设施建设不齐全、与群众需求不匹配问题突出，许多村屯文化室都设立在村办公楼里面，制约综合性文化服务中心功能的发挥，设施利用率不高。2019 年，广西每万人拥有群众文化设施建筑面积仅 157.7 平方米，排名全国倒数第一位，不到全国平均水平 322.7 平方米的 50%。

旅游基础设施建设不足。至 2019 年，广西还未有自主投资建设并开通运营的时速能达 350 千米以上的高铁，县县通高速、市市通高铁的目标尚未实现，机场、车站、码头到主要景区的公共交通无缝对接困难，旅游交通末梢连接不够顺畅便捷，旅游公路建设尚未进入实质推进阶段。旅游咨询服务中心、旅游集散中心、旅游厕所和旅游标识系统、新能源汽车充电桩等旅游公共服务设施不健全，前哨服务站功能需要尽快完善。伴随着脱贫攻坚的胜利和乡村振兴的全面推进，乡村进村入屯道路改善明显，但乡镇道路设施建设成为薄弱点，且现有的农村公路等级不高，养护投入不足，养护主体不明确。部分地区乡村旅游外部连接景区道路、停车场等基础设施建设滞后，垃圾和污水等农村人居环境整治历史欠账多。

三、广西民族文化和旅游发展的建议与思考

（一）抓好文化和旅游业的恢复振兴

文化和旅游产业对广西经济社会发展和全面建成小康社会具有重要意义。新冠肺炎疫情对广西民族文化和旅游产业造成严重冲击，广西必须根据文化和旅游业发展的阶段性特性，探寻一条广西特色的文化和旅游产业发展突围之路。

引导文化和旅游项目复工复产。加快推进文化和旅游重大项目建设，重点推进南宁万有国际旅游度假区、北海银基国际医疗康养旅游产业新城、恒大崇左文化旅游康养城、中国—东盟（柳州）旅游商品与装备制造产业园、华邦（桂林）国际旅居康养小镇、深圳巴马大健康合作特别试验区等重大项目建设。将系列重大项目作为文化和旅游业复苏振兴和实现高质量发展的重要抓手，提升广西文化和旅游业竞争力、影响力。

提振文化和旅游消费。要立足全区文化和旅游发展实际，推出一系列文化和旅游消费的政策“大礼包”，鼓励全区各地结合实际实施景区门票减免、淡季免费开放、演出门票打折等政策，以提振全区文化和旅游市场。要充分挖掘和激发文化和旅游市场消费潜力，积极推广景区门票网上预约购票，鼓励景区对通过网上平台实名预约购票的游客进行适当门票优惠，通过预约分时段进入景区方式统筹抓好疫情防控和景区客流恢复。鼓励各地结合客源市场实际，面向区内外游客发放文化旅游产品电子消费券，推出系列“消费惠民大礼包”，提振全区文化和旅游消费市场。

扶持文化和旅游企业发展。围绕当前国家及自治区相关业务部门密集出台的财税、金融、社保等系列扶持政策，做好梳理汇总、宣传解读和贯彻落实工作，切实帮助文化和旅游企业解决经营难题。全面落实文化和旅游部办公厅《关于暂退部分旅游服务质量保证金支持旅行社应对经营困难的通知》精神，按照暂退范围和时间规定，落实暂退80%的旅游服务质量保证金工作，支持旅行社渡过难关。精心做好文化和旅游企业服务，加大对全区文化和旅游企业人才培训力度，对文化和旅游企业自行开展的职工线上线下培训给予财政补贴。进一步优化文化和旅游事项行政审批服务，打好优化文化和旅游系统营商环境攻坚战。

（二）深化文化和旅游发展体制机制改革

构建科学的考核评价制度。要进一步健全文化和旅游建设工作责任制，在文化与旅游融合发展的新形势下，研究制定文化与旅游融合发展的指标体系，建立文化与旅游融合创新发展的数据统计和绩效评估办法，探索制定各级政府文化和旅游建设考核指标，建立符合广西实际、科学规范的考核评估指标体系，并将之列入各级政府和领导干部政绩考核内容。要加快旅游文化资源数据库建设，搭建文化与旅游融合发展的平台，实现文旅资源有效对接。

优化文化和旅游发展财政投入机制。“十四五”时期，广西加大对全区文化发展的财政投入力度，扩大文化事业投入规模，建立与经济发展水平相适应的财政投入机制。按照全区文化旅游高质量发展的总体部署，优化文化旅游发展财政资金的投入方式，加大对文化旅游发展大会承办城市资金的支持和整合力度。自治区层面每年安排专项资金用于支持城市实施文化艺术精品创作工程，支持城市完善旅游集散中心、旅游咨询服务中心、旅游厕所、公共图书馆、博物馆、文化馆等文化旅游公共服务设施。

深入推进国有文艺院团改革。国有文艺院团是繁荣中国特色社会主义文化的中坚力量。要坚持问题导向，不断深化国有文艺院团改革，扶持国有文艺院团发展，进一步创新体制机制，健全政策保障体系，提高文艺院团发展活力。稳步推进国有艺术团体的职务序列改革，建立健全相配套的薪酬体系。研究制定标准将演出收入用于演职人员激励，优化收入分配，提升演艺人员参与演出的积极性。提高国有文艺院团高级职称比例，加强对青年艺术人才的培养，突出表彰优秀艺术人才。结合各设区市、县的实际情况，逐步加大对改制的国有文艺院团的投入。

（三）持续推进文化遗产保护和利用

加强文物保护利用。加快推进海上丝绸之路·北海史迹、兴安灵渠、三江侗族村寨申报世界文化遗产工作。加快建设左江流域骆越壮族文化（崇左）生态保护区，继续做好世界文化遗产左江花山岩画文化景观保护管理工作，加强历史文物、革命文物、民族文物、大遗址、传统村落等的保护利用，建设一批遗址博物馆、遗址公园、历史文化名镇名村、特色旅游村寨等。建立文物安全保护的长效机制，推动建设覆盖全区各级文博单位的文物安全在线监管系统，推动文物博物馆单位安全防护设施全覆盖，筑牢文物安全防线。

加强非物质文化遗产保护。继续实施国家级非遗项目代表性传承人抢救性记录工程和非遗数字化保护工程，编制广西非遗集成大观和全区各级分布图集。加快推进非遗保护平台建设，建立非遗传承基地、传承示范户、非遗扶贫就业工坊等各类非遗保护平台，积极将非遗传习场所、示范基地等保护平台纳入旅游线路，促进非遗主题旅游、非遗研学旅游发展，实现非遗与旅游的共融互促。实施广西传统工艺振兴计划，搭建广西振兴传统工艺工作和研究平台，继续推动建立振兴传统工艺工作站。

（四）着力推进重点文化和旅游基础设施建设

坚持按照文化和旅游“宜融则融、能融尽融”的总体思路，着力补齐文化和旅游基础设施和公共服务领域的短板，拓展文化和旅游融合发展的空间。一是完善重点地区旅游基础设施。要结合乡村振兴战略的深入推进，以广西旅游“双创双促”为抓手，以惠民化、品质化为目标，改造和提升深度贫困地区特别是极度贫困地区的旅游基础设施，全面提升旅游基础设施的便民服务水平。二是推动少数民族优秀传统文化、乡土文化的保护传承和利用设施建设，重点聚焦少数民族地区革命遗址遗迹、历史文物、非物质文化遗产等重大文化遗产的创新性保护和创造性利用，加快传统文化设施的数字化、智能化改造，提升数字文化资源共享能力与传播服务效率。三是要拓展和深化公共文化设施的旅游服务功能，坚持主客体共享原则，在充分利用地方公共文化设施服务好地方民众的同时，把具备条件的公共文化场域打造成“有温度、有故事、有品位、有体验”的旅游活动点，增强对外来游客的文化吸引力。四是要丰富旅游景区、度假区、乡村旅游景点和旅游集散中心等旅游场所的文化元素，组织开展系列文化惠民活动，增加各类民族文化体验项目，将旅游公共服务场所打造成为展示广西优秀文化、传播广西故事、展示广西民风民俗的重要窗口。

（五）培育艺术创作和旅游精品

充分聚焦文艺精品创作。坚持把文艺精品创作作为推动全区文化事业繁荣发展、提升文化影响力的重要内容，积极探索文艺精品创作的有效路径。以政策扶持为着力点，加大文艺精品创作资金扶持力度，重点围绕决战决胜脱贫攻坚、乡村振兴战略实施、全面建成小康社会等重大事件节点，以及“一带一路”建设、全面建设社会主义现代化、实现中华民族伟大复兴、“抗击疫情”等社会各界关注的焦点议题，创作一批现实题材、爱国主义题材、重大革命题材的主题作品，以及散文、报告文学等门类的优秀作品，在提升全区文化软实力的同时，促进文化与旅游融合发展，充实精神文化宝库。

实施精品景区景点培育工程。要坚守文化与旅游融合发展的主线，瞄准国际客源市场需求，对标国际先进水平，在桂林国际旅游胜地、北部湾国际旅游度假区、巴马长寿养生国际旅游区三大国际旅游区重点实施一批具有世界影响力的广西文化旅游精品项目，并将之纳入自治区“十四五”时期重点项目统筹推进，以世界级文旅精品为突破口，强化三大国际旅游目的地在全区旅游发展中的表率和引领作用。以全区现有的5A、4A级景区名录为基础，充分发挥全区旅游发展大会的后续效应，重点培育一批文化旅游品牌景区，打造一批文化旅游高质量发展的“小高地”。充分发挥“文化旅游+”“+文化旅游”的链式效应，在文化旅游与大健康、大数据、农林牧渔、体育、医疗等产业融合中找准切入点，重点在民族节庆、会议会展、研学旅游、数字文旅、文创旅游等业态培育过程中打造一批文化旅游精品项目。

广西少数民族传统工艺振兴研究报告

广西社会科学院民族研究所课题组*

传统工艺是中华民族在漫长的历史发展长河中积淀的文明智慧和艺术心智的产物。党的十八大以来，党中央高度重视中华优秀传统文化的传承发展，始终从中华民族精神追求、国家战略资源和推动中华民族现代化进程的高度来看待优秀传统文化的传承，少数民族传统工艺在这样的大背景下迎来了创新发展的又一个春天。

广西有壮、瑶、苗、侗等 11 个世居少数民族，在长期的历史发展过程中，各民族创造了独具地域和民族特色的传统工艺文化。广西少数民族传统工艺门类齐全、数量众多，主要有织锦、刺绣、雕刻、制陶、制茶、编织、金属冶锻工艺、木构建筑营造技艺等，涵盖衣食住行，遍布各族各地。近年来，广西积极贯彻落实党中央、国务院各项工作要求，采取了一系列推动传统工艺保护传承与振兴发展的对策措施，取得了一些成效。然而，传统工艺的传承仍呈现出岌岌可危、令人心惊的现状：传统手工艺品的高成本、高价格、低效率、低收益使其失去市场竞争力；大量的年轻人选择外出务工，不愿意学习传统技艺，导致传承人群日渐缩减和老化；传统工艺应用功能简单化使许多独特的传统技法正在逐渐消失……经济社会快速发展所造成的自然和人文环境的改变已经成为非物质文化遗产保护与传承的最大挑战。为此，

---

* 课题组成员：冼奕，广西社会科学院民族研究所助理研究员；覃娟，广西社会科学院民族研究所所长，研究员；王红梅，广西社会科学院民族研究所助理研究员；刘建文，广西社会科学院民族研究所副研究员；潘文献，广西社会科学院民族研究所副研究员；张健，广西社会科学院民族研究所副研究员；杨昌雄，广西社会科学院民族研究所副研究员。

广西少数民族传统工艺的发展之困亟待破解。

一、广西少数民族传统工艺振兴的目标要求

为贯彻落实中华人民共和国文化部、中华人民共和国工业和信息化部、中华人民共和国财政部制定的《中国传统工艺振兴计划》，促进广西传统工艺的传承与振兴，2017 年 12 月广西出台了《广西壮族自治区贯彻落实中国传统工艺振兴计划工作方案》（以下简称《方案》)。《方案》明确了广西传统工艺振兴的目标要求，并对广西推进传统工艺振兴的时间表和路线图进行了总体部署。

（一）短期目标

《方案》提出，到 2020 年，传统工艺的传承和再创造能力、行业管理水平和市场竞争力、从业者收入及对城乡就业的促进作用得到明显提升。也就是说，广西少数民族传统工艺振兴的短期目标是通过 2~3 年的努力，形成较为完善的广西少数民族传统工艺传承人培养和传承体系，传统工艺工匠的技艺水平和整体素质得到进一步提高，传统工艺行业组织进一步建立和完善，强化行业管理水平，拓宽传统工艺的推介、展示、体验和销售渠道，通过增强市场竞争力、提高从业者收入，结合精准扶贫，促进城乡居民就近就业，增强传统社区活力。

（二）远期目标

《方案》所涵盖的传统工艺振兴远期目标及深层内涵包括三个方面：一是尊重优秀传统文化，涵养民族文化生态；二是传承培育工匠精神，打造民族优秀品牌；三是创新发展工艺产品，满足人民消费需要。

二、广西落实振兴民族传统工艺的做法及成效

近年来，广西遵循《方案》部署的 13 项主要任务要求，细化措施，明确职责，确保振兴少数民族传统工艺工作落实、落细，并取得明显成效，进一步丰富了广西传统工艺的题材和产品品种，提高了传统工艺产品品质，培育了广西工匠和民族品牌，使传统工艺在现代生活中得到广泛应用。

（一）建立第一批66项传统工艺振兴目录，对列入振兴目录项目予以重点支持

2017年8月，广西壮族自治区文化厅[1]公布了《广西壮族自治区第一批自治区级传统工艺振兴项目目录》。该目录着重从培育广西工匠大师和民族文化品牌出发，通过充分比较广西各民族优秀传统文化，维护和弘扬传统工艺所蕴含的文化精髓和价值，注重发掘传统工艺所包含的文化元素和工艺理念，突出传统文化的创造性转化和创新性发展的方向，选出了壮族、瑶族、苗族、侗族、京族等民族服饰制作技艺，壮族刺绣、壮族堆绣、瑶族刺绣、苗族刺绣、侗族刺绣、仫佬族刺绣、剪纸技艺、玉林羽毛画、农民画、点米成画等66个项目，作为广西第一批自治区级传统工艺振兴项目予以资金、项目、平台和人才培养等方面的重点扶持，力求使传统工艺在现代生活中焕发新的生机和活力。

（二）成立了振兴传统工艺研究中心和工作站，为民族传统工艺振兴搭建平台机制

为了加快民族传统工艺振兴步伐，充分发挥高等院校、科研单位等相关高校、机构的理论支撑作用，广西壮族自治区文化厅通过与高校合作的方式共建广西振兴传统工艺研究中心，加强传统工艺相关学科建设和理论、技术研究，探索振兴路径，提出振兴传统工艺广西方案。2017年12月，广西振兴传统工艺研究中心获批在广西民族大学设立，该中心通过建立广西传统工艺振兴目录大数据，总结并推广优秀的振兴传统工艺模式，构建振兴传统工艺协同创新平台。同时，广西壮族自治区文化厅还投入250万元建设广西传统工艺工作站以培育广西工匠大师和民族文化品牌，确定了广西传统工艺工作站广西民族大学站、广西艺术学院驻百色站、瑶族服饰贺州学院站等6个工作站为第一批广西传统工艺工作站。2019年9月8日，随着“广西传统工

[1] 根据《广西壮族自治区机构改革方案》和自治区机构改革实施意见精神，2018年11月15日，广西壮族自治区文化厅正式更名为“广西壮族自治区文化和旅游厅”。因此，若无特殊说明，本文中所有涉及该单位的名称，凡是在此日期前发生的，均统一使用“广西壮族自治区文化厅”名称，凡是在此日期后发生的，均统一使用“广西壮族自治区文化和旅游厅”名称，不再赘述。

艺工作站（玉林师范学院站）”揭牌仪式在玉林师范学院东校区举行，玉林师范学院站成为自治区第 7 个传统工艺工作站。至此，广西振兴传统工艺的平台构建基本完成，工作站机构设置不断完善，构建起集研究、交流、开发与培训于一体的平台；传统工艺交流机制初步形成，建立了政府、高校、企业、学者、传承人通力合作的保护模式，鼓励校企合作。

（三）扩大传统工艺人才队伍，加强对人才的专业培训

近年来，广西大力推进立法保护非物质文化遗产，现有联合国教科文组织人类非物质文化遗产代表作名录 1 项，国家级非物质文化遗产代表性项目 52 项，国家级非物质文化遗产项目代表性传承人 26 名，国家级文化生态保护试验区 1 个。借助振兴传统工艺的政策优势，遵循“见人见物见生活”的原则，广西新命名了近 60 名传统技艺项目的代表性传承人，非遗保护工作平台建设新增加传统技艺类生产性保护示范户 22 家。2016 年广西壮族自治区文化厅将传统工艺列为广西非物质文化遗产传承人群研修研习培训计划实施重点，与广西民族大学和广西艺术学院共同实施传统工艺类项目的传承人群体研修研习计划。截至 2019 年 8 月底，已举办了服饰、陶艺、木构建筑、编织、蜡染、银饰 21 期培训班，培训人数近 1000 人。同时，还积极选派学员参加国家级非物质文化遗产代表性项目代表性传承人培训班，帮助非遗人传承人提高素养，拓宽眼界，增进交流，进一步提升创新和转化的内在动能。

（四）大力推动民族文化产业发展，重点扶持民族传统文化工艺品牌

广西加大对以少数民族传统工艺为内核的民族文化产业发展的支持力度，着力于提高传统工艺产品的设计、制作水平和整体品质，使一批优秀的民族传统工艺品企业脱颖而出。其中，金壮锦有限责任公司的“民族织绣乡村计划”，为传承广西各民族优秀传统文化、助力农村脱贫致富起到了示范作用。以非物质文化遗产传承人或工艺美术大师工作坊为依托的传统工艺品制作和生产也成为热潮。例如，全国工艺美术大师谭湘光开设个人工作室，在保存传统工艺基础上融入自己的创新设计理念，开发具有实用价值和艺术价值的壮锦服饰、手包、家居用品等系列工艺产品。她设计的作品《锦衣华服》在第54届全国工艺品交易会上荣获全国工艺美术“2019金凤凰杯”创新产品设计大奖赛金奖。其他如钦州坭兴陶、铜鼓制作技艺、桂派家具制作、瑶族服饰制作等也涌现出了一批优秀的美术工艺大师，他们借助个人品牌的打造，振兴传统工艺事业。

（五）进一步推广了“非遗＋传统工艺＋扶贫”模式，民族传统工艺扶贫效应得到彰显

促进就业增收和助力精准扶贫，是我国提出振兴民族传统工艺的价值追求之一。民族传统工艺既有深厚的历史文化价值，也有潜藏的社会经济价值，并且它根植于民间，还有深厚的群众基础。充分挖掘民族传统工艺的社会经济价值，既是传承好民族传统工艺的有效途径，也是助力脱贫攻坚的有力支撑。随着脱贫攻坚的纵深推进，“非遗＋传统工艺＋扶贫”模式在广西民族地区得到进一步推广，民族传统工艺扶贫效应不断显现。2018年6月，由广西博物馆、广西织绣发展研究会联合主办的“广西民族传统织绣培训计划之壮锦培训班开班典礼暨壮锦基地授牌仪式”在龙州县双蒙村村板池屯举行，进一步探索“非遗＋传统工艺＋扶贫”模式。这一帮扶模式通过前期组织免费的技能培训，后期由相关企业负责作品回购和市场销售，实实在在支持当地特色文化旅游事业发展，带动当地群众增收致富。2018年7月，龙州双蒙村壮锦生产基地获批成立非遗扶贫就业工坊，既传承了壮锦织锦技艺，又助力了精准扶贫。贺州非遗传承人李素芳通过“传承人＋农户”的形式创办了八步区黄石瑶家服饰文化设计部和贺州市瑶族服饰艺术工作室，通过“农户＋协会＋企业”的模式，形成了完整的人工“生产线”，带动了瑶绣经济，每年仅此一项为黄石村增加20万元的收益，同时还促进了瑶族服饰制作技艺的传承与发展。

（六）加强宣传和推介力度，拓宽民族传统工艺产品的销售渠道

自传统工艺振兴计划实施以来，广西越来越重视宣传和推介民族传统工艺产品，通过新闻媒体、网络自媒体、展览会、旅游商品展、伴手礼大赛等多种形式拓宽传统工艺产品的推介、体验、展示、销售渠道。2019年，由自治区工业和信息化厅、自治区文化和旅游厅、自治区二轻城镇集体工业联合社联合主办了“庆祝中华人民共和国成立70周年·2019广西工艺美术作品旅游工艺品暨大师精品展览”。全区500多家企业、院校、研究所及个人约2万件作品参展，35件获国际或国家级金、银奖作品在展会亮相，参展类别包括工艺雕塑、刺绣和染织、艺术陶瓷、编织工艺、工艺家具、金属工艺和首饰、旅游工艺品等；展会期间还举办了首届广西工艺美术传承与发展论坛，邀请区内外行业知名专家学者共同探讨工艺美术的传承与发展；举办了多场壮锦刺绣、坭兴陶等传统工艺美术技艺现场展示体验、工艺品拍卖、传统民族服饰展演等活动，让观众近距离感受传统工艺美术的魅力。2019年9月，广西木雕根雕技艺交流观摩活动在桂林市工艺美术创意产业园启动，同时举办了2019年“象山杯”木雕根雕作品展暨工艺美术精品展、广西木雕根雕行业创新发展论坛、广西“象山杯”木雕根雕现场创作大赛等活动，积极宣传桂林“广西木根雕名城”建设成就，充分展现了广西民族传统工艺风采。此外，广西还举办了中国—东盟博览会旅游展、广西伴手礼大赛、“三月三”传统技艺展，组织参加中国旅游商品大赛等活动，进一步丰富了振兴广西传统工艺的宣传和推介形式，拓宽销售渠道。

三、广西推进少数民族传统工艺振兴分析

（一）优势

1.得天独厚的区位优势与民族文化旅游资源优势

广西地处中国与东南亚的接合部，具有独特的区位优势，是我国唯一同东盟陆海相连的省区，在中国对外开放格局中具有重要地位，是面向东盟的国际大通道、西南中南地区开放发展新战略的支点、与“一带一路”有机衔接的重要门户。在建设“中国—东盟自由贸易区”和“中国—东盟命运共同体”进程中，东南亚各国把文化的多样性和差异性转化为发展活力和合作动力，实现了在共同价值观之下的平等与和谐，构成了东南亚多元文化良性互动与交流互鉴的格局。当前，“一带一路”倡议正进入全面落地实施期，通过推进具有浓郁民族气息的传统工艺实现面向世界创新发展，对于突破跨越文化差异带来的隔阂与障碍、服务于国家形象的塑造与传播、促进区域合作、实现共同发展具有特殊的意义。同时，更好地维护和弘扬少数民族传统工艺所蕴含的文化精髓和价值，有助于深化文化自

觉与自信，推动“一带一路”沿线国家和地区之间富有共同认知和价值共享的文化产品贸易，促进不同国家、地区和民族之间的文化认同与情感维系，增强文化凝聚力，激发文化创造力，更好地向外界传递广西文化符号背后的中国价值。

广西拥有丰富的文化和旅游资源，生态环境良好，文物古迹众多，民族风情浓郁。近年来，广西大打民族文化牌，发挥山水文化、红色文化、海洋文化、边关文化、长寿文化等独特资源优势，推动民族文化和旅游在资源、产业、市场、公共服务等领域深度融合，打造特色民族文化旅游品牌，取得了积极成效。广西注重在发展文化产业和旅游业中在“特”字上做文章，深入挖掘民族文化精华，突出民族文化特色，充分利用和发挥广西绚丽多姿的民族地域文化优势，将传统工艺品与相应的地域文化相结合，精心打造广西独特的壮锦、绣球等“一地一品”的民族特色的传统工艺品牌，使之成为广西特色经济产业发展的项目之一，为全区旅游业增添亮点。

2. 国字号文化品牌效应凸显

广西紧紧围绕建设民族文化强区的宏伟目标，积极实施重大文化项目带动战略，主动对接、精心筛选、组织申报国家重要公共文化品牌项目，争取让更多广西项目获得国家资金及政策支持，一批县（区、市）、乡镇获得“国字号”殊荣。例如，“中国民间文化艺术之乡”是 1987 年原文化部为推动民间文化艺术事业的繁荣发展、丰富活跃基层群众文化生活而设立的，命名周期为三年。广西先后有 19 地入选“中国民间文化艺术之乡”，包括百色市靖西市新靖镇（绣球）、东兰县（铜鼓）、金秀瑶族自治县（瑶族服饰）、三江县独峒乡（农民画）等。创建“中国民间文化艺术之乡”，有助于促进包括少数民族传统工艺在内的优秀民族民间文化艺术的发展和创新，充分挖掘民间文化的价值和作用；有助于推进民族地区公共文化服务体系建设，加大广大基层群众尤其是少数民族群众基本文化权益保障力度；有助于推动少数民族传统工艺产业建设，带动当地经济社会发展；有助于增强凝聚力，形成良好社会风气，推进社会主义核心价值观构建，加快社会主义和谐社会建设进程。

3. 多重国家战略叠加的政策支撑

近年来，国家相当重视民族文化的传承和发展，出台了一系列支持民族传统工艺发展与振兴的政策。2017年3月，文化部、工业和信息化部、财政部联合印发《中国传统工艺振兴计划》，要求各级人民政府有关部门要结合发展繁荣文化事业和文化产业、精准扶贫、新农村建设、少数民族传统手工艺及特色村镇保护与发展、传统村落保护、美丽乡村建设、乡村旅游发展等工作，积极探索振兴传统工艺的有效途径。2018年，中华人民共和国文化和旅游部办公厅颁布《关于大力振兴贫困地区传统工艺助力精准扶贫的通知》，鼓励支持探索和实践"非遗+扶贫"，不仅给传统工艺企业、作坊、合作社新的发展机遇，也带动当地贫困劳动力就业，帮助贫困家庭脱贫增收。中华人民共和国国家发展和改革委员会发布的《2019年新型城镇化建设重点任务》提出要"加强优秀农耕文化遗产保护与合理适度利用，推动农村地区传统工艺振兴，发展特色文化产业和工艺产品"，将发展特色文化产业和工艺产品作为新型城镇化建设的重要内容加以扶持。这些政策将对少数民族传统工艺振兴具有极大的促进作用。

（二）劣势

1. 缺乏创新，产品不适应需求

广西少数民族传统工艺生产多为个体作坊式或小企业，规模普遍较小，开发、设计水平不高，产品的研发设计缺乏专业团队，研发能力薄弱，产品普遍缺乏创新，式样缺乏现代感，无法较好地适应现代市场的需求。

2. 未建立传统工艺国标体系

虽然文化部、工业和信息化部、财政部联合印发了《中国传统工艺振兴计划》，但是，由于我国传统工艺品种类繁杂，制作工艺各有地方特色，要建立传统工艺国标体系并不容易。而没有国标体系，企业生产就没有统一标准，导致产品质量参差不齐，对少数民族传统工艺品的声誉造成不良影响。生产与经营无序混乱，使正规企业难以在这种环境下生存发展，影响了企业投入、研发的积极性。

3. 传统工艺企业基础薄弱

广西的传统工艺企业不仅数量少，而且企业规模普遍较小，基础薄弱。以广西具有代表性的壮锦生产企业为例，靖西、忻城、宾阳、龙州等地的壮锦生产企业，大多厂房陈旧，机器设备落后。加上壮锦使用价值降低、成本

高，受市场萎缩、销量下降等因素的影响，企业经营规模越来越小。作为广西为数不多的集体企业，宾阳县民族织锦厂现在只有10多名职工，工人以计件形式领工资。一幅壮锦从构图、制版到成品，前后需要半个月时间，耗时费力，但最终售价只有几十元。工人们每月400~600元收入，导致很多年轻人不愿意从事壮锦生产工作。

4. 管理与保护机制不健全

少数民族传统工艺有着深厚的文化底蕴，但是由于一些地方政府重视和扶持力度不够，缺乏传统工艺管理和保护机制，任由传统工艺自生自灭，导致少数民族传统工艺传承与发展停滞不前。一些地方政府在旅游发展过程中，未能将少数民族传统工艺真正融入当地的旅游发展过程中，丧失了宣传、推介、销售当地少数民族传统工艺的机遇，造成传统工艺市场萎缩。

5. 技艺衰退，后继乏人

随着现代化、机械化大生产趋势不断加强，少数民族传统工艺的“替代品”不断增加，人们的消费结构和理念发生了变化，对传统工艺品的需求逐渐减少，导致传统工艺品生产厂家的生产规模不断缩小，许多工艺人纷纷改行，相关传统技艺逐渐衰退。此外，在传统工艺的传承与发展方面，传承人培育乏力，面临后继乏人困境。

（三）机遇

1. “一带一路”倡议重振传统文化复兴

“丝绸之路经济带”和“海上丝绸之路”本身蕴含丰厚的民族传统文化。丝绸既是一般商品，也是历史悠久的民族传统工艺品。广西在“一带一路”中是我国面向东盟的国际大通道、西南中南开放发展的战略支点、与“一带一路”有机衔接的重要门户。2019年，国家发改委印发的《西部陆海新通道总体规划》进一步深化了陆海双向开放，推进了西部大开发形成新格局，广西在对接东盟与我国西部地区乃至中东欧的双向通道中发挥了更大的作用。国际陆海新通道不仅带来沿线国家和地区的商品和文化，也为广西产品包括少数民族传统工艺品开辟了更为广阔的市场，为广西少数民族传统工艺振兴带来千载难逢的机遇。

2. 乡村振兴战略与特色小镇建设为传统工业振兴带来新曙光

乡村振兴战略、新型城镇化建设是我国乡镇发展的主要任务。新型城镇化战略和乡村振兴战略双轮驱动为传统工业振兴带来了持久动力。国家出台了一系列相关支持政策。2018年1月2日,《中共中央国务院关于实施乡村振兴战略的意见》指出：要“加强扶持引导服务，实施乡村就业创业促进行动，大力发展文化、科技、旅游、生态等乡村特色产业，振兴传统工艺”。这为少数民族传统工艺振兴指明了方向。乡村振兴战略的核心是发展产业，鼓励打造一村一品、一县一业，鼓励在乡村地区兴办环境友好型和劳动密集型企业，这些政策有利于少数民族传统工艺的发展。因此，可结合乡村旅游业发展，培育一批少数民族传统工艺的家庭工场、手工作坊、乡村车间，既重振少数民族传统工艺发展，又促进农民就地就近就业。

《国家新型城镇化规划（2014－2020年）》指出，要“加强历史文化名城名镇、历史文化街区、民族风情小镇文化资源挖掘和文化生态的整体保护，传承和弘扬优秀传统文化，推动地方特色文化发展，保存城市文化记忆”。少数民族传统工艺是地方特色文化记忆的重要组成部分，可结合新型城镇化建设和培育特色小镇的发展方向，将当地少数民族传统工艺发展成为优势产业和特色产业，使其成为特色小镇的标志性文化产业。因此，要积极挖掘广西的壮族、瑶族、苗族、京族等民族的传统工艺文化资源发展文化旅游业，振兴少数民族传统工艺。

3.“建设壮美广西”愿景为振兴广西少数民族传统工艺带来新动力

“建设壮美广西、共圆复兴梦想”是习近平总书记对广西迈进新时代、站上新起点、实现新跨越的伟大号召，是谱写新时代广西发展新篇章的总目标、总要求。建设壮美广西，不仅包括经济复兴，也包括文化复兴。2019年5月28日，中国共产党广西壮族自治区第十一届委员会作出了《关于加快建设壮美广西共圆复兴梦想的决定》，为建设壮美广西吹响了号角，也为壮乡少数民族传统工艺振兴带来发展机遇。

4. 人民生活水平提高为少数民族传统工艺振兴带来新活力

随着我国人民生活水平的不断提高，越来越多的人有能力消费高质量、高价格的个性化产品，一些少数民族传统工艺品正好可以满足这类个性化追求和人民群众消费升级的需要。广西的壮锦、刺绣、苗绣、瑶绣、服饰、金银饰品、六堡茶、坭兴陶等一些实用的高品质的少数民族传统工艺品可以在这一高品质市场中开疆扩土，迎来新的发展机遇。

（四）挑战

1. 现代化大工业的冲击

在经济全球化和现代工业的发展过程中，传统手工艺包括少数民族传统工艺受到现代化浪潮的冲击是不可避免的，这是一种高效生产率对低效生产率的冲击。在追求经济效益的今天，低效意味着高成本低效益，传统工艺品的工业化生产成本低得多，但是失去了传统工艺品的本质；而沿用传统工艺生产的少数民族传统工艺品虽然保持了其本质，但低效高成本高价又令其失去市场竞争力。在现代化工业的冲击下，少数民族传统工艺传承面临进退两难的境地。

2. 现代生活方式和观念的转变

少数民族地区的传统手工艺产品有着浓郁的民族风格和地方特色，它们大多被用于满足少数民族特殊的审美情趣和价值取向。但是，在经济全球化和现代化的背景下，全球性的人口流动越来越普遍，少数民族也越来越多地接触并融入现代社会城市生活中，他们对民族产品只是在特定的传统节日才有所需要，生活方式和思想观念发生了很大的变化，由此导致具有民族性、地方性和宗教性的少数民族传统工艺品在新的生活环境中逐步被新的现代产品所取代而失去其使用价值。因此，很多传统工艺品因其实用性和现代性欠缺而逐步退出历史舞台。

3. 国际国内市场的不确定因素影响

广西传统工艺外贸依存度较高，随着全球经济不确定因素的增加及国际市场的不景气，传统工艺产品进出口面临新的挑战。广西工艺美术协会的一项调查显示，2017—2019 年广西传统工艺企业的平均年营业收入在 5 万元以下的为 37%，10 万元以下的高达 63%。此外，国内一些具有产业基础的县乡对促进行业发展缺乏影响力和推动力。

4. 企业投资规模小且融资难

由于少数民族传统工艺企业多为中小微企业，企业投资规模较小，缺乏资产抵押，存在融资难问题。传统工艺企业面临的营商环境与企业主体期待的创新创业的良好发展环境还有较大差距，阻碍了少数民族传统工艺企业创业发展。

四、新时期推进广西少数民族传统工艺振兴的对策建议

迈进建设壮美广西新征程，广西经济社会发展迎来了新的契机。振兴广西少数民族传统工艺，应从实际出发，抓住机遇，乘势而上，使民族传统工艺在新时代焕发勃勃生机。

（一）以扎实扩展传统工艺振兴目录为抓手，打开广西少数民族传统工艺振兴工作新格局

广西要紧抓传统工艺振兴目录，继续做好国家和自治区两级传统工艺振兴目录的扩展工作，加大对列入项目，尤其是民族地区、贫困地区、边远地区的传统工艺及其相关项目发展的扶持力度，同时督促、指导各地对列入项目着手制定振兴方案，因技制宜，落实振兴措施，具体来说，有以下四个方面。

一是要加强统筹协调。各级政府和有关部门要结合文化事业和文化产业发展繁荣、精准扶贫、新农村建设、特色村镇保护与发展、传统村落保护、美丽乡村建设、乡村旅游发展等工作，积极探索振兴少数民族传统工艺的有效途径。广泛开展面向民族地区的农村剩余劳动力、城市下岗职工、残疾人、创业创新人员的手工艺技能培训，鼓励其从事少数民族传统工艺生产。引导非物质文化遗产生产性保护示范基地发挥示范引领作用。

二是要落实支持政策。利用现有政策、资金渠道，对符合规定的予以适当支持。少数民族传统工艺企业符合现行小微企业和高新技术企业等税收优惠政策条件的，可按照规定享受税收优惠政策。

三是要加强金融服务。利用广西建设自贸区的优势，探索建立少数民族传统工艺企业无形资产评估体系，支持符合条件的少数民族传统工艺企业融资发展。鼓励金融机构开发适合少数民族传统工艺企业特点的金融产品和服务，加强对少数民族传统工艺企业的金融支持。建立少数民族传统工艺产业风险防控机制。

四是要鼓励社会参与。鼓励社会力量兴办少数民族传统工艺相关企业，

建设少数民族传统工艺展示设施、传习场所和公共服务平台，开展传统工艺的宣传、培训、研讨、交流等活动。鼓励按规定程序成立以资助少数民族传统工艺为宗旨和业务范围的公益基金会。

（二）以创新发展为引擎，促进广西少数民族传统工艺产业实现转型升级

随着消费环境的改变，一些传统的少数民族手工艺产品已不能满足消费者的需求，创新成为必然。习近平总书记曾多次强调："创新是引领世界发展的第一动力。"党的十八大提出，要实施创新驱动发展战略，强调科技创新是提高社会生产力和综合国力的战略支撑，必须摆在国家发展全局的核心位置。党的十八届五中全会更是把创新确立为五大发展理念之首。因此，广西必须以创新发展理念指导少数民族传统工艺产业进行转型升级，即在保持特色文化内涵的基础上，由传统的工艺生产向现代文化创意型产业转变，在现实社会中发挥更大的经济价值和文化价值。

一是着力构建现代少数民族工艺产业体系。少数民族传统工艺要适应市场经济发展的环境，必须走产业化生产的道路，整合产业链，增强产业的集聚效应。首先，政府有关部门要做好顶层设计，促进广西少数民族传统工艺产业集群发展。其次，少数民族传统工艺企业要携手合作，改变以往产、销各自为政的局面。再次，推动少数民族传统工艺企业与其上下游企业的合作，建立广西少数民族传统工艺产业联盟，通过整合力量，参与国际竞争，实现双赢。最后，积极开发少数民族传统工艺产业的上下游，延伸产业链，实现产业结构的优化升级。这些举措会将少数民族传统工艺的资源优势转变为产业优势，解决产业基础薄弱、市场化程度不高等问题，构建具有鲜明区域和民族特色的少数民族传统工艺产业体系。

二是不断增强工艺产业创新融合能力。少数民族传统工艺只有不断推陈出新，才能形成强劲的市场竞争力。要加强创意引领，推动跨界融合，打破行业和地区壁垒，促进少数民族传统工艺与现代消费需求、时代元素有效对接，加快少数民族传统工艺与文化和旅游等相关产业融合发展；提升工艺产品品质，丰富产品形态，拓展特色文化产业发展空间；要在保护多样性和独特性的基础上，坚持保护传承和创新发展相结合，加快少数民族传统工艺产品、特色文化元素与现代科技的融合，推进传统的少数民族工艺产业向新型的文化创意型产业转变；培育独立的设计环节、制作环节、销售环节，以打造较为完善的工艺产业创新服务体系；支持利用数字技术等高新技术支撑民族文化内容、装备、材料、工艺、功用的开发和利用，提高少数民族传统工艺产品的科技含量；鼓励校企联合创建少数民族传统工艺产业基地，实现理论与实践的有效对接，加快科研成果转化，形成以企业为主体、市场为导向、产学研相结合的工艺产业创新体系；引进先进的创意理念，加强少数民族传统工艺师与国际设计大师的合作，提升少数民族传统工艺产业从业者的创意水平，把各方面优势汇聚起来，推动少数民族工艺产业创新发展。

三是逐步推进少数民族传统工艺产业特色化、品牌化。民族文化的独特性源于民族性。少数民族传统工艺产业既要做大做强，又要保持民族文化鲜明的特色。少数民族传统工艺产业特色化、品牌化发展是市场竞争的必然趋势，要立足民族特色文化资源，发挥比较优势，促进多样化、差异化发展。在少数民族传统工艺品的生产中，要抓住产品的核心，对民族文化艺术不断赋予新的时代内涵，提升少数民族传统工艺特色。在少数民族传统工艺品从研发、制作、包装到品牌传播、销售等整个产业过程中，充分运用民族文化核心元素、高质美感及深度体验等特质，丰富少数民族工艺的文化厚度。设立少数民族传统工艺振兴发展产业投资基金，给予优惠的投融资和减免税政策，使少数民族传统工艺产业在确保社会效益前提下实现经济效益。同时，对民族特色文化浓郁的工艺品进行保护，引导文化企业对民族特色文化的保护承担责任。培育少数民族传统工艺品牌，实施“一地（县、镇、村）一品”战略，运用“原乡、原地、原创”的工艺产业发展策略形成一批具有较强影响力和市场竞争力的产品品牌，发挥有代表性的民族手工艺人、工艺美术大师和文化名人在培育特色文化品牌中的作用。以产品特色鲜明、基础条件较好的少数民族传统工艺企业为重点，通过培育和扶持一批规模企业，推动工艺产业的品牌特色化建设。鼓励少数民族传统工艺企业积极参与国际竞争，加快打造具有自主知识产权和有较强竞争力的知名文化品牌。

四是大力加强少数民族传统工艺产业公共服务平台建设。依托互联网建立少数民族传统工艺信息共享平台，使相关企业能及时了解行业动态；及时获得市场信息，掌握市场动态。不断完善知识产权公共服务平台，加强少数民族传统工艺产业的知识产权保护。逐渐完善电子商务平台，为厂家、商家和客户交流提供平台，建立网络咨询、网络订单、网络售后为一体的网络营销体系，增强少数民族传统工艺企业的总体竞争能力。积极搭建行业组织平台，建立广西少数民族传统工艺产业协会，指导、规划工艺行业发展，制定、推行工艺行业标准，实现生产发展的规范化，维护行业权益，促进行业交流与合作，实现产业结构优化发展。积极搭建投融资服务平台，拓宽融资渠道，引导民间资本投入，壮大少数民族传统工艺产业发展。坚持企业主体、市场运作，更好地发挥政府的引导、扶持职能，完善政策措施，优化营商环境，同时将少数民族传统工艺产业看作文化事业的一部分，打通两者的关节点，通过对民族地区公共文化事业的大量投入，为少数民族传统工艺产业提供更好的发展平台。

五是逐步健全工艺产业人才培养机制。通过协同创新，打破体制壁垒，强化少数民族传统工艺产业发展的科技与人才支撑。引导少数民族传统工艺行业、产业园区、龙头企业与高校、科研院所共同建立人才培养基地。坚持科学研究与生产相结合，依托专业院校培养工艺产业创意、设计、生产人才，开设工艺美术与经管营销交叉的新型专业，培养专门的工艺美术产业经营管理人才与营销策划人才。将少数民族传统工艺传承纳入职业教育体系，开展非学历教育和职业资格技能等级认证工作。发挥龙头企业和非遗传承人、工艺美术大师的示范作用，鼓励老艺人通过带徒弟、办传习所等形式传艺，将丰富的在地文化转化为生活体验，挖掘少数民族传统工艺产业新的成长动力，创造更高的附加值。

（三）以文旅融合为重点，增强广西少数民族传统工艺的“造血”能力

近年来，随着少数民族传统工艺品在脱贫致富方面价值的凸显，少数民族传统工艺被越来越多的地区作为主要的民族文化旅游资源加以开发和利用。广西拥有丰富的少数民族传统工艺文化资源，在推动少数民族传统工艺文化和旅游融合发展过程中，既要做到以少数民族传统工艺文化引领旅游，促进旅游的提质升级，激发社区贫困群众的内生动力，增强他们自身的“造血”能力，又要通过旅游促进少数民族传统工艺文化传承发展，为新时代坚定文化自信提供了丰富的智慧营养。

一是挖掘和培育支撑性的特色少数民族传统工艺。这既为社区的经济发展奠定了坚实的基础，也为后期民族旅游的开发奠定了具有较强竞争力的资源基础，同时使社区能够以独特的工艺文化吸引力站稳脚跟，也使少数民族凭借本民族的资源优势在旅游开发中有持续的话语权并促进传统文化的传承及创新。

二是整合少数民族传统工艺历史，塑造独特的工艺品牌形象。无论是购物旅游还是休闲体验旅游，其核心都是对独特的少数民族传统工艺文化符号的体验和消费。因此，少数民族传统工艺发展历程的整合、品牌形象和民间工艺精英形象的塑造可以从传统民族文化价值、技术可信度和工艺品收藏价值等方面奠定少数民族传统工艺发展的基础，并增强其竞争力。

三是充分利用和发挥社区少数民族传统工艺精英的带动效应。非遗传承人、工艺美术大师应发挥自身的榜样作用，带动其他手工艺人自觉提升手工技艺，促进少数民族传统工艺的传承和发展。同时营造良好的少数民族传统工艺传承和传播氛围，支撑和促进少数民族传统工艺和民族旅游的整体发展。

四是构建以特色少数民族传统工艺为核心的多功能旅游景区。首先，借助少数民族传统工艺的品牌和基础构建以少数民族传统工艺品购物旅游为主的旅游方式。在此基础上，为适应旅游发展的多元化需求，在具备一定的条件和基础之后，结合“中国民间艺术之乡”“中国民俗文化村”等品牌优势及独特的自然景观和人文景观形成的社区工艺文化氛围，进行以特色少数民族传统工艺为核心的多功能旅游景区的开发。以旧州绣球村为例，可以绣球制作技艺为核心，结合传统村落优美的自然风光和深厚的人文传统，大力发展民族工艺文化旅游，建设民族生态博物馆、绣球民俗体验区、绣球观赏园等，开展绣球制作旅游体验项目。游客不仅可以零距离地观赏工艺大师现场创作绣球，还可以在工艺大师的指导下亲手制作绣球，提升传统文化体验感。此外，加强绣球系列旅游纪念品、工艺品的研发设计，拓展民族工艺文化旅游产业链。

（四）以互联网为媒介，助力广西少数民族传统工艺实现线上线下协同发展

“互联网 +”的现代营销平台是少数民族传统工艺最好的推广与传播

平台，不仅如此，集约化的产业形式更能极大地开发和利用边远民族地区特色手工艺。针对“一村一品”的战略构想，政府或投资商有规划地整合网络销售渠道，通过消费数据分析与市场评价准确地反馈信息，调整供求关系，是少数民族传统工艺生产性发展改革的一个重要依据，也是有效带动贫困地区脱贫致富、推进乡村振兴、实现全面小康的有效途径。一方面，要解决好传统工艺的个性化与规模生产的标准化的有效衔接问题。纯粹的少数民族传统工艺强调的是不可复制性与个性，而规模化与集约化产业的重要市场经济价值则更多地体现在标准化的指标中。从文化属性的角度思考，若想使少数民族传统工艺的产业化得到可持续发展，如何协调这两者之间的关系是真正使少数民族传统工艺产品畅销的关键。另一方面，要打造具有鲜明特色、统一标准和规范的少数民族传统工艺品的电子商务平台。这样既有利于加强对少数民族传统工艺品网络市场的监管力度，提升行业的信誉度，防止弄虚作假；又有利于形成规模效应，促进行业效益的提高。

（五）以“走出去”为纽带，推动广西少数民族传统工艺积极参与国际减贫与发展合作事业

近年来，广西结合自身沿边、沿江、沿海的区位优势，特别是“一带一路”建设中国家对广西的“三大定位”，做足做好民族文化对外交流的“文章”，通过举办中国—东盟博览会、南宁国际民歌艺术节等节会活动，以及与东盟成员国和其他“一带一路”沿线国家、地区开展民族文化交流活动，尤其在民族文化参与国际减贫与发展事业方面，不断拓展对外文化交流合作平台，推动广西民族文化“走出去”。这不仅有助于打造、展示和推介广西民族文化精品，树立广西美好的文化形象，还有助于增进广西与不同国家、不同地区、不同民族间的友好关系，从而进一步提升了广西民族文化在“一带一路”沿线国家和地区的知名度和影响力。一方面，要不断加强少数民族传统工艺的对外交流与国际合作，促进不同国家、不同地区、不同民族间的交流、交往、交融。制定民族文化对外交流合作的配套政策法规、措施和办法，大力传承和弘扬民族文化，做好民族文化对外交流。设立民族文化对外交流基金，为对外交流提供资金保障。运用新媒体力量，加大民族文化宣传推广力度。加大民族民间工艺美术交流与合作，实现民心相通。另一方面，要积极参与国际减贫与发展的合作。作为中国脱贫攻坚主战场之一，2016—2019年，广西累计减少贫困人口450万，贫困发生率从7.9%下降到0.6%。在致力消除自身贫困的同时，广西还积极搭建平台，与东盟成员国分享减贫经验，开展减贫合作。自2007年以来，广西先后举办22期国际减贫经验研修班，70多个国家的400多名扶贫官员前来学习交流。广西减贫经验经吸收、改良和本土化后，为当地消除贫困发挥了积极作用。有鉴于少数民族传统工艺作为广西的特色文化产业及其对精准扶贫的重要贡献，建议政府相关部门及时归纳总结少数民族传统工艺在文化扶贫领域中好的经验和做法，通过举办国际减贫经验研修班，吸引其他国家前来学习交流，同时鼓励有条件的少数民族传统手工艺人或企业与国外民间工艺界加强合作，搭建互相学习促进、交流合作的平台，携手共创少数民族传统手工艺振兴的崭新未来。

中越边境地区少数民族文化传承发展研究报告

广西民族研究中心课题组*

一个国家的综合国力，既包括经济、科技、军事等“硬实力”，也包括国家意识形态和价值观念的认同力、民族凝聚力、文化的感召力、国际事务中的影响力等“软实力”。广西边境地区的少数民族大多是跨境民族，他们在文化上具有一致性。加强边境地区少数民族的文化建设对提升国家“软实力”有重要意义。

一、中越边境地区民族文化的发展与乡村振兴战略

党的十九大报告指出，农业农村农民问题是关系国计民生的根本性问题，必须始终把解决好“三农”问题作为全党工作的重中之重，实施乡村振兴战略。实施乡村振兴战略是党的十九大作出的重大决策部署，是新时期乡村建设的重要指引。乡村振兴是对乡村建设的全面升级，是对乡村从文化自觉到文化自信的提升，本质上就是对乡村传统文化的创造性转化和创新性发展，是一种立足于新时代矛盾与需求的乡村文化的再创造和再发明。

建设边境少数民族文化是实施边境乡村振兴战略的核心内容之一。广西边境地区是少数民族聚居区，乡村振兴对于广西边境来说，也是少数民族乡村的振兴。过去，广西边境地区经济水平低下，边民生活水平长期处于贫困状态，脱贫致富的愿望强烈。发展边境地区少数民族文化既是边境乡村建设

---

* 课题组成员：陈家柳，广西民族研究中心三级调研员；黄仲盈，广西民族研究中心副研究员 ；罗柳宁，广西民族研究中心副研究员；李妍，广西民族研究中心民族发展研究部主任，副研究员；农世杰，广西民族研究中心助理研究员；奉媛，广西民族研究中心民族发展研究部副主任。

的重要内容，也是广西社会文明建设的重要基础；发展边境地区少数民族文化不仅是边民对美好生活的需要，也是构建和谐社会和实现强国梦的重要条件。但是，长期以来，由于广西的乡村建设存在重经济发展、轻文化建设的倾向，边境地区乡村文化建设未得到足够的重视，使其成为社会全面发展的短板，因此，发展边境地区少数民族文化对边境地区有效治理具有重要影响。边境地区少数民族文化建设与边境乡村产业发展互为因果、相互促进。边境地区产业兴旺是边境少数民族文化的物质前提，而边境地区少数民族文化既是产业发展的支撑，也是产业兴旺的重要资源。广西边境地区少数民族文化建设与良好的生态构建也有密切关系。边境地区少数民族文化建设与乡村治理的关系密切，充分利用边境地区少数民族文化中优秀的因素，如家风、家训、村规民约、道德示范等，有助于构建自治、法治、德治的治理体系，提高乡村治理的有效性。

二、边境地区少数民族文化传承发展现状

广西边境8县市少数民族传统文化资源非常丰富。截至2019年年底，边境8县市共有国家级非物质文化遗产4项，分别为东兴市京族独弦琴艺术、京族哈节、靖西市壮族织锦技艺、那坡县那坡壮族民歌。自治区级非遗项目有数十个，影响范围较广的有壮族天琴艺术、壮族侬峒节、京族鱼露制作技艺、瑶族服饰、瑶族阿宝节、彝族跳弓节等。市级、县级亟待立项的非物质遗产项目则数以百计。值得一提的是，广西唯一入选世界人类非物质文化遗产代表作名录的天等壮族霜降节虽未处于边境8县市范围，但与大新县下雷镇的自治区级非遗项目下雷壮族霜降节实为同一源流的壮族节日，甚至历史上该节日应是由下雷镇传播至天等县的。由此可见，广西边境地区少数民族非物质文化遗产不仅数量众多，而且种类全面，影响范围深远，具有立项规格高、内容丰富、形态鲜活等特点。

（一）非遗项目挖掘保护情况

为加强非物质文化遗产的挖掘与保护，边境地区推进了非遗项目示范基地和展示中心建设。在基地建设中，边境各县市按照“六个有”的标准实施，即：有一个规范可行的传承管理制度；有一个项目代表性传承人或师资

队伍；有一个学艺的传承队伍；有一个普查资料阅览室（数据库）；有一个固定的传承场所和展示舞台（小广场）；有一个包括文字、图片、实物等内容的宣传长廊等相关设施。每一个基地都打造成文化交流平台，让该地域的非物质文化遗产得到保护、传承和展示。每一个展示中心既是非物质文化遗产的集中展示场所，又是非物质文化遗产的活态性保护传承基地。

百色市那坡县先后投入建设了黄皮酱制作、跳弓节和壮族民歌传习基地。其中，黄皮酱传习基地建设选址在盛产山黄皮果的平孟镇，项目投入资金 5 万元，按相关标准进行建设，由代表性传承人具体管理。根据项目要求，每年组织开展保护传承、展示展演活动不少于 2 次，传授项目操作程序、技艺要领，完备技术规范与原材料要求等，并培养后继传承人。达腊跳弓节传习基地位于彝族同胞聚居的城厢镇达腊村达腊屯，由传承人具体负责日常管理，基地内陈列有彝族服饰及跳弓节“腊摩”的法器、乐器、传承谱系、宣传图集等。吞力屯的那坡壮族民歌传习基地展厅面积 420 平方米，展示内容包含民歌的生存背景、主要歌种、音乐形态、文化内涵、功用与传承、现状与前景等。近年，百色市陆续投入自治区及本市项目建设经费，实施了靖西非遗展示中心、那坡壮族民歌传习所、德保南路壮剧传习基地等项目建设。在对国家级非遗“靖西壮族织锦技艺”的挖掘与保护中，创建了绣球、壮锦制作基地。

截至 2019 年年底，防城港市建成东兴市江平镇京族独弦琴艺术培训基地、防城区峒中镇那丽村壮族天琴艺术传承基地、防城区那良镇高林村瑶族非物质文化遗产展示中心等工作平台 20 个，其中有 14 个位于中越边境。高林村的非物质文化遗产展示中心位于中越边境线，该展示中心包括瑶族大板瑶支系服饰展览馆、瑶族刺绣展览馆和培训基地、陀螺展演培训基地、国门大舞台及国门宣传长廊，其通过开展形式多样的活动培养了大批民族文化传承人，延续了瑶族传统文化。东兴市先后建成挂牌了 5 个非物质文化传承基地，1 个展示中心和 1 个展示馆。京族独弦琴艺术除了培训基地还有传习基地，另外还有京族鱼露制作技艺传承基地、京族服饰制作技艺传习基地、京族民歌传习基地，以及位于江平镇的自治区级非物质文化遗产展示中心和京族生态博物馆等。位于防城港博物馆的防城港市非遗展示馆面积 500 多平方米，总投资 130 多万元，是广西第一家地市级的非物质文化遗产展览馆。展览从民间信仰、传统技艺、音乐艺术等方面集中展示防城港的各级非遗项目，共展出具有“边、海、山、民”特色的展品400多件套。

截至2019年，崇左市共累计投入500多万元专项资金，在全市建起了44个非遗工作平台，包括展示中心、生产性保护基地、传承基地、传承示范户等。

在民族服饰资源挖掘保护方面，防城区中越边境的瑶族大板瑶支系的服饰，以其独特的风格于2008年入选了自治区级非物质文化遗产名录。大板瑶是瑶族人数较少的支系，约有2000人居住在防城港市中越边境的大坑、细坑、和平和高林等几个村，同时在越南一侧的广宁省也有分布，彼此联系紧密。大板瑶支系的服饰颇为独特，其最大的特征是妇女头戴一尺以上的高帽，由80层红布折叠剪贴而成，服装以红、黑为本色，头饰、衣领、袖口、围裙以红花或碎红花的图案来装饰。以大新县宝圩乡板价村为代表的壮族上甲支系，是桂西南区域传统民族文化形态保存得较完整的一支，其传统服饰特点是“上衣短裙子长”，主要以蓝黑色、黑色为主，不加其他花色，用斜织机纺织平纹布即可，彩棉布同样为平纹布。上甲支系妇女的头帕相当有特色，是一条蓝白相间或绣有红、黄、白、黑等色的花棉，质地纯朴，花纹图案精美。

（二）非遗项目传承发展情况

为促进非遗项目的传承与发展，广西边境各地结合文化品牌建设，创新方式方法，发挥非物质文化遗产特有的价值和作用，不断促进非遗项目的可持续发展。

为更好地弘扬天琴艺术文化，近年来，龙州县不断注重加强天琴艺术后备力量的培养，在县文化馆、县民族中学、县新华小学等开设了天琴艺术培训班。同时，大力扶持原生态业余天琴文艺队。截至2019年，龙州县共通过资金扶持等方式扶持发展金龙镇九凤娱乐文艺队、上龙板弄村文艺队等17个业余村级文艺队。龙州还成立了天琴制作中心，由被中国民间文艺家协会命名为首批“中国民间文化杰出传承人”的民间天琴制作艺人秦华北负责，为龙州10所学校开办的天琴培训班提供了天琴，并传授天琴制作技艺。近年来，龙州全面挖掘和提升天琴艺术，成立了“天琴女子弹唱组合”，将天琴这一传统民间弹拨艺术搬上更加广阔的舞台，迄今应邀参加国内外演出和比赛 180 多场，深受各界赞誉。天琴艺术通过演出过程中艺术化的包装，在乐曲、服装、舞台设计等方面不断得到完善，天琴已逐渐成为龙州、崇左乃至广西的一个鲜明民族文化标识。

龙州县金龙镇板池屯的壮族织锦技艺有着上百年的历史，这些年，为保护和传承板池屯织壮锦的传统，当地通过传承人“传帮带”形式，吸引更多的织娘们加入织壮锦行列。

大新县以“高腔诗蕾”为代表，打造壮族民间山歌文化品牌。大新县壮族群众向来喜爱唱山歌，其中以“高腔诗蕾”最具特色，也称为“大新壮族高腔民歌”。“诗蕾”是壮族山歌的一种艺术形式，“诗”是对歌和山歌之意；“蕾”指最高、最响、最美之意。“高腔诗蕾”是在“诗伦”和“诗大排”等歌种基础上演变而来的，因其声调高亢及和谐的二重唱特点，在广西山歌中独树一帜。近年来，大新县在恩城乡维新村新胜屯和桃城镇万礼村浓沙屯挂牌成立“高腔山歌培训基地”，通过举办歌手培训班、邀请艺术专家指导、组织开展各类山歌比赛等方式，全力发展、传承这一非物质文化遗产。同时，坚持培养本地文艺人才，先后推出了“木棉组合”等乐队参与中央电视台节目录制，对大新壮族山歌文化的精髓以流行曲风的方式进行了全新演绎。大新县各单位到农村开展宣传活动时，创新引进山歌的形式，达到群众喜闻乐见的效果。

靖西市以“非遗”手工技艺为依托，以新理念积极探索非物质文化遗产创新发展新途径，注重“非遗”的活态传承，根据市场需求和产业特点，将壮族织锦技艺、壮族绣球制作技艺等已列入国家、自治区级非物质文化遗产的民间技艺，确定为民族民间文化开发利用的重点项目，着力培育民族民间文化品牌。经过多年的培育，壮锦和绣球产业已成为靖西市民族民间文化的一个特色品牌。2011 年 12 月，靖西壮锦厂被文化部授予“首批国家非物质文化遗产生产性保护示范基地”称号，成为全广西第一个国家级“非遗”生产性保护示范基地。壮锦、绣球制作逐渐形成市场化运作模式，初步实现市场化、产业化。靖西市壮锦厂、旧州绣球风情街、靖西旧州生态博物馆、靖西市非物质文化遗产展示馆等“非遗”保护基地每年接待游客达 200 万人以上，有效地促进了靖西非物质文化遗产的传承发展。靖西市还以“非遗”项目中的南路壮剧、提线木偶戏、壮族末伦、马驴舞、采茶舞、上下甲山歌、嫦娥调等戏剧曲艺、民间舞蹈、山歌、民间小调等为基础，加大传统文艺作品创作，组建乡村文艺队，传承非物质文化。各乡镇充分利用传统歌圩节，组织举办文艺演出、抢花炮、扮抬阁、舞龙舞狮、山歌比赛等文体活动。为了把“非遗”推向更广阔的舞台，靖西市还大力组织文化创作，着力打造高质量文创产品。近几年，靖西市成功打造了大型歌舞剧《鹅泉情歌》等一系列“山水＋非遗”的文创精品。这些作品经过包装后，在旧州景区、锦绣古镇、绣球城等地陆续进行常态化演出，实现非物质文化遗产旅游产品化，进一步传承和发扬了非物质文化遗产。

东兴市在市文化馆定期举办独弦琴培训班，免费向感兴趣的中小学生教学独弦琴演奏；江平镇的独弦琴艺术培训基地承担独弦琴的教学、传承和展示工作。通过传承基地与学校的教学合作，对学员进行定位培养和规范训练，培养出一批独弦琴演奏的专业人才，使之成为京族非物质文化的传承者。

三、广西边境地区少数民族文化传承面临的困境

20世纪90年代以来，广西边境地区少数民族文化的传承和保护取得了有目共睹的显著成效，但由于受现代化多元文化的冲击，其传承发展仍面临诸多现实问题。

（一）优秀少数民族传统文化资源尚未得到整合利用

目前，边境地区仍有大量优秀少数民族文化项目未申报，少数民族特色文化资源亟待进一步开发并进行整合和利用。

以壮族文化旅游资源为例，尽管大新县明仕田园、德天壮家古寨是最具代表性的壮族旅游景点，向外界很好地展示了壮族文化特色，然而相对广西区内其他少数民族而言，专门展示壮民族文化特色的平台和景点仍然不多，与壮族人口聚居大区的形象不符。绝大多数慕名前来体验壮族文化的游客，被推荐到瑶、苗、侗、仫佬、毛南等少数民族聚居地区体验当地的少数民族风情。鉴于此，龙州县将宝圩二月十九观音诞、硕龙三月十五建街节、下雷霜降节、陶成元宵节四个节日进行整合，统一申报为中国土司文化之乡或侬峒文化之乡，作为边关旅游和壮族旅游项目予以进一步打造，但其中涉及建

设娅莫广场、壮剧和歌坡节演出场地、下雷新区等项目，建设费用高，工程量巨大，需社会各界互相联动、群众广泛参与、社会民间资金积极投入等才能完成此艰巨任务。

京族文化旅游资源方面，由于对哈亭、哈节缺乏深度研究和保护开发的措施，哈节无法充分展示其丰富多彩的文化内涵，导致其魅力与影响力下降；民族服饰、民族歌舞、民族小吃、民族工艺品及民族风情表演等民族文化展示处于空白状态，不仅影响了当地旅游业的发展，也是导致青年一代普遍缺乏对本民族文化认同的重要因素之一。

（二）民族文化后继乏人，部分民族文化濒危

以东兴京族为例，目前京族参与传统文化各项活动的都是中老年人，年轻人对民族文化渐失兴趣，使用京族语言的人口逐渐减少，民族文化传承出现断代现象。一是京族“喃字”的传承。喃字是京族人移居到三岛后为便于和当地人交流而创造的文字，几经流传，现在只有七八十岁以上的老人懂得“喃字”的书写、读音及用意。二是哈节唱哈仪式的传承。哈节中唱哈的“哈哥”“哈妹”岁数偏大，有的退出了舞台，有的离世，导致哈节仪式上跳的“天灯舞”“花棍舞”“竹棍舞”等技艺濒临失传。三是独弦琴的传承。独弦琴是京族特有的文化。1993 年，京族会弹独弦琴的只有万尾村的苏春发一人。从 1994 年开始，苏春发在自家办起了独弦琴培训班，免费收徒授艺。尽管如此，年轻京族人对独弦琴等传统民俗的兴趣不高，难以成为接班人。

“花凤舞”在龙州县金龙镇流传了 1000 多年，目前能制作“花凤”的仅金龙镇 70 岁的马汉伟一人，会舞花凤的仅五六人，且都是 60 岁以上老人。此外，虽然龙州县唱山歌的风气很浓，但唱山歌的大都是五六十岁甚至七八十岁的老人，民间传统文化传承困境亟待解决。

（三）文化基础设施建设薄弱

文化基础设施和服务设施数量少、质量差，文化娱乐活动场所比较少而且功能单一，内部设施简陋，已难以满足广大人民群众开展民族文化活动的要求。

大新是中国侬峒文化之乡、土司文化之乡，且铜鼓文化历史悠久，但目前仍未建有展示相关民族文化的场所。虽然大新全县146个村（社区）都建有村级公共文化服务中心，但是屯一级的公共文化服务中心建设发展较慢。

东兴市宣传文化中心项目虽然已经建成投入使用，但是中心的配套设施仍需进一步完善。图书馆藏书量有待进一步提高；文化馆灯光、音响、摄像等设备陈旧；多功能文化活动厅因缺乏室内装修及设备配置资金一直闲置；东兴京族博物馆暨京族生态博物馆项目的装修、展览、消防等工程缺乏资金建设；等等。

由于民族文化事业经费严重不足，导致挖掘有价值的文化遗产和开展各种文化活动相当困难，文化生活的贫乏大大制约了“兴边富民”工程的深入实施。

（四）少数民族传统文化的传承发展缺乏科学机制

1. 非遗传承与发展的法制机制不健全

非物质文化遗产传承与发展工作尚处于探索阶段，尚未形成科学有效的传承与发展机制。保护资金、技术匮乏，一些尚未申报四级以上名录的非物质文化遗产的珍贵实物资料流失的现象未得到有效制止，破坏性开发仍存在。究其原因，一是缺乏政策法规依据。长期以来，有关非物质文化遗产保护的政策法规尚不健全，未建立起科学的发现、评估、认定、保护、利用的正常工作程序。二是文化保护制度缺失。20世纪80年代以前，边境地区非物质文化遗产的保护和传承主要是当地民间人士的一种自觉行为。随着2010年前后国家对非物质文化遗产保护支持力度的迅速增强及《非物质文化遗产保护法》的颁布实施，各项保护工作陆续落实，但“常规性”的非物质文化遗产保护活动仅限于一些重大的民族节日庆典，日常性的非物质文化遗产保护仍然缺少明确的制度性安排。这使边境地区非物质文化遗产的保护力量较为涣散，力度时强时弱，难以形成一股稳定、持久的支撑力量。

2. 非遗人才队伍建设亟待加强

近年来，非遗保护队伍逐渐建立，但人员大多专业不对口，缺乏非物质文化遗产保护工作所需要的综合性知识、视野和工作能力。基层非物质文化遗产普查工作人员仅能胜任资源普查等基础性工作，无法开展后继的整理、研究和保护工作。此外，文物保护及文博工作力量薄弱，缺乏专业管理机构和人才。

3. 民俗文化过分商业化

近年来，各种非物质文化遗产保护活动得到社会各界的广泛支持，少数民族传统文化的传承和发展有不断繁荣之势。然而，在保护活动背后，隐藏着令人担忧的文化发展的商业化倾向。一些与非物质文化遗产保护有关的活动，主要目的是发展旅游、招商引资。此类活动对于非物质文化遗产传承和发展的促进作用固然不能轻易否定，但如果文化保护过于商业化，那么非物质文化遗产保护和传承的社会基础将会不断被侵蚀并最终迷失其发展方向。

四、中越边境地区民族文化传承保护发展对策

由生计方式、风俗习惯和价值观念所建构起来的传统文化表现形式，传达了文化持有者对于自然、人类社会的认知。“文化兴边”的价值，不仅体现在对边境地区经济繁荣的重大促进作用之上，还体现在维护边境地区社会稳定、领土完整、主权统一的战略意义上。

“兴边富民行动”以加快边境地区经济建设为主要着眼点，试图通过政府主导、社会广泛参与支持、边境地区各族民众共同奋斗，达到富民、兴边、强国、睦邻的目的。“兴边富民行动”的实施，是促进边境民族地区经济与社会发展、全面建成小康社会的客观要求，已在一定程度上成为边境地区经济社会发展的“加速器”和“催化剂”。以繁荣发展民族传统文化为己任的“文化兴边”，通过更亲和的方式，能够实现边境地区各民族群体的利益诉求，从而达到进一步稳定边境地区社会秩序、稳固并加强国家边防的目的。“文化兴边”策略的运用，不仅可以在一定程度上缓解边境地区经济发展的投资压力，也可以使当地民众成为经济发展的积极参与者和直接受益者。

“文化兴边”所肩负的历史使命，要以民族文化产业为先导，大力发展地方特色产业，不断突破边境地区传统经济发展方式的各种瓶颈，有效保护和抢救日渐式微的少数民族传统文化，改变传统文化的碎片化并加以整合创造出新的文化，为民族文化的传承营造更加宽松的社会环境。要通过对边境地区各民族群体尤其是少数民族群体传统文化表现形式的保护和传承，以及

对地方性知识的挖掘、创新，扩大边境地区的文化影响，增进地方经济的软实力，促进边境地区经济与社会的繁荣发展，提高各族民众的物质生活水平和文化自信，以期实现“文化兴边、文化固边、文化稳边、文化睦边”。这是目前“文化兴边”的基本内涵和主要目的。

以民族文化的保护、传承、发展为导向的“文化兴边”，可以通过盘活民族文化遗产的“存量”并使之成为一种现实的经济资源，进而推动文化产业及与之相关的其他产业的发展。

具体来说，在村落一级，借助已经修好的文化广场，鼓励大家组建队伍，重拾诸如山歌、民族舞蹈、传统戏曲、民间体育等传统民族文娱活动，以此充实大家的精神生活；在乡镇一级，以文化站和非物质文化遗产传承人为主，建设民族文化展示厅，展示最能体现本地民族文化的生活器物和工艺；在县市一级，以地方政府的文化部门为核心，搜罗本地多元的民间文化，通过印制宣传册、录制节目、下乡演出的方式进行传播，鼓励广大群众参与其中。

同时，遗产保护和文化创意相结合、遗产教育和创意氛围营造相结合，推动资源型文化产业的发展。京族的“哈节”、独弦琴文化及中越边境的“天琴”不仅具有丰富的传统文化价值，还具有极大的市场开发价值。非物质文化遗产的保护和发展可以将古典与现代、文化与经济结合起来，使传统文化在现代语境焕发新的生机，寻找到新的生长点和发展点。将有条件的非物质文化遗产变为文化商品，推向市场，形成文化品牌效应；将丰富的文化资源转化为优势文化产业，提升边境地区少数民族自尊心和优越感，培养遗产保护、文化创意和旅游管理的复合型人才。“哈节”“阿宝节”“侬峒节”“霜降节”“风流节”等是中越边境跨境民族共同的传统节日，是宝贵的文化遗产。通过将其打造成为民族旅游品牌，不仅是弘扬民族优秀传统文化的重要方式，也是推动国际文化交流和人民友好交往的重要途径。

此外，要杜绝非法宗教在边境地区的传播。要加大对境外和外来宗教组织的监控和管理力度。对各种宗教组织必须查清其背景，了解其性质，监控其动向，一方面要对各种宗教组织登记在册，另一方面要加强对宗教组织各种培训、祭奠、捐助、集会等活动的管理，确保边境地区正规宗教组织活动的有序、健康开展，促进边境地区和谐社会的构建。

壮族天琴文化传承与发展调查报告

——以龙州县和防城区为例

李　妍*

天琴是壮族民间独具特色的一种传统乐器，流行于广西西南部的崇左市龙州县、凭祥市❶、宁明县、大新县和防城港市防城区一带的壮族地区。天琴文化作为壮族优秀传统文化的重要组成部分，在实现壮族繁荣发展的道路上发挥着重要作用。近几年来，随着非物质文化遗产保护意识的加强和各级人民政府对天琴文化的深度挖掘和保护，天琴文化的内涵得到了深入阐释，壮族天琴的制作技艺得到了有效创新和发展，天琴艺术的表演形式、音乐创作等也得到了进一步提升与发展，对当地“文化睦邻”工程的实施及弘扬中华传统文化的重要内容有积极作用。

一、壮族天琴文化的价值与概况

（一）壮族天琴文化的价值

壮族天琴文化历史悠久，源远流长，内涵丰富，风格独特。天琴的长期流行和世代传承，与当地壮族独特的历史背景、社会环境、人文条件、生活习俗及民间信仰有着密切的联系。天琴是当地民间世代传承的仪式乐器，在民间宗教仪式和人们的生命礼仪中扮演着重要角色。独特的天琴文化是当地壮族民间文化的重要组成部分，具有丰富的文化内涵和人文价值，具有族群

* 李妍，广西民族研究中心民族发展研究部主任、副研究员。

❶ 县级市，由崇左市代管。

认同功能。天琴从民间神器仪式乐器演变为民族独特乐器并登上主流艺术殿堂，是在民族非物质文化遗产保护政策的推动下，地方政府和文化部门及音乐工作者对天琴文化发掘、改造、创新、提升和重构的结果。广西西南部壮族地区是天琴的发源地，天琴文化是当地壮族认同的标识。天琴文化的保护与传承，需要民间世家、社会团体及学校、政府组织等力量的合力。

（二）壮族天琴文化概况

调查发现，壮族天琴发源于广西龙州县金龙镇（古为“金龙峒”），是壮族在祭祀活动中使用的礼器“叮鼎”。目前主要流传于中越边境一带，包括中国广西崇左市龙州、凭祥、宁明、大新及防城港市防城区，云南文山等地的壮族地区，以及越南高平省、谅山省、广宁省、河江省、太原省、宣光省等侬族、岱依族、泰族分布地区。崇左市的天琴文化以龙州县最具代表性，与防城港市防城区的天琴文化有所区别。

广西崇左市龙州县金龙镇、上龙乡、霞秀乡（今龙州镇）、彬桥乡、下冻镇、上降乡一带是天琴的主要流传地区，具体为金龙镇贵平村板烟屯，双蒙村板池屯，高山村板闭屯，横罗村其逐屯、板罗屯，民建村板送屯；上降乡梓从、鸭水等附近村屯。

龙州县壮族独特的传统民俗节日侬峒节，以天琴弹唱艺术成为边境一带最热闹、最隆重和闻名遐迩的节日，每年正月初一到十五都会吸引附近村屯的群众及越南的泰族参加。节日期间，青年男女常借助对歌和天琴弹唱来表达爱意和进行社交。天琴文化作为一种跨境流传的民间音乐文化，内容丰富，形式独特，具有浓郁的民俗文化特征、鲜明的民族歌舞音乐艺术特征、独特的民族口头文学特征，是民族认同的重要纽带和中外文化交流的重要载体。2007年12月，龙州县被中国民间文艺家协会授予“中国天琴艺术之乡”称号。天琴已成为广西的文化标识与民族标识，享誉海内外。天琴文化的传播，提升和扩大了壮族民族文化的自信力和影响力。

防城区壮族天琴文化是防城港市防城区峒中镇壮族（当地俗称“偏人”）民间文化艺术的总称，包括歌、舞、琴三部分。天琴是当地壮族称为“天”的一种用于文娱活动的乐器，是壮族群众举行唱天、跳天、禳灾驱邪、祀神祈福时所用的主要乐器，主要流传于峒中镇板八村和那良镇里冷村、滩散村等壮族村落。当地天琴的低音强劲浑厚，高音欢快悠扬，节奏简明、轻盈，弹奏出天籁之音，蕴含神秘气息。防城区壮族天琴艺术是由市级名录非物质文化遗产项目“壮族的‘天’”发展而来的，2016年成功申报列入自治区名录非物质文化遗产代表性项目。防城区壮族天琴艺术也是防城区中越传统文化交流主要项目之一。防城峒中壮族的天琴文化具有浓厚的地域特色和民族色彩。长期以来，天琴作为防城峒中一带壮族的传统乐器，每年的春节、“三月三”等重大节庆活动都有唱天和跳天的节目表演。

防城区壮族天琴主要是二弦天琴，与龙州县的三弦天琴有所不同。防城区壮族天琴与越南的天琴同宗同源，据防城区壮族天琴艺术第三代传人裴朝林（1928年生）说，越南天琴是中国传过去的，因此天琴主要流行区域还包括与防城区峒中镇一河之隔的越南广宁省平辽县、海河县一带。每年我国广西境内举办“三月三”壮族歌节，越南的民间表演团队也会前来进行文化交流。防城区壮族天琴弹唱与越北侬族、岱族天琴弹唱，在文化特征上有惊人的相似之处，而表现内容和演绎方式二者各有特色。防城区壮族天琴具有音乐调色及多声结合的特点，而越南天琴则具有很强的即兴性特点，不利于转调。近年来，由于传统文化的传承缺乏年轻人的参与，防城区壮族天琴艺术仍然保留着原生态状态，有很大的提升空间。

二、壮族天琴文化传承与发展现状

（一）壮族天琴文化的传承与保护措施不断增强

一是成立壮族天琴文化艺术研究机构。龙州县先后挂牌成立天琴文化艺术传承中心、天琴文化研究学会、壮族文化研究学会等机构，防城区也成立了天琴文化艺术传承展示中心，在传承保护壮族文化艺术的同时，为学术界搭建起了民间文化交流平台。

二是开展相关学术研究和调研活动。龙州县先后邀请中央民族大学、中央音乐学院等高校和科研院所160多名专家到龙州采风调查，出版了《古壮天琴文化考》论文集。2016年4月，成功举办崇左·龙州骆越文化座谈会，广西骆越文化研究会、广西文物考古研究所、广西大学等单位的文化专家、学者，就如何挖掘、保护、传承和弘扬以壮族天琴艺术为代表的骆越文化提出了很好的意见、建议。防城区邀请中华人民共和国文化和旅游部、广西壮族自治区党委信息研究室及相关大专院校的专家、学者到峒中镇调研天琴并观摩壮族天琴艺术展演。

（二）壮族天琴文化得到不断深入挖掘和打造

一是大力推进“天琴艺术进校园”。龙州县确立了以民间传承为主、学校与社会传承为辅的天琴文化传承发展模式，在民族中学、新华中心小学、金龙镇中小学等10所学校建成少儿天琴培训活动基地，每学期各校举行天琴艺术汇演1次，每年定期举办全县汇演1次，全县每年培养的天琴学员300多人。随着天琴文化的影响力不断提升，多所国内高等院校和中专学校相继开设了天琴艺术课程。

二是着力提升天琴文化品牌知名度。龙州县采取举办天琴文化艺术节、参加国内外演出、联合资深电影制片公司拍摄电影等方式，不断提升龙州天琴知名度和影响力。自2003年组建“龙州县天琴女子弹唱组合”以来，天琴女子弹唱组合多次受邀参加国内外演出，在国内比赛中屡获佳绩。其中，在2008年第十三届CCTV青年歌手电视大奖赛中进入决赛；2016年获中国（宁夏）国际文化艺术旅游博览会系列活动·第十四届中国西部民歌（花儿）歌会金奖；2017年1月应邀赴法国参加法国第一届海外电视春晚，深受赞誉；2018年组织参加“壮族三月三·广西故事迪拜电视广播周”活动，参加“壮族三月三”与民族文化强区建设学术研讨会的现场表演，参加广西卫视举办的“畅游丝路——壮族三月三·八桂嘉年华”民歌大汇演。2019年，参加中国第二届非遗春节晚会；应邀随广西崇左文艺代表团访问泰国曼谷，得到泰国各界关注，提高了龙州天琴女子弹唱组合的知名度，将龙州天琴文化推向国际大舞台。防城区则积极借助民族传统节日如春节、“三月三”、瑶族阿宝节等节日平台开展传承与展示活动。例如，2018年，在峒中镇那丽村壮族天琴艺术传承基地开展“三月三”中越民间文体活动及防城壮族天琴艺术展演；2018年6月，在“广西边境公共文化服务‘文化睦邻’工作推进现场交流会”开展壮族天琴艺术展演；2019年春节，在峒中镇那丽村壮族天琴艺术传承基地开展中越民间文体交流活动中越壮族天琴艺术展演；2019年，那良镇那巴新村和峒中镇江口村相继开展“三月三”活动壮族天琴艺术展演，以此不断提高天琴文化的知名度。

三是邀请音乐家到天琴故乡采风，创作新的天琴弹唱曲目。2016年，龙州县邀请作曲家到龙州采风，创作了6首天琴曲目；2017年编创歌曲《喊月》《云水谣》《让我做你的一把天琴》《天之琴》《阿姐琴谣》《你若来龙州》等10首精品歌曲；2018年、2019年改版一批曲目，又新创作《弄岗晨曲》《天琴姐妹》等曲目，大大丰富了龙州县的天琴曲目类型。2020年年底，自治区党委宣传部当代广西文学艺术创作工程扶持项目“琴满边关歌醉龙州”举行了首演。防城区也编排系列创新节目，有舞蹈天琴媒，民歌对唱、请仙调弹唱，邀仙调、欢乐曲等天琴乐器乐曲，积极参与中越文化交流、“三月三”、瑶族阿宝节等节日平台的传承展示展演活动。四是鼓励民间组建天琴表演队。龙州县天琴传承人李绍伟经过精挑细选，招收了36名徒弟，其中16名为边境地区的越南籍徒弟，并在金龙镇组建了26人的天琴表演队，在龙州县各大节庆活动中参加表演。2017年，该天琴表演队参加龙州县“四月十三”中越民俗节现场表演，让群众感受壮族天琴艺术的独特魅力。龙州县夕阳红艺术团也有专门的天琴表演团队。2019年，其在广西卫视“壮族三月三”大直播——龙州分会场与天琴艺术传承人李绍伟、天琴艺术传承中心演员一同表演天琴歌舞《唱春祈福》。防城区也组建了3支壮族天琴艺术展演队，共计20多人，但展演队员均年事已高。

（三）传承示范基地的设立进一步推进天琴文化传承与发展

龙州县已建成县民族中学青少年天琴艺术传承基地、壮族天琴制作技艺展示基地、金龙镇双蒙村板池屯李绍伟天琴艺术传习所等天琴文化传承场所，推进天琴艺术及天琴制作技艺的保护与传承。2007年，壮族天琴艺术被广西壮族自治区列入第一批非物质文化遗产保护名录。为加大对天琴制作技艺的保护，经过积极筹备，天琴制作技艺已被列入市级非物质文化遗产名录。近几年来，龙州县积极筹措经费设立县级天琴制作技艺传承示范基地，对县天琴制造厂进行政策性扶持，切实保护天琴制作技艺。天琴制作技艺经过传承人秦华北的不懈努力和不断的改良和创新，由最初的两弦天琴改良为三弦天琴，扩展了其音域；由单音琴增加到高、中、低音琴，甚至生产出电声天琴，更好地适应了舞台演出的多样性，丰富了天琴的表现力。防城区则在峒中镇那丽村建成壮族天琴艺术及砧板陀螺传承示范基地，是防城区重点打造的自治区级非物质文化遗产名录项目传承基地之一，也是防城区开展中越民间文化交流的重要基地。防城壮族天琴艺术和砧板陀螺传承示范基地是以征集、收藏壮族天琴、砧板陀螺等壮族相关物证的文化传承基地，充分展示防城区壮族文化的发展历程，为保护、传承和发展壮族传统文化提供了重要的平台，对壮族地区原生态文化艺术的挖掘、研究、保护起到了极大的推动作用，为防城区非物质文化遗产的传承和发展作出了积极的贡献。

（四）壮族天琴艺术国家级和自治区级非遗申报工作得到大力推进

"壮族天琴艺术"是崇左市的龙州县、凭祥市、宁明县、大新县，防城港市的防城区共有非遗项目，同时也是中越跨境共有的非遗项目，以龙州县的天琴艺术最具代表性，形式、内容比较丰富。为进一步加强天琴艺术的传承和保护，龙州县一直在努力申报将其列入国家级保护名录。2018年年底，国家有关部门到龙州县对壮族天琴艺术开展调研并进行申报指导。2019年，"壮族天琴艺术"作为广西壮族自治区重点申报的第五批国家级非遗项目，受到文化和旅游部非遗司及广西壮族自治区文化和旅游厅的高度重视。"壮族天琴艺术"最终于2021年5月与"侬峒节"一起被列入第五批国家级非遗项目。

防城区天琴艺术于2016年成功申报并被列入自治区级保护名录。申报前后采取多项措施，积极推进相关工作。在2015年资料收集、整理并制成电子资料研究壮族天琴历史的基础上，通过建档，全面、深入、细致开展普查和整理工作，建立信息数据库。2017年，举办各种培训班，培养传承技艺人。2018年，建立壮族天琴博物馆，多功能、全方位展示壮族天琴艺术文化。2019年，充分利用壮族天琴文化资源，使之转化为文化旅游产业。

三、壮族天琴文化传承与发展存在的问题

（一）壮族天琴制作技艺水平较为低下

壮族天琴文化代表的是壮乡民族的信仰，传承的是壮乡民族的文化。龙州天琴传统工艺的保护与发展是一个不可回避且迫切需要解决的问题。随着现代化社会加快发展，传统手工艺术品逐渐被工业化产品所取代。龙州县天

琴传统工艺是劳动人民在传统生产和生活实践中创造出的高超技艺，是中华民族宝贵的文化财富，但由于缺乏总体发展规划，天琴制作技艺水平低下，创新能力不足，内生动力、市场开发能力、产业化能力亟待提高。

（二）天琴弹唱传承氛围不够浓厚

目前，龙州县各中小学开设的天琴艺术培训班普及面虽广但专业性不强，正统天琴文化传承仍以世家传承、民间传承为主，受众范围小、传习人数少、随意性较大。由于老一辈天琴传承人、民间艺人年事已高，加之新一代传承人对天琴文化理解不够深入，天琴制作技艺、词曲创作、弹唱表演等文化传承面临困境。就防城区来说，无论是天琴的表演，还是天琴的制作，都面临后继无人的情况。表演者文化水平低，无法梳理自己所唱所跳的内容，难以进行教学。

（三）天琴艺术文化传承保护缺乏资金投入

目前，由于缺乏资金投入，对天琴文化无法进行全面挖掘、整理与保护；已开办的培训班因缺乏后期资金投入，规模也不断缩小；相关宣传和保护措施因资金不到位而流于形式，严重影响了天琴文化的发展。

（四）天琴文化遗产的保护与创新关系有待正确处理

当前，最大的问题是天琴表演艺术和制作工艺的“原生态”特色正逐步消失。以改良后的天琴形制为例，现代普遍变成三弦和四弦，演奏技法上借鉴其他弦拨乐器如琵琶的技巧，使天琴的音乐表现力得到很大的提高，音量得以扩大，音色更为清脆、圆润，但与此同时在一定程度上削弱了天琴的独特风格和艺术韵味，“原生态”特色日渐消失。

四、进一步加强壮族天琴文化传承与发展建议

第一，加强天琴文化源流和天琴文化遗产保护重要意义的宣传，借助报纸、电视、广播、网络等媒体使天琴文化“源于广西、传于壮族”的观念深入人心，唤起广大群众对天琴文化遗产保护的意识，充分认识天琴文化遗产传承和保护工作的重要性和紧迫性。

第二，鼓励群众自觉地参与天琴文化遗产的保护工作。只有使天琴文化

根植于当地人民的生活环境中，使当地群众在熟悉的环境中充分将自己的知识与技能用于“照料自己的文化”，基于共同意愿并在允许和可持续的范围内加以传承和保护，天琴文化才能得以发展与延续。

第三，加大天琴词曲创作人才的培养力度。选拔年轻、有天赋的天琴传承人到有关艺术院校深造，系统学习乐理知识和创作方法，或鼓励艺术院校有关师生侧重向天琴音乐教学和创作方向发展。此外，可邀请知名词曲作家深入壮乡采风进行原创，或是在旧有曲调、曲风和唱词的基础上进行再创作。

第四，加强政府的支持力度和引导作用。一是在天琴文化发展基础较好的地区，将天琴研究、应用和发展文化产业项目列入当地文化事业发展的总体规划，引导其有序发展；二是建立天琴文化民间研究机构，联络民间天琴收藏者和使用者，组织开展一系列交流学习活动；三是积极开展技术交流合作，保护天琴制造技艺；四是大力发掘天琴背后的壮族文化底蕴，在当地新农村建设中，彰显壮话、壮族饮食、壮族服饰、壮族手工艺品、壮族习俗等壮族民俗风情特色；五是结合旅游项目，打造天琴文化精品，积极探索天琴开发利用的市场运作方式；六是积极向上级有关部门争取对天琴文化遗产保护资金的投入；七是发动社会各界积极参与天琴文化遗产的传承与保护工作，尤其是鼓励高等院校或企业家共同投资开发天琴文化遗产。

第五，正确处理好天琴文化的保护与开发关系。本着取其精华、去其糟粕的态度，坚持“重在保护”“慎在开发”的原则，对于天琴文化中一些与时代不符的内容不宜作进一步开发。而对于那些开发后可产生经济效益的元素，如天琴表演艺术、天琴制作工艺等，要在开发中注意保持“原生态”特色，使天琴文化不致受到篡改或歪曲。对于不可开发或经济效益较差的文化遗产，也要加强保护，使其不致受到破坏。此外，以科学方法保护天琴，用现代科技设备将传承人和老艺人喃唱的曲调和歌词记录下来，并形成文字记录，以便进行加工、创新，达到进一步开发的目的。

第六，在创新中发展天琴文化。除了上述挖掘传统、继承传统和改进演奏方法等保护与传承措施之外，教育普及、文化投资、品牌推广显得尤为重要。

教育普及。民族文化的传承只有通过教育的手段才能得以真正实现。可将天琴纳入广西专业课堂教学，通过教育途径普及天琴技艺，加深少数民族学生对民族文化历史的理解，营造音乐语言交流的文化氛围。天琴弹奏技法简单易学，乐器造价低和具备弹、跳、唱三重综合音乐效果的优势，以及天琴教学诸因素的具备，为广西壮族天琴入课堂提供了多种可能性支撑。专业教学课堂有着严谨的治学原则，有利于器乐的理论研究，构建了改善、发展本土特色乐器的良好环境，能够达到传承和发扬天琴文化的目的。从长远看，课堂教学总结了实践经验，提升了民族音乐的文化特征、内涵与精神，使宝贵的民族音乐资源在深度和广度上得到拓展。具体而言，可以通过采用多元化教育模式进行普及。首先，在现有中小学音乐教材中充实天琴音乐内容，增设天琴器乐课；其次，可以通过讲座、选修课等方式使天琴艺术逐渐进入专业院校课堂，增加天琴视唱曲目，并配以介绍、讲解与曲目有关的历史文化背景；最后，加强音乐教学改革的力度，继续进行有益的天琴教学探索，逐步建立富有特色的天琴教学体系，完善“天琴进校园”的小学、中学、大学的梯式结构。

品牌推广。近几年来，广西重点对天琴艺术进行更深层次的挖掘和整理，努力打造天琴民乐品牌。有关专家通过对天琴乐曲整理、提炼和创新，创作了一批旋律优美、民族风格浓郁和易于传唱的天琴弹唱歌曲，如《唱天谣》《侬峒欢歌》《三月木棉开满坡》《壮乡丽江情》《白衣天使》等，使天琴音乐得到进一步升华，更好地展现了天琴艺术的巨大魅力。与此同时，天琴独特的民族风格和返璞归真、崇尚自然的思想情趣，吸引国内外人们的目光，引起广大消费者的关注。以龙州县为例，大批游客前来龙州了解当地的民族风情，观看壮族天琴表演，欣赏天琴艺术风采，购买天琴旅游产品。国内外游客陆续来到龙州观光旅游，进一步开拓了龙州的旅游市场，天琴旅游商品市场前景十分广阔。随着天琴民族文化品牌影响力的不断提升，必将促进天琴文化影响力的扩大，从而有效推动天琴文化的传承。

广西民族地区脱贫攻坚与乡村振兴有效衔接研究报告

梁艳鸿*

党的十八大以来，广西壮族自治区党委、政府全面贯彻落实党中央的战略决策部署，按照“核心是精准、关键在落实、确保可持续”的总体要求，举全区之力攻克脱贫攻坚重点难点问题。2016—2019年，在每年国家组织开展的省级党委和政府扶贫开发工作成效考核中，广西连续4年获得综合评价“好”的等次。同时，接续推进乡村振兴战略，积极探索边疆民族地区、深度贫困地区脱贫攻坚与乡村振兴有效衔接的实践路径，提供了难能可贵的经验和样本。作为自治区级定点监测的贫困村，槽碓村2019年实现了脱贫摘帽，在自治区指导下，大刀阔斧推进脱贫攻坚与乡村振兴有效衔接的探索和创新，积累了宝贵的实践经验。槽碓村集少数民族聚居村、边疆偏远山区村、深度贫困村于一体，通过脱贫攻坚实现了“蝶变式”发展，其本身就是我国民族地区脱贫攻坚的一个缩影，具有典型代表意义。

一、槽碓村试点推进脱贫攻坚与乡村振兴有效衔接的既有基础与前期探索

（一）“土瑶”聚居区深度贫困状况扭转

“土瑶”是瑶族勉瑶支系的一个小支，聚居在广西贺州市平桂区大桂山山脉腹地，分属明梅、槽碓、大明、金竹、新民、狮东6个行政村。“土瑶”聚居区虽然山岭面积较大，但由于处于大桂山深山腹地，地势陡峭，人均耕

* 梁艳鸿，广西社会科学院区域发展研究所助理研究员。

地很少，水田更是稀缺。"土瑶"过去主要依靠出售杉木、竹子、生姜和八角，以及采摘菌类、药材、茶叶等换取主要口粮，普遍处于贫困之中。艰苦闭塞的生存环境使"土瑶"对外社会交往少，偏向于族内通婚，受教育程度低，适应城镇生活的知识、技能和社会关系相对缺乏。受到一系列不利因素的严重制约，如果只靠自身的力量，"土瑶"聚居区不仅无法实现脱贫摘帽，而且会与周边地区的发展差距越拉越大，成为特别贫困的区域。

槽碓村是6个"土瑶"的主要聚居地之一，地处贺州市平桂区鹅塘镇大桂山山脉腹地，村部距镇政府所在地约15千米，下辖3个自然村9个村民小组（包括白华口、大岔、槽碓、碓冲、银芦口、银芦尾、黄茅坪、冲坪仔、六冲口）。全村总面积59 005亩，耕地面积402亩，林地61 314亩，其中，水田户均面积不足0.01亩，旱地户均面积0.84亩。槽碓村共有231户1351人，全部为土瑶人口，2015年年底精准识别建档立卡贫困人口166户928人，其中未脱贫人口145户800人，贫困发生率高达57.47%（以2014年年底公安部门户籍人口数1392人进行测算），是贺州市平桂区24个深度贫困村之一。槽碓村致贫的主要原因是交通不便和耕地少，几乎没有水田，粮食一直不能自给自足，贫困面广，贫困程度深，脱贫难度大。

（二）脱贫攻坚带领槽碓村实现"蝶变式"发展

2016年以来，平桂区坚持精准扶贫、精准脱贫，集中力量攻克脱贫难点，通过制定"土瑶"三年"脱帽行动"计划、实施三大脱贫攻坚战、打好三大产业组合拳、撬动三类扶贫资金、建立三级定点挂钩工作机制、执行五级工作流程等政策措施，帮助土瑶聚居的深度贫困村实现脱贫摘帽。通过各项政策的落实与项目的推进，2019年，槽碓村全村道路约41千米基本实现硬化，新村委大楼、活动中心、村卫生室等公共服务场所均投入使用，农民人均纯收入达8000元，村集体经济收入近10万元，全村共脱贫（含退出）160户908人，贫困发生率降至1.51%，顺利实现整村脱贫摘帽。槽碓村在推进脱贫攻坚过程中走出了一条符合本地实际、具有民族特色的路子，发生了喜人的变化。

1. 制定三年"脱帽行动"计划，稳步推进脱贫攻坚

针对包括槽碓村在内的6个"土瑶"深度贫困村状况，贺州市围绕2020

年实现全面建成小康社会的目标，制定《贺州市支持平桂区“土瑶”聚居深度贫困村脱贫攻坚三年行动实施方案》，提出了“一年初见成效，二年大见成效，三年脱贫摘帽”的攻坚行动计划，以更加集中的支持、更加有效的举措、更加有力的工作推进“土瑶”深度贫困村脱贫攻坚，并且按照“两不愁三保障”[1]的要求，紧扣“脱贫、摘帽、增收”3个主要目标，以“精准扶贫、精准脱贫”为统领，以贫困户和贫困人口为施策“靶向”，统筹推进脱贫攻坚工作。同时，平桂区为槽碓村量身定做了脱贫摘帽工作计划和项目、资金集中倾斜支持方案，严格制定了贫困退出机制，采取区、乡、村、组、户“五级联动”的方式，帮助槽碓村按期实现脱贫摘帽。

2. 实施三大脱贫攻坚战，改善群众生产生活条件

一是基础设施攻坚战。大力整合各项涉农资金，集中人力、物力、财力优先解决深度贫困村路、水、住、通信等问题，切实改善深度贫困地区生产生活条件。具体来说，要狠抓落实村屯“组组通”工程、人畜饮水安全工程、通信基站建设工程、农业开发基础工程。截至2019年年底，累计投入2266万元新建村屯硬化道路11条共43.8千米，实现全村通路；拓宽行政村主路并新建9千米生命安全防护工程，同时修建三座桥梁；投入314.9万元建设9座蓄水池等人饮工程及配套设施，解决群众安全饮水问题；大岔口寨4G基站已开通。

二是幸福安居攻坚战。坚持将易地扶贫搬迁作为脱贫攻坚的“当头炮”和重中之重，牢牢把握“搬迁是手段，脱贫是目的”的根本要求，做好深度贫困村贫困群众搬迁政策的宣传，破除搬迁群众后顾之忧，落实易地扶贫搬迁工程、“土瑶”就近安置工程、住房安全保障工程。截至2019年年底，槽碓村完成易地扶贫搬迁实际搬迁入住28户171人，占全村总户数的12.1%；完成危旧房改造162户，占全村总户数的69.8%。

三是民生保障攻坚战。发挥集中力量办大事的制度优势，大力实施民生保障攻坚战，在实现“应保尽保”的基础上，重点解决槽碓村教育、医疗、就业、文化等公共服务问题，落实“雨露计划”、助学贷款等教育扶贫措施。通过支教、定向培养等形式实现村公办教师全覆盖；投入160万元修缮槽碓

[1] “两不愁三保障”：“两不愁”即稳定实现扶贫对象不愁吃、不愁穿；“三保障”即保障其义务教育、基本医疗和住房。

小学，同时在平桂城区新建“九年一贯制”贺州市民族学校，促进民族教育均衡发展。

3. 推进三大产业融合发展，夯实稳定脱贫经济基础

槽碓村坚持把产业扶贫作为深度贫困村脱贫攻坚的“第一硬战”，把发展特色产业项目作为重点，坚持在产业扶贫项目决策上深入论证，确保产业项目安排科学合理；坚持“强龙头、创品牌、带农户”战略，强化产销衔接，打好三大产业点面兼顾、长短结合、大小并举“组合拳”，促进一二三产业融合发展。根据资源优势，将产业项目、市场需求与农民意愿相结合，“造血式”扶贫与“输血式”救济相结合。在平桂区产业扶贫政策扶持下，槽碓村通过产业奖补、产业示范、致富带头人带动三种举措，挖掘林地资源潜力，2019年全村种植规模达到茶叶1496亩、生姜865亩、杉树18636亩，提前完成“人均一亩茶、户均两亩姜、村均万亩杉”目标，特色产业覆盖率达95.18%，群众收入水平明显提高，其中参与养茶[1]的群众人均年增收达到1050元。槽碓村创新性地开展茶叶生产扶贫车间建设，形成种植生产加工销售完整的产业链，吸纳贫困户100余人务工，每年发放务工费用近10万元；组织就业培训136人次，并组织面向“土瑶”群众的岗位招聘，动员83人到区级扶贫车间超群实业箱包厂务工，输送外出务工人员156人，新增推荐就业86人。依托良好的自然环境，通过发展乡村旅游产业促进一二三产业发展的思路更加清晰；通过“飞地”入股分红、村集体茶园出租和茶叶销售，槽碓村集体经济年收入从不足万元达到2019年年底的近十万元。

4. 强化三大资金组合效应，加强减贫与发展资金保障

一是财政扶贫资金。平桂区在财政负增长的艰难情况下，坚持财政专项预算不低于上一年度，并按照“项目跟着资金走，监督跟着资金走”的原则，建立扶贫项目立项、审批、实施、验收、评估等管理制度，加大对以槽碓村为代表的深度贫困村资金投入。平桂区将从自治区各部门争取到的2.4亿元专项资金层层分解，落实到屯、落实到户，确保各项工程精准实施。

二是金融扶贫资金。平桂区深入开展扶贫小额信贷工作，为槽碓村贫困户发展创业提供帮助。2016年至2020年9月，槽碓村扶贫小额信贷共205

[1] 生火“养茶”是土瑶的一种独有习俗，主要做法是将茶叶装进篓里，置于火塘周围用烟火熏烤，形成比较大的温差，使茶叶得以不断发酵。

户，贷款金额 820.9 万元（其中，委托经营 111 户，贷款金额 360 万元；自主经营 94 户，贷款金额 460.9 万元）。同时，加大政策性农业保险的推广力度，增强了贫困户抵御自然灾害的能力。

三是保险扶持资金。平桂区设立贫困户贷款风险补偿基金 2000 万元，用于对全区建档立卡贫困户发展产业和易地扶贫搬迁的贷款风险进行补偿。

四是社会投资资金。平桂区通过政府引导、企业众筹等方式，形成了槽碓村旅游发展资金 110 多万元，推进建设一批旅游基础设施和服务设施，使一二三产业融合更具活力。

5. 建立三级定点挂钩机制，确保工作责任落实有力

平桂区在选派贫困村第一书记上下功夫，建立了贺州市平桂区到各乡镇的“三级定点挂钩”工作机制，整合驻村扶贫工作队、帮户干部、大学生村官等扶贫力量，实现每个贫困村有 1 名处级领导挂钩，有 1 个部门挂包，每户贫困户都有干部帮扶。实行扶贫帮扶责任人“月访帮扶联系”制度，每个扶贫帮扶责任人每月至少深入帮扶联系贫困户家中一次，了解家庭情况并解决实际问题，“一帮一联”工作实现全覆盖。这些做法在槽碓村得到落实，并发挥了积极作用。

二、槽碓村试点推进脱贫攻坚与乡村振兴有效衔接的创新实践和亮点经验

（一）政府统筹与市场配置相结合，推进扶贫路径由“输血式”向“输血造血活血式”转变

1. “科学规划引领 + 点线面立体化提升”，着力打造内外兼修的特色民族乡村风貌

根据“产业兴旺、生态宜居、乡村文明、治理有效、生活富裕”的乡村振兴战略总要求，按照以点连线成带扩面的原则，因地制宜编制村庄规划。积极保护乡土建筑原始风貌与空间格局，传承建筑特色发扬本土文化，创造趣味性空间与节点，形成具有本土特色的村落空间。在“点”型空间提升上，引导村民在院落内种植生产性的果树，突出四季特色，合理布置设施景观（如水井、传统农具石碾、石磨、辘轳、耕具等），打造一批“微果

园”“微菜园”。在“线”型空间提升上，通过溪流两旁的防护篱，植物高矮、色彩的变化，以及溪流堤坝墙面民族元素的喷画搭配，达到不同的视觉效果。在“面”型空间提升上，注重协调森林、果树、茶园等不同作物，以农田的整齐韵律、果树的春华秋实、苗圃的郁郁葱葱、花卉的绚丽多姿烘托景观的氛围。坚持在乡村规划编制中预留产业发展空间，将乡村风貌建设与产业发展同步规划、协调推进，形成相互支撑、共同发展的良性循环。

2. “政府引导＋企业扶持＋群众参与”，构建紧密的利益联结机制

积极探索多元方式，激发村民脱贫和致富的内生动力。一是鼓励当地的致富带头人和扶贫龙头企业，与村集体、农户建立完善的以推进“资源变股权、资金变股金、农民变股民”为核心的利益联结机制，让村集体和村民在参与生产经营中提升自我发展能力，激发致富愿望，培育“造血”功能。二是鼓励建立农民专业合作社或家庭农场，提升生产组织化程度和自我管理水平。三是开展“乡村振兴文明实践积分卡制度”试点活动，采取多种措施，激发低收入人口发展内生动力。四是建立产业发展利益联结机制，创新“农业龙头企业＋村集体＋农户”模式，发展农产品加工销售，推动产业发展。引进贺州市天洲茶业有限公司与村集体合作在该村建立加工销售点，带动当地竹编加工，收购当地农户种植的茶叶、黑茶系列产品和盐水姜丝干，促进该村特色产业发展。同时，该公司创新实施“寄茶于民”，按照每户100～400件（茶）标准委托附近贫困户在家养护黑茶，除每年支付30元/件的养护费外，还让村民参与企业分红，使养茶贫困群众每户每年可增收4000～15 000元，由此形成了土瑶茶“种、管、采、养＋竹编包装”的全产业链。

3. “一产打基础＋二产增活力＋三产促提升”，增强乡村产业发展新动能

一是以一产为基础，调整优化结构。积极探索从“短平快”延伸到“长中短”结合发展的农业产业格局。坚持“人均一亩茶、户均两亩姜、村均万亩杉”的发展目标，形成“生态茶叶、土瑶大肉姜、优质杉树”的主导产业。同时，坚持市场导向，推动林下经济发展零散化、低质化向规模化、提质化产业方向发展；以草珊瑚种植为林下经济发展核心，一地多用，持续增

加收益，实现土瑶“点上突破”到“面上开花”。

二是以二产强保障，抵御市场风险。推动农业产业与农产品深加工业深度融合，对农产品进行多元化开发，走精品农业路线，提高农产品的附加值，增强农产品抵御市场风险的能力。通过“农户 + 企业”运作模式，对茶叶、优质米、马蹄、果品、腐竹等特色产业进行深加工。发展草珊瑚产业，提前与企业达成回收深加工合作协议，将草珊瑚原材料制作成可量化存放的饮品及可干燥存放的中药材，提升产品附加值。

三是以三产促提升，实现有机融合。充分挖掘全国唯一的土瑶支系生态资源和神秘多彩的民俗风情，通过旅游、自媒体推介、文创产品开发等方式，实现服务业与农业交融发展。用好贺州市“世界长寿市”金字招牌，注重把土瑶传统刺绣文化转化为经济元素，在传承中发展，在发展中传承；组织培训一批专业绣娘，依托瑶绣研发封面装饰、手帕、衣袖、背包等热销绣品，既让非物质文化看得到、摸得着，又能“变现”带农致富。

4. “党旗领航 + 党建联盟 + 党员培训”，配强带富领头羊队伍

槽碓村委设有党支部一个，有正式党员 36 名，预备党员 2 名；设党小组 2 个，村党支部支部委员 5 名，村务工作者 3 名。槽碓村党支部多次组织党员外出走访，学习临近县市“红色教育基地”和“集体经济示范点”，既拓宽了瑶山深处党员干部的眼界，也极大提升了党支部向前发展的凝聚力。党支部通过与机关、事业单位、“两新”组织等组建“扶贫党建联盟”，发挥联盟优势创建集茶叶种植、管护、采摘、销售为一体的发展模式，为实现村民在家门口就业提供更多选择。村集体经济收入，由 2017 年前的不到 6000 元增加到 2019 年年底的近 10 万元。此外，槽碓村党支部还努力丰富党员群众的生产生活，组织以党员为代表的文艺队、制茶队、篮球队，多次外出交流学习，为发扬土瑶文化增光添彩，逐步形成团结协作的本土乡村基层治理队伍。

（二）巩固脱贫与预警防贫相结合，推进贫困治理模式由“攻坚式扶贫”向“常态化防贫”转变

1. 创新实践七步预警防贫机制，织密防贫网

一是创新落实“七步法”预警防贫机制。平桂区在开展全区农户信息大

采集、行业部门数据交叉比对、逐户通关村级会审、贫困户信息80项错点核查等工作的基础上，启动了返（致）贫预警对象“大排查、大处置”专项行动，经过反复实践和论证，在广西首创并探索形成“信息收集→数据比对→核实评估→集中会审→跟踪管理→预警干预→预警解除”的“七步法”预警防贫机制。槽碓村一方面积极贯彻落实平桂区“七步法”预警防贫机制，将建档立卡贫困户、监测户等全部纳入预警防贫体系，使有返贫风险的农户通过干预措施解困纾难。另一方面，通过常态化执行和完善，逐步构建起“事前预防、事中救助、事后保障”的政策干预体系，建立起村级预警防贫机制。

二是主动畅通机制执行的“最后一公里”。预警防贫处置的主要目的是推动政策落实，既要靠行业部门的通力协作，如民政、残联、医保、易地安置中心、教育等相关部门创新实行联动办理、联动审批、联动跟踪，建立“民政＋残联”“民政＋医保”“民政＋住建”等联动模式推动低保救助、医疗救助、临时救助等政策“打包捆绑”，快速兑现，提升综合施策效率，还要求所有扶贫干部学习政策、明白政策、善用政策。为此，平桂区组织相关部门围绕“两不愁三保障”相关内容，按照产业扶贫、教育扶贫、金融扶贫、就业扶贫、健康扶贫、保障扶贫等类别，精心梳理并编制集扶贫宣传、政策解读、操作流程等功能为一体的“扶贫字典”——《贺州市平桂区脱贫攻坚帮扶政策摘录汇编》，各类扶贫政策一查即知，一阅即明，指导帮扶干部通过学用政策提升帮扶效果，确保预警对象措施干预到位，巩固脱贫成果，为建立精准防贫长效机制打下坚实基础。

“七步法”预警防贫机制成为各项政策在平桂区有效落实的“助推器”，截至2020年9月，累计已有8030户（次）28 874人（次）通过低保、临时救助、医疗救助等各项政策解困纾难，金额超过3900万元，没有增加本级财政负担。2019年以来，平桂区没有出现一例新增返贫、致贫对象。

2. 探索村民小组网格化防贫管理模式，推进村社治理创新

积极发动村民参与，探索“网格化”防贫村级监测体系，构建横到边、纵到底、全覆盖、无死角的工作格局，将“七步法”预警防贫机制前置到村、延伸到户、落实到人。

一是推动村级公共服务下沉到村组。在村一级设立一个政府隶属的综合

服务办公室，承担村一级的部分基本公共服务，促使有关政府服务部门将工作重心下移，更加贴近农村群众。

二是村民小组内部构建防返贫致贫工作网格。将全村划分为若干个网格，每个网格由管理员统一监管，网格内落实1名信息员具体负责，全面排查存在各种显性、隐性返致贫风险隐患的脱贫监测户和边缘户，进而通过预警干预解困纾难，有效防范、化解返（致）贫风险，切实将“七步法”预警防贫机制固化，形成精准防贫的长效机制。

三是建立防贫监测预警处置机制。以网格为单位，每季度开展一次排查，及时掌握农户家庭情况，重点关注返贫、致贫风险户生活状态，针对发现的苗头性问题，提前预警。村“两委”定期对网格上报的返贫致贫风险户信息进行分析研判，并通过信息系统上传至县级防贫系统，由县级系统针对风险户情况制定个性化的帮扶措施，并按部门职责推送至各相关部门、村委予以跟进落实。

四是积极引进专业化人才。支持鼓励高校专家学者、在校大学生、企业家等群体，以志愿者、创业就业等方式，夯实乡村发展的人才支撑，引进现代化社会治理理念和资源。

3. 推动“三位一体”大扶贫格局优化升级，由脱贫攻坚战时状态向乡村振兴常态化、制度化转变

基于专项扶贫、行业扶贫、社会扶贫有机结合和互为支撑的“三位一体”大扶贫格局，平桂区脱贫攻坚战取得了决定性胜利。平桂区加强前瞻性研究，积极推进脱贫攻坚与乡村振兴有效衔接，大力推动“三位一体”大扶贫格局的完善和升级，推动扶贫逐渐从战时状态向日常状态转变。

一是探索建立常态化的减贫与发展机制。从防止返贫致贫的预警、发生、评估、策略应对等多个环节创新思路，多措并举强化各级各部门主体责任落实，促进各个部门之间的协同发展，形成一整套长效稳定的专业处理机制。

二是建立健全部门联动机制，构建起大救助工作体系。变“部门独奏”为“党政牵头”，形成党委政府主导，民政、残联、住建、教育等多部门联动的大救助体系，对情况复杂、符合多部门救助政策的人员给予“一揽子”救助服务，确保各部门救助政策“应享尽享”。

三是积极打造扶贫信息员队伍，不断推动“七步法”防贫机制向大数

据、智能化、网格化发展。注重在数据监测上下功夫，在学用政策上下功夫，在作用发挥上下功夫，在建章立制上下功夫，让扶贫信息员队伍成为巩固提升脱贫攻坚成果的第一助力。槽碓村积极实践这些做法，并探索将扶贫信息员队伍升级为防贫信息员队伍，逐步形成巩固脱贫成果与推进乡村振兴的前沿力量。

（三）外源帮扶与自我赋能相结合，推进动力机制由“外部推动式”向“内外融合式”转变

1. 组织发动农户参与绿色生态产业经营，提高带头致富生产技能

创新“公司＋基地＋农户”模式，构建“种茶—采茶—制茶—编织竹艺—包装—养茶—展示—销售”原生态产业链。通过引进贺州市天洲茶叶有限公司建设扶贫车间，构建黑茶种植、采摘、加工、包装、养茶、竹编加工于一体的茶叶全产业链，依托瑶山独特条件创新实施“养茶于民”模式，按3∶2∶5比例分成，即天洲茶业30%，村集体20%，村民50%，同步带动竹编（包装）产业发展，使贫困户在竹编制作上年户均增收1.5万元以上。此外，农户还可通过售卖蜂蜜、竹笋等各种土瑶生态土特产增加收入。通过组织发动群众参与绿色生态产业的发展，进一步提升产业链、价值链、利益链。

2. 组织农户共同参与挖掘、传承和发展优秀民族传统文化，提升脱贫信心

通过组织农户挖掘“土瑶”传统工艺和文化旅游产品，打造瑶族文化村史馆，培养非遗文化传承人；探索发展“土瑶产品网络直播带货”等新兴网络经济，研发独具民族特色的产品，通过非遗扶贫增强文化自信，提升村民主动脱贫致富的信心。例如，在槽碓村建立了瑶族服饰国家级非遗文化传承人李素芳工作站，大力支持瑶绣传统技艺发展，开发瑶秀文化产品（如瑶绣笔记本、服饰、手帕和家装装饰等），既让瑶绣文化得到有效保护传承，又有力带动了瑶族妇女就业增收，同时还培养了传承人。截至2020年5月，槽碓村已经培养了瑶绣传承人10户，打造了凤东姑、凤花仙等典型户，她们通过刺绣既拓展了收入来源，也增强了致富信心。此外，平桂区政府大力支持槽碓村发展瑶族艺术文化表演，建立土瑶文化传承基地，组建由瑶族群

众组成的表演队伍，在服务旅游发展增加收入的同时，推动民族优秀传统文化的传承和发展。

3. 积极引导农户参与旅游开发，提高其主动脱贫致富的后续发展能力

依托“土瑶”特色旅游业资源发展旅游产业，带领土瑶群众奔向致富发展道路。引进企业将农户闲置住宅逐步改造成特色民宿，通过特色民宿带动乡村旅游。加强政府引导，发挥基层党组织和党员示范引领作用，切实把群众组织起来，把群众的热情激发出来，积极投入建设美好家园，让老百姓实现家门口脱贫致富。

三、以点带面推进广西民族地区脱贫攻坚与乡村振兴有效衔接对策建议

长期以来，囿于地理区位、气候环境、历史发展等因素的限制，民族地区与贫困地区高度重合，并且多数深度贫困地区也分布在民族地区。推进脱贫攻坚与乡村振兴有效衔接，民族地区是重点也是难点，任务艰巨，意义重大。贺州市平桂区槽碓村是广西极少数民族贫困村的代表，该村通过促进三大产业融合发展、构建紧密的利益联结机制、打造本土特色产业等举措，拉长乡村产业链、提升价值链、完善利益链，实现各利益主体的共生共融、共建共享，同时通过加强防贫网络建设，巩固脱贫攻坚成果，夯实乡村振兴基础。槽碓村的发展振兴之路来之不易，其经验做法有启示和借鉴意义，可以作为极少数民族村发展的典型样本。

（一）坚持因地制宜、分类施策，提升防止返贫致贫工作力度，巩固民族村脱贫攻坚成果

随着脱贫攻坚战胜利收官，民族地区将与全国同步迈进全面小康社会，进入新的发展阶段。但客观来看，民族地区的全面小康水平依然处于低位，很多少数民族村由于发展条件限制及能力不足，抗风险能力弱，脱贫基础还不稳定，易返贫。所以，推进脱贫攻坚与乡村振兴有效衔接不宜搞“一刀切”，要继续践行精准理念，根据不同村庄的发展现状、区位条件、资源禀赋等分类施策、分类推进。对于发展水平较低的少数民族村而言，在全面脱

贫之后的较长一段时期内，工作重点应是加强防止返贫或新致贫，同时以历史、自然、文化传统为资源，形成在振兴中开发、在开发中保护、在保护中利用、在利用中传承的发展模式。

一是要充分激活村民参与的主体意识。坚持扶贫扶志扶智相结合，尊重广大村民意愿，不断增强村民内生动力，让广大村民在乡村振兴中有更多获得感、幸福感、安全感。

二是继续加大财政资金支持。吸引社会资本投入，以继续完善和提升乡村交通、水利、饮水、电力和通信等基础设施为先导，推动城市基础设施向农村延伸，进一步缩小城乡之间的差距，为乡村居民生活提供便利，也为乡村产业发展壮大提供基础条件。

三是注重规划和各项制度配套建设。在政策、资金、制度等方面为民族村落提供大力支持，加强开发式扶贫与保障式扶贫有效衔接，坚持扶贫与防贫并重，稳步提高民族村村民的社会保障水平。

四是实施梯度跟进策略。着眼于民族地区脱贫攻坚政策措施的延续，建立健全巩固脱贫攻坚成果的长效机制，进一步提升民族村的减贫与发展成效。

（二）有序推进政策衔接，协调民族村资源开发、文化保护与减贫发展的关系，实现民族村产业扶贫向产业振兴成功升级

经济繁荣是脱贫攻坚与乡村振兴有效衔接的基础，经济搞活则全盘皆活。产业兴旺是乡村振兴的第一要求，尤其对于少数民族村而言，产业是促进其可持续发展的重要支撑。因此，推进脱贫攻坚与乡村振兴有效衔接应实施优化升级策略，以县域经济发展统筹相对贫困治理，在推动新型城镇化、城乡融合发展中积极促进乡村经济的转型与发展，通过打造产业扶贫的升级版实现产业兴旺，继而筑牢乡村全面振兴的物质基础。

针对少数民族村产业基础薄弱的现实困难，加大支持力度，延续脱贫攻坚的产业奖补等政策，确保现有扶贫资金用于乡村振兴的力度不减弱、总量有增加、投入结构长短结合，着力提升扶贫特色产业质量，推进农村一二三产业深度融合，并不断完善企业等市场主体和低收入人口之间的利益联结机制，提高低收入人口参与积极性和受益水平。

一是选准民族村产业主攻方向。根据民族村资源禀赋、区位条件等规划优势产业，在做强一产、做优二产、做活三产原则的指导下，因地制宜构建一二三产业融合发展体系，注重挖掘民族特色资源，打造一村一特色，一寨一品牌，避免一哄而上、千篇一律的同构化倾向。

二是强化民族村的功能建设。在利用特色传统优势的基础上，通过内外部要素的对接和改造，促进农业与城镇化、新兴产业联合体相融合，将民族村打造成为区域内集产业、商贸、物流、文化、资本、人口为一体的价值高地。

三是用活用足民族文化资源和生态资源，大力发展文旅产业。用发展的眼光审视少数民族文化保护与传承，合理推进现代文明与传统文化相融合，促进文化再生产，让传统民族文化焕发新时代生机活力，提供多样化的民族文化产品和服务，优化供给侧供应水平。例如，创新推出农家乐、休闲观光、生态康养、特色商品会展等生活性产品，村寨旅游、文化工艺品、旅游商品生产贸易等生产性产品，艺术创作、人才培训、传习所等功能性产品，文化博物馆、教育基地等公益性产品，满足城乡居民多层次消费需求。

（三）充分调动一切积极要素，建立健全民族地区乡村振兴保障机制，走稳共生共融共建共享的可持续发展道路

通过整合内在的资源和要素，借助外在嵌入的力量，增强内生发展动力，完善乡村社会治理机制，实现各个利益相关者的共生共融和共建共享。民族地区乡村人口少，劳动力资源相对匮乏，因此，合理利用有限的乡村人力资源显得尤为重要。“治贫先治愚，扶贫先扶智。”少数民族村要从激发内部资源、开发内部潜能着手，通过教育、培训、示范等方式引导村民自主参与，培育新型农民。同时，需要进一步完善防贫体系和社会保障体系建设，为巩固脱贫攻坚成果、推进乡村振兴保驾护航。

一是推动特惠性政策向普惠性政策过渡，将政策惠及面从绝对贫困人口向低收入人群适度拓展，推进“三位一体”大扶贫格局由脱贫攻坚战时状态向乡村振兴常态化、制度化转变。从收入分配、财政、金融、社会保障等多方面考量，健全统筹城乡的基本养老保险制度、基本医疗保险制度及民生保障兜底制度，提高低收入人群的保障水平。

二是充分发挥基层党组织的战斗堡垒作用，在加强人才培育、乡风文明、组织建设等方面下更大的功夫，完善部门联动工作机制，进一步提高农村治理能力和水平，构建新时代的乡村治理体系。

三是建立和完善利益联结机制，不断发展壮大村集体经济，拓宽集体经济组织和农民的收入渠道，增强乡村治理能力。出台针对民族地区龙头企业带动农户发展的专项支持政策，激发更多企业参与民族地区乡村振兴的积极性。推广“龙头企业+合作社+农户”等合作模式，提高农民的组织化程度，降低参与市场竞争的风险，确保稳定增加收入；推广“农民入股+保底收益+按股分红”“订单收购+分红”“土地流转+优先雇用+社会保障”等利益联结方式，让农户分享产业链各环节收益，实现生活富裕。

四是积极营造良好乡村氛围，吸引更多人才、资金有序投入乡村建设。通过线上线下渠道加大对乡村发展的报道力度，分享乡村创业、乡村发展的成功案例，同时通过组织绿色乡村体验活动，积极挖掘乡村潜在的创业者，吸引外部资源和要素，为民族地区推进脱贫攻坚与乡村振兴有效衔接注入新活力，提供新动能。

广西康养产业发展报告

薛　辉*

2015年10月，党的十八届五中全会明确将“健康中国”上升为国家战略，标志着党和国家把全民健康置于优先发展的重要位置。2016年6月，国务院印发《全民健身计划（2016—2020年）》，强调“全民健康是国家综合实力的重要体现，是经济社会发展进步的重要标志”；10月25日，中共中央、国务院印发《“健康中国2030”规划纲要》（以下简称《纲要》），指出到2030年，健康产业规模显著扩大，成为国民经济支柱性产业；到2050年，建成与社会主义现代化国家相适应的健康国家。《纲要》的发布，标志着我国正式跨入了“大健康时代”。2017年6月，国务院办公厅印发《国民营养计划（2017—2030年）》，推动健康产业中最重要的产业形态——保健食品产业进入爆发式发展阶段。2017年10月18日，习近平总书记在党的十九大报告中再次提出实施“健康中国战略”，强调“人民健康是民族昌盛和国家富强的重要标志。要完善国民健康政策，为人民群众提供全方位全周期健康服务”。2019年6月，国务院印发《国务院关于实施健康中国行动的意见》；7月，《国务院办公厅关于印发健康中国行动组织实施和考核方案的通知》和《国务院办公厅关于成立健康中国行动推进委员会的通知》发布，明确依托全国爱国卫生运动委员会，国家层面成立健康中国行动推进委员会。在实施“健康中国2030”战略的大背景下，陆续出台的系列文件为新兴的康养产业发展提供了良好的政策环境，康养产业已经成为我国国内大循环经济的发展重点方向和转型新引擎。

* 薛辉，广西社会科学院民族研究所讲师。

广西是中国生态环境最好的省区之一，森林覆盖率达62.45%，稳居全国第三；人工林面积超过1.36亿亩，居全国第一。尤其在深入实施大气、水、土壤污染防治行动计划（如先后投入24亿元开展漓江流域山水林田湖草生态保护修复，投入79.88亿元开展左右江流域生态保护修复）、“蓝色海湾”整治行动后，空气质量、地表水质量、沿海近海海域水质均在全国前列，石漠化土地减少率及植被生态质量和植被生态改善程度亦居全国第一。与此同时，广西顺应新时代要求，充分发挥长寿广西、康养胜地自然生态优势，将大力发展长寿经济作为康养产业的重要抓手，组织实施了健康产业三年专项行动计划，并制定出台《关于加快大健康产业发展的若干意见》及11个配套文件，围绕“医、养、管、食、游、动”全产业链要素，推进健康产业与一二三产业融合发展，构建以健康养老、健康医疗、健康旅游产业为核心，辐射带动健康医药、健康食品、健康运动产业联动发展的“3+3”大健康产业体系，实施大健康产业“四个一百”重点培育工程。此外，广西还积极贯彻落实“三大定位”新使命，发挥毗邻东盟的区位优势，打造开放合作新高地，积极加速布局辐射东盟的康养产业，把康养产业作为服务“一带一路”倡议的战略举措和推进健康广西建设的重点工作，放到事关全局发展的突出位置加快推进，力争将广西打造成为全国大健康产业重要增长极，建设成为国内一流、国际知名的宜居康养胜地和世界健康旅游目的地。

在国家政策的积极引导和广西相关制度安排的推动下，康养产业日益成为广西的战略性支柱产业和新兴产业，取得了突出成绩。截至2020年6月，广西已引进大健康产业重大项目170多个，总投资近3000亿元。2020年11月12日，以“坚持生命至上，发展大健康产业，增进人民健康福祉”为主题的2020中国（广西）大健康产业峰会在南宁开幕。开幕式现场签署24个投资合作意向协议，总额达2306.5亿元。当康养产业为广西经济社会发展注入新动能之时，我们也不能忽视正在蓬勃发展的康养产业尤其是大健康产业可能存在的问题或者亟待解决的问题。因此，从分析康养产业内涵入手，有助于我们从更高更广的视野和维度认识和把握广西康养产业的发展机遇，解决新兴产业和新业态在发展中存在的问题，进而为推动广西康养产业可持续发展、助力广西经济内循环高质量发展提供决策支持。

一、康养产业的内涵

2014 年 12 月 6 日至 7 日，首届中国阳光康养产业发展论坛在四川省攀枝花市举行。论坛围绕“养老养生与经济转型”主题，就康养产业与城市经济转型，城市环境与康养、医养融合，康养政策等进行深入探讨，通过了《首届中国康养产业发展论坛攀枝花共识》，第一次提出了“康养产业”新概念，意指“以促进身心健康为目标，以提高生活品质为取向，是顺应我国经济社会发展新常态、深刻诠释健康生活理念、推进经济转型升级的朝阳产业”，“涵盖养老、养生、医疗、体育、旅游等诸多业态，关联城市建设、生态环境、民风民俗、科技信息、文化教育、社会安全等众多领域”。[1]可见，“健康与养老服务产业”是康养产业的核心。此后，四川省攀枝花市、河北省秦皇岛市选择“一冬一夏”时节，轮流举办中国康养产业发展论坛。数据显示，2010—2016 年，中国医疗康养产业增长率达 19.4%；2017 年，中国医疗康养产业总产值达 4.4 万亿元；2018 年，康养产业产值超过 6.85 万亿元，约占国内生产总值的 7.2%；2019 年，大健康市场规模达到 8.78 万亿元。《中国康养产业发展报告（2017）》指出，我国康养产业规模到 2030 年将达 22 万亿元产业规模。另外，我国当前正处于人口老龄化快速发展时期，再加上中青年群体亚健康、环境污染、城市病等问题增多，对康养产业的市场需求更加突出。正是得益于康养产业的巨大发展潜力，各地政府都积极挖掘自身康养资源并努力将康养产业发展为当地新的经济增长点。社会资本对康养产业的投资也在日益增加。根据前瞻产业研究院数据，早在 2018 年时，在养老地产布局投资较大的几家企业即有泰康人寿、保利地产、中南建设和中弘股份，投资额均达到 2 亿元以上。

当业界倾向于将“康养”理解为“健康 + 养老”并付诸实践时，有关“康养产业”的理论研究也随之进入了学界视野。李后强等人认为，“康养”包含“健康”与“养生”，意为“在特定的外部环境中，通过一系列行为活动和内在修养实现个人身体上和精神上的最佳状态”[2]，进而将“生态康养产

[1] 中国康养产业发展论坛攀枝花共识［N］. 攀枝花日报，2014-12-10（1-2）.

[2] 李后强，等. 生态康养十一讲［M］. 成都：四川人民出版社，2019：6-7.

业”定义为“以充沛的阳光、适宜的湿度和高度、洁净的空气、安静的环境、优质的物产等优良资源为依托，辅以优美的市政环境和完善的配套设施，以运动、保健、休闲、度假、养生、养老等功能为核心的促进人健康长寿的现代服务业”❶，并结合社会学、心理学、医学等相关学科理论，围绕康养的目的将康养需求划分为不同的结构圈层。❷何莽在辨析“健康、养老、养生”三个概念的基础上，将“康养”定义为“结合外部环境以改善人的身体和心智并使其不断趋于最佳状态的行为活动”，主张康养要兼顾生命的三个维度，即生命长度（寿命）、生命丰度（精神层面的丰富度）、生命自由度（国际上用以描述生命质量高低的指标体系）。❸房红等人通过梳理国内外相关研究成果，比较分析了“康养产业”“健康产业”“养老产业”“老龄产业”“养生产业”等概念，认为在“大健康观”被普遍接受的背景下，“康养产业”包括“大健康产业”［以医疗卫生和生物技术、生命科学为基础，以维护、改善和促进人民群众健康为目的，为社会公众提供与健康直接或密切相关的产品（货物和服务）的生产活动集合，共计13个大类产品与服务］和“养老产业”（为老年人提供产品或劳务，满足其生活需求的经营活动的总称，共计12个大类产品和服务）两部分，其依据是《健康产业统计分类（2019）》和《养老产业统计分类（2020）》。❹

综上所述，尽管学界对“康养产业”的内涵还没有取得统一，但围绕康养产业的界定、康养产业的属性、康养产业投融资机制、康养产业发展实践等方面已产生不少成果，对推动康养产业发展发挥了积极的促进作用。就政策而言，实施“健康中国”战略和倡导“大健康观”，为我国各地康养产业实践如火如荼地推进奠定了重要基础。笔者认为，新时代应运而生的“康养产业”内涵包括“大健康产业”和“养老产业”。

❶ 李后强，等．生态康养十一讲［M］．成都：四川人民出版社，2019：19.

❷ 同❶6-7.

❸ 何莽．中国康养产业发展现状及趋势分析［M］// 何莽．中国康养产业发展报告2017．北京：社会科学文献出版社，2017：3-6.

❹ 房红，张旭辉．康养产业：概念界定与理论构建［J］．四川轻化工大学学报（社会科学版），2020（4）．

二、广西康养产业的发展要素

毫无疑问，康养产业涵盖健康、养老、养生、医疗、旅游、体育、文化、生态农业等诸多业态，必将为繁荣国内经济、畅通国内大循环增添发展动力。何莽指出，根据关联产业属性，康养产业可以分为康养农业、康养制造业、康养服务业；根据自然资源的不同类型，康养产业可以分为森林康养、气候康养、海洋康养、温泉康养、中医药康养；根据地区海拔高度差异，康养产业可以分为高原康养、山地康养、丘陵康养、平原康养。[1]潘慧等人则把广西健康产业划分为六大领域：健康养老产业、健康医疗医药产业、健康休闲运动产业、健康管理产业、健康旅游产业、健康食品产业。[2]众所周知，广西具有丰富的康养资源，尤其是长寿养老文化深厚，是长寿之乡的聚集省份，再加上生态环境得到较好保护，使“康养旅游＋长寿文化”类型的康养产业发展迅速。基于以上事实，本报告从自然环境、文化环境、政策环境、康养资源构成四个方面对广西康养产业的发展要素进行分析。

（一）自然环境

自然环境主要体现在气候环境和空气质量，对康养旅游具有重要作用，尤其是宜人的区域气候环境，是游客进行康养旅游决策和实施出游行为的驱动因素。广西地处低纬度，北回归线横贯中部，南临热带海洋，北接南岭山地，西延云贵高原，属亚热带季风气候区，常年气候温暖宜人，雨水丰沛，光照充足。夏季日照时间长、气温高、降水多，冬季日照时间短、天气干暖。各地年平均气温 17.3℃ ~ 23.8℃，全自治区年平均气温 21.0℃。各地年降水量 1024.6 ~ 2358.6 毫米，大部分地区在 1400 毫米以上，全自治区平均年降水量 1516.7 毫米。各地年日照时数 1111.7 ~ 2370.1 小时，全自治区平均年日照时数 1452 小时。

依据《环境空气质量标准》（GB 3095—2012），广西平均环境空气质

---

❶ 何莽．中国康养产业发展现状及趋势分析［M］// 何莽．中国康养产业发展报告 2017. 北京：社会科学文献出版社，2017：8–10.

❷ 潘慧，等．广西健康产业发展报告（2018）［M］. 南宁：广西人民出版社，2019：16–19.

量综合指数为3.74，全年14个设区市空气质量优良天数比例为83.8%～95.3%。有2个设区市的优良天数比例为95%～100%，8个设区市的优良天数比例为90%～95%，3个设区市的优良天数比例为85%～90%，1个设区市的优良天数比例为80%～85%。

（二）文化环境

文化环境体现一个地区的康养水平和敬老、养老、助老的良好社会风尚。中国老年学学会（2014年更名为“中国老年学和老年医学学会”）从2007年开始开展“长寿之乡”认定工作。广西各地党委、政府高度重视，利用长寿老人多的地方优势，积极按照长寿之乡的建设标准开展建设与申报，使“长寿之乡”建设与发展不断跃上新台阶。长寿品牌的创立，不仅为发展特色康养产业营造了浓厚的文化环境氛围，也为利用广西生态优势和旅游资源优势发展康养产业提供了良好的条件。截至2020年10月26日，全国84个“中国长寿之乡”中，广西占31个，占比36%，数量名列首位。其中，巴马瑶族自治县、乐业县、浦北县、上林县还拥有“世界长寿之乡”称号。另外，此前获得“世界长寿市”称号的贺州市在2020年10月25日举行的中国（贺州）首届长寿产业经济发展峰会上被认证为中国首个“全域长寿市”。

康养旅游业已经成为广西推进脱贫攻坚与乡村振兴有效衔接的重要抓手和载体，其涵盖第一、第二、第三产业，具有复合性、综合性、融合性特征，对广西各地尤其是贫困县的经济社会发展具有强大的推动作用。因此，广西各地纷纷利用各自丰富的康养文化资源推动长寿之乡旅游业进一步发展。例如，上林县将养生节活动与“中国长寿之乡”荣誉相结合，丰富和深化旅游内涵，提高旅游品质，主要活动包括：“寿”主题书法展暨百岁老人祝寿活动，意在弘扬中国传统孝悌文化；邀请百岁长寿老人做养生长寿专题讲座，邀请专家从科学角度阐释广西各个长寿之乡特殊的自然环境与健康的关系，健康长寿的因素和标准，延缓衰老及精神养生、起居养生、饮食养生、运动养生等中国传统养生保健等方面的知识。

（三）政策环境

政策环境即政府相关部门出台涉及康养产业发展的制度设计，主要表现为当地政府部门出台的政策数量、区域特色康养产业的发展布局与规划、对康养产业发展的扶持力度与政策实施力度、政策贯彻性与持续性等方面。

在健康中国战略的指导下，广西充分利用优势积极发展生态农业、生态工业、生态服务业，构建完整生态产业链，不断探索走出了一条具有广西特色的产业优、百姓富、生态美、人民群众幸福感高的绿色高质量发展之路。2019 年 7 月，广西印发《广西健康养老产业发展专项行动计划（2019—2021 年）》，提出到 2021 年把健康产业打造成为支柱产业，到 2025 年把广西打造成为国内一流、国际知名的宜居康养胜地。在此前后，广西印发和实施了《广西壮族自治区人民政府关于加快大健康产业发展的若干意见》《推进“四个一百”大健康产业培育工程实施方案（2019—2021 年）》《关于培育广西特色小镇的实施意见》《广西文化旅游特色小镇创建管理办法》《广西大健康旅游产业重大项目遴选标准》等一系列文件，推动建成 100 个健康产业特色小镇、100 个健康产业重大项目、100 个健康产业示范基地、100 个健康产业龙头企业。共认定健康旅游示范基地、中医药种养殖示范基地、特色医养结合示范基地等大健康产业示范基地 51 个；养生养老小镇、健康产业小镇、体育特色小镇、文化旅游特色小镇等大健康特色小镇 47 个；建立了以健康养老、健康医疗、健康旅游产业为核心的康养产业重大项目库和龙头企业库，入库项目共 549 个，入库龙头企业 147 家。❶

此外，深入开展康养产业招商引资专项行动，推动康养产业高质量发展。成功举办广西大健康产业峰会、中国—东盟体育旅游博览会、中国（贺州）长寿产业经济发展峰会等系列招商活动，签订合同 30 多项，合同金额 2200 多亿元，推动恒大、绿地（香港）、银基、万有、融创、龙光、奥园等 11 家世界 500 强和中国 500 强企业落户投资康养产业项目，其中已签约待开工项目 28 个，总投资 4098 亿元。❷

（四）康养资源构成

康养资源主要包括物产资源、林草资源和水资源。物产资源以绿色生态农业、中药壮瑶药产业为主，能够满足康养的市场需求；林草资源主要指森

---

❶ 康安 . 广西推动大健康产业高质量发展［N］. 广西日报，2020-06-25（2）.

❷ 同❶.

林覆盖率、人均绿地面积等；水资源主要指水质情况。

广西中医药等天然康养资源不断被发掘和利用，罗汉果、青蒿、鸡骨草等广西特色药材作为中药扶贫产业在贫困地区重点推进，相关产业的种植体系建设发展较为迅速。2018年，广西中药材种植面积达218万亩，其中林下种植面积130万亩，常用药材超过100种，种植面积超万亩的品质达30个。2020年，全区中药材种植规模稳步扩大，全区中药材种植面积（农业种植部分）发展到163万亩，比2019年增长5%。

广西境内河流众多，以雨水补给类型为主，集雨面积在50平方千米以上的河流有1350条。主要河流水质总体为优，并逐年有所提升。全自治区51条主要河流97个断面中，90个断面水质符合《地表水环境质量标准》（GB 3838—2002）的Ⅲ类标准，水质优良比例为92.8%。按水质评价，大王滩、西津、青狮潭、平龙、武思江、达开、六陈、澄碧河、天生桥、平班、龙滩、岩滩、大化、洪潮江、合浦15个地表型湖泊水库中，武思江水库为Ⅳ类（超标因子为总磷），其余14个湖库均满足Ⅲ类水质标准；按营养状态评价，除武思江水库为轻度富营养外，其余14个水库均为中营养。14个设区市的集中式饮用水水源地水源达标率为93.1%，水量达标率为95.0%；县级集中式饮用水水源地水源达标率为90.7%，水量达标率为97.1%。另外，近岸海域水环境总体优良，近岸海域国控优良点位比例为91.3%，水质级别为优，近岸海域海水环境功能区达标率为87.1%。

三、广西主要康养产业发展现状

（一）主要产业发展概况

目前，广西康养产业发展总体上已初具规模，市场发展前景可观。

1. 健康养老产业

截至2019年年底，全国60岁及以上人口约2.54亿人，约占总人口的18.4%。2035年左右，中国60岁以上的老年人口将突破4亿，中国将进入重度老龄化社会。数据显示，广西1996年进入人口老龄化社会，是全国进入人口老龄化社会较早的省区之一，也是全国5个少数民族自治区最早进入人口老龄化社会、老年人口最多的地区，人口老龄化现象显著。截至

2019 年年底，广西户籍总人口为 5695 万人，其中 65 周岁及以上占总人口的 10%，与 2010 年相比提高 0.76 个百分点。近年来，日趋严峻的人口老龄化形势，对广西的社会保障、养老服务、老年宜居环境建设等健康养老产业的发展形成了挑战。2018 年年底，广西两证齐全的医养结合机构有 60 家，65% 的养老机构能够以不同形式为入住老年人提供医疗卫生服务，91.2% 的医疗机构为老年人开设了挂号就医等便利服务的绿色通道，41.9% 的二级以上综合医院设立了老年病科，老年人健康管理率约为 70%。可以说，目前广西已初步形成了“居家为基础、社区为依托、机构为支撑”的多层次多样化健康养老服务体系。

2. 健康医疗中医药产业

广西药材资源丰富，是我国药材主要产地之一，中药资源总数居全国第一。截至 2018 年年底，广西已查清中药资源总数 7088 种，其中药用植物 5996 种（占全国总数的 41.48%），药用动物 798 种，海洋药用生物 294 种，物种基源种数位居全国前列；中草药、民族药物种类达 4623 种，在全国名列第二；全国 400 多种常用中药原料药材中有 70 多种来自广西，其中 10 多种占全国总产量的 50%~80%，罗汉果、鸡血藤、广豆根、蛤蚧更是高达 90% 以上。壮药品种 2300 多种，瑶药 977 种，侗药 478 种，仫佬药 246 种，苗药 312 种，毛南药 102 种，京药 24 种，彝药 21 种，其中特有品种 66 种、常用品种 470 种。丰富的中药、民族药资源为广西健康医疗中医药产业成规模迅速发展提供了良好的资源保障。截至 2019 年 11 月，广西共有规模以上中医药制造业 109 家，占规模以上医药制造业的 73.2%，与 2018 年同期相比，提高 2.8 个百分点。中医药制造业收入增长水平优于医药制造业行业平均水平。2019 年 1—10 月，规模以上医药制造业企业实现营业收入 145.7 亿元，同比下降 1.2%，其中，中医药制造业营业收入 109.6 亿元，同比增长 4.5%，高于医药制造业 5.7 个百分点。[1]2018 年，全区医药工业产值 313 亿元。分行业看，中成药占 53%，中药饮片占 8.6%，化学原料药占 9.6%，化学药制剂占 8%，卫生和医疗器械占 13%，生物技术药占 4%；分地区看，南宁市占 37%，桂林市占 19%，钦北防占 15%，梧州市占 11%，玉林市占

[1] 广西规模以上中医药制造业企业占全区规模以上医药制造业比重七成以上［EB/OL］.（2019-11-30）［2021-05-10］. http://tjj.gxzf.gov.cn/tjsj/jdfx/qq/t2360353.shtml.

8%，其他市占10%。全区中药材种植面积680万亩，其中林木药材（八角、玉桂、杜仲、厚朴、黄柏）478万亩（仅计种植面积1000亩以上品种），其他药材约为200万亩（其中林下药材110万亩，农林品种有交叉）；中药材产量78.4万吨，种植产值110.5亿元。全区具有中成药批准文号的企业2783个；医疗机构制剂1196个，其中中药制剂541个，民族药制剂13个。同时，涌现出三金片、正骨水、血栓通、金嗓子、花红片、青蒿琥酯等一批全国驰名品牌。玉林市建有全国第三大中药材市场，是西南地区最大的中药材集散中心，获"中国南方药都"称号；梧州中恒、桂林三金、玉林制药、南宁培力等一批制药企业已连续多年保持高速增长态势，成为带动广西全区中药产业快速发展的中坚力量。[1]另外，广西先后印发《广西生物医药产业跨越发展实施方案》《健康医疗产业发展专项行动计划（2019—2021年）》等文件，通过充分发挥中医药壮瑶医药的预防保健特色优势，实施龙头企业培育工程、强链延链补链工程、创新发展提升工程，重点发展特色中药民族药产业，不仅把中医药壮瑶医药健康服务全面纳入养老服务业发展战略当中，积极推广中医民族医药与养生养老保健产业相结合，而且还大力推进中医药服务贸易，定期举办中国—东盟传统医药论坛、中国—东盟传统医药健康旅游国际论坛（巴马论坛），支持中医药机构参与"一带一路"建设，推广应用中医药壮瑶医药预防保健技术和方法，推动中医药服务走出去。

3.健康旅游产业

广西是自然景观和人文旅游资源大省。根据各地资源禀赋条件，广西以"建成国内一流、国际知名的宜居康养胜地和世界健康旅游目的地"为目标，通过整合健康旅游资源类型，规划健康旅游产业结构和空间布局，不仅打造了一批健康产业集群，构建起西江中医养生旅游产业经济带、桂东北观光度假旅游产业经济带、北部湾边海休闲康养度假旅游产业经济带、桂西北长寿养生度假产业经济带、桂中民俗体验养生度假产业经济带5大健康旅游产业经济带，而且通过突出抓好一批健康旅游重点项目、打造一批"桂字号"健康旅游高端商品、培养一批服务健康旅游市场主体，全力推进健康旅游文化、健康旅游示范、健康旅游政策与机制等三项工程建设，促成业态丰富和

[1] 赵立春.科技创新：引领广西中药壮瑶药产业高质量发展［EB/OL］.（2020-11-20）［2021-05-10］. http://www.rmlt.com.cn/2020/1120/599388.shtml.

优势明显的健康旅游产业体系初步形成。以巴马长寿养生国际旅游区健康产业聚集区建设为例，2017—2019 年，广西投资约 37 亿元加快该区域的交通、旅游、生态环保等基础设施项目建设，使该地区在 2019 年接待游客总人数超过 3500 万人次。同时，广西大健康和文旅产业工程指挥部正在大力推进落实文化旅游和大健康旅游产业工作目标，以提升广西大健康旅游产业的吸引力、供给力、影响力、发展力、创新力，从而推动康旅游产业高质量发展。

（二）存在的不足

一是地区发展不均衡。广西康养资源较为丰富，但相关产业呈现出明显的发展不均衡问题。以健康养老业为例，南宁缘于“强首府”战略的中心城市地位，受到资本青睐，已引进一定数量的养老产业项目；桂林基于旅游资源优势，并得益于国际旅游区政策红利，健康养老和旅游养老产业的口碑效应日益明显；以巴马为核心的桂西北地区以国际长寿区建设为抓手，长寿养老养生产业发展基础不断巩固，并产生了一定的国际国内影响。比较而言，广西其他地区养老产业则较为薄弱。

二是康养产业链条不够完善，区域聚集化发展程度不高。广西康养产业以健康养老产业、健康旅游产业为主，虽已提出“大健康产业”发展规划并推进与文旅产业融合发展，但区域聚集化程度还不高，对相关产业的上下游延伸发展还不够，也未能充分发挥对其他产业的辐射带动作用，包括与中医药产业、房地产业、现代生态农业、家政服务业等产业的有机融合、协调发展还有待深化。长寿养生文化是广西康养产业的重要资源，虽然永福、巴马在养生旅游产品的开发、培育特色旅游产业方面取得较为突出的成果，但从广西总体来看，发掘深度还不够，体验式旅游和长寿文化创意产业还未形成。

三是康养产业的企业规模偏小，经济总量不足。以广西中药、民族药产业为例，虽资源丰富，但产业发展缓慢，产值总体规模比周边的贵州、云南低，产业竞争力弱。究其原因，受制于高层次人才资源不足和产业技术水平滞后，未能将资源优势切实转化为产业优势和市场优势。

四是康养产业专项资金引导性不强，产业投资不够集中。以健康旅游业为例，自治区层面在旅游发展资金分配上存在广撒网现象，未能根据各地市的资源禀赋条件选择重点优势项目予以补助，从而在一定程度上影响了社会资本投入康养旅游产业的积极性；同时，自治区的财政资金扶持导向也未能很好地统筹各市县旅游产业发展的实际，致使部分市县发展健康旅游产业的积极性不高。实践证明，要发挥广西“长寿之乡”的资源优势并形成合力，实现优势互补，应形成旅游区产业投资“一盘棋”思想，谋求互利共赢高质量发展。此外，财政转移支付的配套制度未能对旅游产业形成推动作用。

四、广西康养产业高质量发展的路径选择

随着“健康中国”战略的深入实施，康养产业在我国发展迅速，为改善民生创造了新的经济增长点。研究者指出，资源驱动、技术创新、政策导向、资本并购、转型升级、融合发展是国内康养产业呈现多元化快速发展的主要趋势。对此，亦有论者指出，康养产业发展应处理好九个关系，包括融合发展与康养产业自身特点的关系、康养产业发展与促进相关产业转型升级的关系、康养产业发展中多产业整合的关系、康养产业与医卫事业的关系、康养产业与养老事业的关系、康养产业与房地产业的关系、重点区域与普遍发展的关系、培育龙头企业与广泛社会参与的关系、扶持与监管的关系。[1]党的十九届五中全会通过的《中共中央关于制定国民经济和社会发展第十四个五年规划和二〇三五年远景目标的建议》强调“加快发展现代服务业”，推动现代服务业同现代农业深度融合，加快发展健康、养老、育幼、文化、旅游、体育、家政、物业等服务业，为康养产业发展指明了方向。因此，广西康养产业要实现高质量发展，可以从以下路径展开。

一是着眼于区域特色与创新，在准确分析康养市场需求的基础上合理布局广西康养产业。发展康养产业，不能仅仅将健康、养生、养老概念与医疗、生物制药、设备制造、旅游等产业发展进行简单捆绑，否则会在一定程度上导致相邻区域康养产业同质化。因此，可以根据不同阶段人群康养需求与市场，布局不同康养产业和产品类型。在老年群体需求与养老产业发展方面，老年康养包含养老、老年保健、老年旅居等各种相关及周边产业，其

[1] 侯水平．康养产业发展应处理好九个关系［J］．当代县域经济，2020（7）．

内容丰富、需求极大，老年群体是最主要的康养需求群体。预计到2050年，我国老年人口将达到4.87亿人，届时会催生一个价值354万亿元的巨大老年康养市场。针对该群体，广西可以巴马国际长寿文化旅游区为重点区域进行打造和产业升级；在中青年群体与康养产业方面，康养需求更多集中于对生活质量的提升，主要围绕教育发展、体育健康、旅游体验、美容保养、心理咨询等内容，从而使康养供给更加年轻化和多样化。广西在布局康养产业时应关注该群体亚健康症状的特殊性，促成更加注重生活环境的舒缓和清净、注重生活方式的健康、更加关注心理上的调节与疗养的新业态落地；在妇孕婴幼群体与母婴健康产业方面，康养需求则是希望获得更多的健康知识、产品、服务等科学且有效的帮助与指导，孕产妇越来越注重母婴环境与其配套设施，更加注重功能性产品与健康服务、母婴健康管理服务，以及身心健康的愉悦体验和拥有自然康乐的生活方式。由此，广西可以围绕早教课程、孕妇产前检测、月子中心、孕妇产后恢复、小儿保健等方面推动区域合理布局和业态创新。

二是在全面推进乡村振兴的时代进程中加快康养农业基地建设。当前，乡村振兴战略已进入全面推进阶段，康养农业作为康养产业的重要内容和新业态，在实施健康中国、乡村振兴战略过程中能够发挥重要作用，为农业与健康养老产业的融合发展奠定一定基础。历经多年发展，我国特色农产品区域布局已初步形成，并在《特色农产品优势区建设规划纲要》（2017年发布）的指导推动下，加快特色农产品优势区建设步伐。农业部于2017年12月认定62个地区、2019年1月认定84个地区、2020年2月认定83个地区为我国特色农产品优势区，其中广西共有13个（表1），大多符合康养农业产业基地的建设标准。

康养农业基地，最基本的特征是进行特色农业生产，同时为人们提供安全健康的特色优质农产品。广西具有建设康养农业基地的良好条件，各地可以利用自身资源禀赋积极开拓乡村健康旅游和长寿文化产业，发掘当地康养农业发展潜力，不断提升农村多元价值。因此，在康养农村基地发展建设中，要根据特色农业发展和康养产业的特点强化顶层设计，科学编制总体规划，为解决发展康养农业用地问题提供政策支撑，加快完善设施条件，盘活建设用地，为乡村新产业、新业态发展创造良好的用地空间。

表 1　中国特色农产品优势区建设认定情况

序号	市县区	特产名称
1	陆川县	陆川猪
2	田东县	百色芒果
3	永福县	永福罗汉果
4	融安县	融安金橘
5	玉林市玉州区	玉林三黄鸡
6	河池市宜州区	宜州桑蚕茧
7	钦州市	钦南区钦州大蚝
8	平南县	平南石硖龙眼
9	田阳县	百色番茄
10	容县	容县沙田柚
11	全州县	全州禾花鱼
12	恭城瑶族自治县	恭城月柿
13	苍梧县	六堡茶

三是持续推动广西康养产业深度融合，吸引多元投入扩大康养产业规模。目前，康养旅游是康养产业发展的主要导向，分为三种类型：一是以康养资源导向为主，在此基础上发展森林康养、温泉康养等产业，如国家森林康养基地；二是以生态康养为导向，如康养旅游示范基地；三是以“长寿之乡”为核心发展长寿康养旅游产业。广西长寿资源丰富，在资源配置方面应积极探索“食、住、行、游、购、娱”六大旅游要素与“康养”的深入融合模式，形成以旅游业关联康养农业、康养制造业及康养服务业等相关行业的泛旅游产业结构，实现康养产业链和价值链的延伸。为此，顶层设计需要思维转化与改革创新，改变以往财政资金补贴的单方投入形式，拓宽市场主体，广泛利用社会力量进行资金筹集，并形成财政优先保障、金融重点倾斜、社会积极参与的多元投入格局。例如，贺州市作为世界长寿市、全域长寿市，常年气候温和，全市森林覆盖率72.9%，是全国平均水平的3.6倍，空气清洁度指数达到“最清洁”，境内拥有姑婆山国家森林公园、黄姚古镇、南乡西溪温泉、昭平南山茶海、富川国际慢城等一批景点景区，其中姑婆山国家森林公园负氧离子含量最高达到每立方厘米15.6万个，被誉为“南国

天然氧吧”。贺州市可以利用毗邻粤港澳大湾区的区位优势，根据该区域不同群体的市场需求，充分发挥当地龙头企业的带动作用，调动农民积极性，发展康养产业和建设康养基地，并与该区域已有的城市康养产业错位发展，以此延伸产业链。

四是重视人才培养与队伍建设。目前，我国康养产业面临人才支撑不足的现实，专业人才供给滞后于康养产业的迅速发展需求。以中医药医疗旅游产业为例，截至 2019 年，全国已有中医药养生旅游示范单位共 88 个，约 500 个景区点、度假村从事中医药养生旅游服务。然而，我国现有康养类专业设置分散在公共卫生管理、预防医学、老年医学、旅游管理、社会学、护理学、营养学、中医学等二级学科中，尚未形成康养领域的学科交叉，致使所培养的人才虽具有较高的专业素养，但康养知识体系的综合性和系统性相对不足。因此，广西要实现康养产业高质量发展，必须重视康养学科交叉人才的培养与队伍建设。另外，随着信息化和 5G 时代到来，康养产业也需加大对电商人才和新媒体运营人才的培养。

广西建设“长寿省区”战略研究报告

广西社会科学院课题组*

健康长寿是事关人民福祉的大事，广西作为健康长寿资源富集区，具有率先建成“长寿省区”的独特优势和坚实基础。新时代背景下，推进广西“长寿省区”建设，是增强群众幸福指数，落实“健康中国”战略的重要举措，是发挥长寿资源优势、推进壮美广西建设的重要抓手，是扩大产能合作、服务“一带一路”建设的有力支撑，是擦亮生态金字招牌、践行“两山”理论的有效路径，意义重大。

一、“长寿省区”的定义、内涵及指标体系

除了拥有一定数量的百岁老人、老年长寿比以外，“长寿省区”还必须拥有支撑人们美好生活的经济基础和社会环境，既要满足人们对健康长寿的物质需求、环境需求，又要满足人们对健康长寿的公共服务需求和精神文化需求。“长寿省区”比“长寿之乡”层级更高、面积更大、范围更广、内涵更丰富，因而其指标体系综合性更强。笔者认为，“长寿省区”的指标体系至少应该包括百岁老年人口（占总人口）比例、高龄人口（占总人口）比例、长寿之乡数量和人口平均预期寿命 4 项核心指标和生态环境质量、经济社会发展、健康长寿公共服务、健康长寿文化水平 4 类支撑指标。从当前条

* 课题组成员：覃娟，广西社会科学院民族研究所所长，研究员；张健，广西社会科学院民族研究所副研究员；潘文献，广西社会科学院民族研究所副研究员；刘建文，广西社会科学院民族研究所副研究员；冼奕，广西社会科学院民族研究所助理研究员；王红梅，广西社会科学院民族研究所助理研究员；杨昌雄，广西社会科学院民族研究所副研究员；梁晓兰，广西职业师范学院经济师。

件来看，广西百岁老年人口比例、高龄人口比例、长寿之乡数量三项指标均居全国前列，但人口平均预期寿命排全国第14位，没有明显优势。研究发现，人口平均预期寿命与经济发展水平、医疗保健及文化教育等经济社会及公共服务水平正相关。

二、广西建设“长寿省区”的基础

综合来看，广西已形成系列长寿品牌效应，构建了相对完善的政策支持体系，开创了健康长寿产业发展新格局，健康长寿公共服务水平不断提升，开放合作平台机制日益完善，基本具备了建设“长寿省区”的基础条件。广西还具有比其他省区更优越的长寿资源优势、独特区位优势、品牌先发优势、文化资源优势和政策叠加优势。但是，也需要看到，广西建设“长寿省区”还要加快弥补经济基础、战略谋划、资源整合、产业培育、人才培养、体制机制等方面的短板和劣势。同时，广西既面临着健康中国战略及其他一系列重大战略和政策机遇、老龄化和大健康的巨大市场机遇，也面临着日益严峻的生态压力、外来文化对长寿文化的冲击及国内长寿品牌和市场竞争态势加剧带来的挑战。总体而言，广西建设“长寿省区”，机遇大于挑战，优势突出，劣势也明显。下一步要紧紧抓住历史性机遇，率先谋划和实施“长寿省区”建设蓝图，推动健康长寿资源优势真正转化为经济优势、发展优势，成为经济社会高质量发展的启动点、引爆点和发力点。

三、广西发展健康长寿品牌的实践探索

广西巴马最早发展健康长寿品牌，积累了丰富的经验。一是坚持因地制宜，找准比较优势；二是坚持前瞻思维，抢占发展先机；三是坚持战略定力，一张蓝图绘到底。然而，巴马长寿品牌在国内成名最早，当前发展却不是最好。

由于治理体系和治理能力跟不上，巴马长寿品牌美誉度面临不断下降的风险，值得总结反思。一是缺乏长远规划和规范管理，导致乱象丛生、无序发展；二是缺乏重点投入和龙头带动，造成低质开发、资源浪费；三是缺乏资源整合和优势互补，导致过度开发、恶性竞争；四是违背生态优先和绿色发展，存在环境风险和生态破坏现象。

因此，要打好长寿品牌，一是要充分发挥特色资源组合优势，统筹规划、重点投入；二是要充分发挥政府引导作用，激发市场活力；三是要结合大健康创新驱动战略，引领科技创新；四是要重视专业人才引进和培养，提高养老服务水平。同时，还须避免几个认识误区：一是不能把“长寿省区”建设简单理解为“管养老”“治已病”，要突出全龄化、全周期、“治未病”的发展理念；二是不能把“长寿省区”建设作为一般的养生养老服务来谋划，应有开拓全国乃至全球大健康市场的战略视野；三是不能把“长寿省区”建设片面理解为“中医药化”，应构建中西合璧、结构合理、技术先进、适宜健康生活需要的中西医养体系。

四、广西建设“长寿省区”的战略构想

（一）发展思路

以习近平新时代中国特色社会主义思想为指引，全面落实健康中国战略，按照全域化、全龄化、全民化、全链化的发展理念，全面构建生态宜居、监管有力的健康长寿环境体系，竞争力强、高质量发展的健康长寿产业体系，设施齐全、服务高标的健康长寿服务体系，特色鲜明、繁荣兴盛的健康长寿文化体系；立足于构建“全域养生天堂”的中国幸福产业基地、中国健康长寿产业技术创新高地、中国健康养生养老标准化服务示范区、中国与东盟健康长寿旅游开放合作试验区的发展定位，到2035年，分阶段、有步骤地把广西建设成生态环境宜居、基础设施完备、产业布局合理、健康服务高标、管理规范有序、长寿文化繁荣的国内 流、国际知名“长寿省区”。

（二）重点任务

未来一段时期，优先补齐健康长寿服务和健康长寿产业的发展短板，逐步夯实健康长寿环境体系和健康长寿文化体系。第一，构建完善的健康长寿公共服务体系。构建具有国内领先水平的居家养老、社区养老和机构养老“三位一体”协同发展的公共服务体系。第二，加快形成有竞争优势的健康长寿产业发展体系。重点提升六大产业：健康长寿＋养生养老、全域旅游、医疗服务、医疗器械、绿色食品、休闲运动产业。优先考虑推进四大示范项目建设：一是建设中西医养结合重大示范项目；二是建设中国健康长寿医疗

保健器械重点生产基地；三是建设中国健康长寿养生旅游标准化服务“飞鸟驿站”；四是建设中国健康长寿产品统一权威电商平台。第三，不断夯实健康长寿环境体系。加强环境监测和环境应急管理，强化污染防治与生态保护联动协同，着力构建重点区域生态安全屏障。第四，持续建设健康长寿文化体系。深入挖掘广西长寿文化、健康文化和民族特色文化，同时吸收融合国内外健康长寿文化，构建既有全球视野又具地域特色的健康长寿文化体系。

（三）空间布局：构建“一圈两廊五带”

“一圈”指“中国广西—中南半岛”国际健康长寿产业圈。“两廊”指“巴马—桂林—北部湾—崇左”山海国际健康长寿环形旅游走廊和“壮乡—瑶乡—苗乡—侗乡—仫佬乡—毛南乡”民族特色健康长寿文化旅游长廊。“五带”指以东巴凤为核心区打造桂西北山地特色健康长寿产业带；以防城港和崇左边海关为核心区打造边海关特色健康长寿产业带；以桂北民族聚居区为核心区打造民族特色健康长寿产业带；以南宁城区为核心区打造环大明山健康长寿产业带；以贺桂、玉贵为核心区打造珠西流域健康长寿产业带。

五、广西建设“长寿省区”的对策建议

（一）广泛凝聚共识，高标准谋划广西“长寿省区”建设

加强宣传引导，形成广泛共识，推动“长寿省区”建设迅速上升为全区发展战略。成立自治区建设“长寿省区”领导小组，下设自治区健康长寿办公室。建立部门联席会议制度，推进部门联动、地区联动、产业联动，形成建设“长寿省区”强大合力。

（二）加大投入力度，全面提升健康长寿公共服务水平

完善“居家—社区—机构”三位一体的养老服务体系，加大对社区养老的资金和政策扶持；培育专业化、品牌化、连锁化养老服务机构。尽快推进在巴马和防城港分别建设三级甲等医院的项目。同时，加快建设全域多点紧急医疗救助服务体系。探索医疗、养老、健康服务一体化科技服务模式，开展“智慧医疗”、居家养老服务信息化试点。建立覆盖全民的医疗大数据健康管理服务和长寿老人健康管理系统。

（三）优化招商政策，培育健康长寿全产业链和集群优势

实施“长寿省区”重大项目建设工程和重点基地建设工程，逐步建立基地认证制度，选择一批示范性基地纳入自治区产业园区和服务业聚集区统筹管理，给予重点扶持。加快在东巴凤核心区推进建设医养结合高端服务示范项目，在防城港国际医学开放试验区建成中西医疗养生服务产业集群。实施健康长寿产业关键技术创新和转化支持工程，加快完善以企业为主体、科研院所为支撑、市场为导向、产品为核心的医养健康产业技术创新体系。

（四）整合品牌资源，打造“六个一批”健康长寿知名品牌

借鉴贵州经验，塑造“壮美广西·长寿圣地”统一品牌形象，并以此为统领，打造“六个一批”健康长寿知名品牌，包括一批特色鲜明的“长寿之乡”品牌、一批具有国际盛名的休闲康养旅游线路、一批国内外知名的健康长寿医疗旅游品牌、一批享誉海内外的长寿保健服务品牌、一批特色健康长寿食品品牌、一批权威健康长寿产品电商平台。

（五）创新体制机制，强化建设“长寿省区”政策支持

一是成立地级巴马市，建议将巴马长寿国际旅游区10县整合升级为地级巴马市或将河池市直接更名为“巴马市”，实现长寿资源整合。二是加大财税支持力度，鼓励金融模式创新。设立“长寿省区”培育发展专项资金，实行资金优先支持和融资优先推荐政策，按每年新增税收留成部分的50%奖励健康企业。三是鼓励采用BOT、TOT、TBT和PPP等现代化投融资模式，推进知识产权质押融资、产业链融资等金融产品创新。四是开辟“长寿省区”重点项目国土资源用地审批“绿色通道”，优先保障重大项目建设用地需求。

（六）强化环境能力，提升“长寿省区”生态宜居功能

一是加强大流域治理合作。二是建议将巴马县作为广西康养旅游生态文明先行示范试点县。三是加强生态基础设施建设和生态文明宣传教育。四是建立和完善有效的环境质量监测和预警机制，引导和约束各地按照环境资源承载能力来谋划经济社会发展。

（七）强化人才培养，建设中国—东盟健康长寿产业人才高地

一是推动建设中国—东盟国际健康养生学院。在南宁或桂林申请新建一所中国—东盟国际健康养生学院，建设国际水准的高等专业院校。二是依托右江民族医学院、广西中医药大学等设立中国—东盟国际健康长寿保健服务人才交流培训基地。三是组织编制广西健康长寿产业服务人才中长期发展规划，制定急需紧缺高层次人才引进优惠政策。四是争取国家支持人才交流政策。

（八）厚植长寿文化，建设世界长寿文化聚合展示高地

一是依托巴马长寿博物馆，建设世界长寿文化主题公园。二是推广低碳健康生活方式，每季度设立“绿色出行周”。三是创建少数民族传统体育示范工程，创建一批民族传统体育节庆和赛事品牌。四是建立普及健康长寿知识长效机制，每年设立“广西健康长寿文化宣传活动月”，举办全区性养老敬老孝老表彰活动；创办一家省级以上健康长寿专业期刊、报纸和专业网站，将广西大健康产业峰会上升为全国性的“中国大健康年度论坛”，在每年中国—东盟博览会期间召开健康长寿国际论坛。

年度聚焦 · 族别篇

广西壮族地区全面建成小康社会实证研究报告

广西社会科学院民族研究所课题组*

广西有壮、汉、瑶、苗、侗、仫佬、毛南、京、回、彝、水、仡佬族12个世居民族和其他44个民族，是全国少数民族人口最多的省区。壮族是广西也是中国人口最多的少数民族。截至2020年11月，广西常住人口中，少数民族人口18 807 980人，占广西常住人口的37.52%，其中壮族人口为15 721 956万，占广西常住人口的31.36%[1]。壮族人口主要聚居在南宁、柳州、崇左、百色、河池、来宾6市。

党的十八大以来，党中央对民族地区工作和小康建设作出了一系列重大决策部署，对少数民族和民族地区同步小康作出了重要论述。全面小康是全体中国人民的小康，少数民族地区由于特殊的地理位置、历史文化及复杂的民族构成等多种因素，长久以来经济社会发展较为迟缓，民族地区的全面小康关系到国家全面建成小康社会目标的实现。中华人民共和国成立70多年来，在中国共产党的领导下，广西壮族地区经济建设取得显著成就，改革发展不断深化，各民族团结进步，文化蓬勃发展，生态文明建设与社会建设成就显著。脱贫攻坚成绩斐然，壮族地区实现了从相对落后到跨越式发展，全面建成小康社会取得了重大成就。广西壮族群众正在奋力拼搏，开启全面建

---

* 课题组成员：张健，广西社会科学院民族研究所副研究员；潘文献，广西社会科学院民族研究所副研究员；覃娟，广西社会科学院民族研究所所长，研究员；冼奕，广西社会科学院民族研究所助理研究员；刘建文，广西社会科学院民族研究所副研究员；王红梅，广西社会科学院民族研究所助理研究员；蒋斌，广西社会科学院新型智库处处长，副研究员。

❶ 广西第七次全国人口普查主要数据公报 [EB/OL].（2021-05-13）[2021-05-20]. http://tjj.gxzf.gov.cn/zxfb/t8851194.shtml.

设社会主义现代化的新征程。

本报告对广西壮族地区全面建成小康社会的评判从三方面进行考量。

一是运用比较研究法和综合研究法。以“四个全面”和“五位一体”布局为导向，实事求是、客观、科学地对民族地区的小康建设程度进行评价；对照“十三五”规划指标任务，从经济发展、人民生活、民主法治、文化建设、生态环境、脱贫攻坚六个方面进行研判。

二是依据习近平总书记的重要文章《关于全面建成小康社会补短板问题》的要求，把握好三个关系：一是把握好整体目标和个体目标的关系。全面建成小康社会是国家整体目标……我国发展不平衡，城乡、区域、人群之间存在收入差距是正常的，全面小康不是平均主义。[1]二是把握好绝对标准和相对标准的关系。三是把握好定量分析和定性判断的关系。衡量全面小康建成与否，既要看量化指标，也要充分考虑人民群众的实际生活状态和现实获得感。[2]

三是民族地区的全面小康社会建设应该体现民族地区的特色，除了全国统一的评判指标外，还应包括民族关系、边疆稳定、民族文化传承情况、非物质文化遗产的数量及传承保护情况、少数民族干部任职情况、少数民族群众受教育情况、边疆地区国家职能贡献率等，主要从定性角度分析社会变迁，以及少数民族群众分享改革成果的幸福感和获得感。

一、广西壮族地区全面建成小康社会情况

中华人民共和国成立以来，广西壮族地区坚持党对一切工作的领导，以党建引领民族地区全面建成小康工作有序开展，铸牢中华民族共同体意识，以民族团结进步推进全面小康建设；坚持和完善民族区域自治制度，推进国家治理体系和治理能力现代化；擦亮生态金字招牌，筑牢民族地区全面小康的生态安全屏障；全面深化改革，扩大民族地区全面小康建设中对外开放水平；增强边疆民族地区治理能力，开创边疆地区兴边富民奔小康的崭新局面，决战决胜脱贫攻坚，全面建成小康社会取得决定性成就。

---

[1] 习近平．关于全面建成小康社会补短板问题［J］．求知，2020（6）：4–6.

[2] 同[1].

（一）经济发展取得显著成就

中华人民共和国成立以来，广西壮族地区人民始终紧密团结在党中央周围，坚持把发展经济、提高壮族人民群众的生活水平作为头等大事，实现了壮族地区经济社会发展的历史性飞跃。

南宁作为广西壮族自治区首府，是广西政治、经济、文化中心，是北部湾经济区核心城市，同时也是处于"一带一路"和西部陆海新通道的重要节点。在经济发展上，南宁市以第三产业为主，第三产业占地区生产总值比例达到65.6%。2019年，南宁市地区生产总值4506.56亿元，全市人均地区生产总值61 738元。2019年年末，南宁市拥有规模以上工业企业1044家，其中工业产值超亿元的企业361家。金融等服务业、电子信息、食品工业是南宁市的主导产业。2019年，南宁市城镇化率达到63.7%。为了进一步增强南宁市综合竞争实力，带动全区经济社会又好又快发展，打造引领全区高质量发展核心增长极，广西壮族自治区提出"强首府战略"。2019年，南宁市地区生产总值占全区地区生产总值的21.22%。"强首府战略"提出，到2035年南宁市经济总量占全区经济总量比重力争达到30%。

柳州市是西南工业重镇，也是广西最大的工业城市，工业产值约占广西的1/4。2019年，柳州市地区生产总值3128.35亿元。柳州市经济发展以工业为主导，汽车、冶金、机械制造等是柳州市的支柱产业。受汽车市场收缩影响，2019年柳州市第二产业增加值1551.91亿元，下降0.7%，第二产业增加值占地区生产总值的比重为49.61%。柳州市是广西城镇化率最高的地区，2019年城镇化率达到65.42%，远高于全区51.09%的平均水平。柳州市正在加快传统产业转型升级，加快战略性新兴产业布局。

崇左市辖扶绥、大新、天等、宁明、龙州五县和江州区，代管凭祥市，有78个乡镇（街道）、847个村（社区），全市总人口250万，其中壮族人口占比近90%，是全国壮族人口最集中的地级市，是集革命老区、民族地区、边疆地区、贫困地区于一体的特殊区域。2019年，崇左市地区生产总值达到760.46亿元，第一、二、三产业增加值占地区生产总值的比重分别为22.4%、28.1%和49.5%，第三产业增加值占地区生产总值比重已超过全面建成小康社会统计监测指标标准占比42%的目标值；一、二、三产业对经济增长的贡献率分别为13.5%、44.4%和42.1%。崇左市人均地区生产总值从2003年建市之初的4587元增加到2019年的36 129元（按常住人口算），增长约6.9倍，相比2010年人均地区生产总值的24 531元增长11 598元，但离实现人均地区生产总值按照2010年不变价翻一番的目标稍有差距。在城市建设方面，城镇化发展进程相对滞后。2019年，崇左市常住人口211.03万人，其中城镇人口84.41万人，占常住人口比重为40.0%，离全面建成小康目标值常住人口城镇化率≥54%的目标值还略有差距。[1]

百色全市辖12个县（市、区）135个乡镇，总面积3.63万平方千米，是广西面积最大的地级市。2019年年末，全市户籍总人口422.68万人，全市常住人口368.74万人，壮族人口占全市常住人口的86%以上。2019年，百色市地区生产总值达到1257.78亿元，比2018年增长9.0%，人均地区生产总值比2010年翻一番，提前一年实现人均地区生产总值翻番的小康目标。2019年，百色市第一、二、三产业增加值占地区生产总值的比重分别为19.5%、40.4%和40.1%，对经济增长的贡献率分别为14.9%、48.3%和36.8%，第三产业增加值占比基本接近42%的指标要求。2019年，百色市常住人口城镇化率为37.52%，比上年末提高0.46个百分点；户籍人口城镇化率为26.05%，比上年末提高0.69个百分点；常住人口城镇化率距离54%的指标要求还有较大差距。

河池市是广西山区比例最高、经济发展最为落后的地区。2019年，河池市地区生产总值878.10亿元，人均地区生产总值仅24 703元。河池市是有色金属之乡、水电之乡，在发展过程中形成了有色金属、食品加工、电力、茧丝绸、建材五大支柱产业，但规模总量有限。2019年，河池市城镇化率只有37.52%，远低于全区平均水平；第一、二、三产业增加值占地区生产总值的比重分别为21.52%、28.17%和50.31%，显示了河池市从农业主导型逐步向服务业主导型转变。

来宾市是2002年撤销原柳州地区后新设立的地级市，是一座以壮族为

[1] 参见崇左市人民政府门户网站。

主体的多民族城市，壮族等少数民族人口占总人口的75%。2019年，全市地区生产总值654亿元，在6个壮族地区城市中最低，人均地区生产总值29 215元，略高于河池市。第一、二、三产业增加值分别为164.5亿元、182.2亿元和307.45亿元。广西壮族地区2019年各市地区生产总值及在全区比重如表1所示。

表1　壮族地区各市地区生产总值及在全区的比重

地区	2019年地区生产总值/亿元	地区生产总值占全区比重/%
南宁市	4 506	21.22
柳州市	3 128	14.73
崇左市	760	3.58
百色市	1 258	5.92
河池市	878	4.13
来宾市	654	3.08
合计	11 184	52.66

资料来源：根据各市国民经济和社会发展统计公报整理。

总体上看，广西壮族地区经济发展不均衡、不充分。崇左市、百色市、河池市、来宾市地区生产总值总和不及南宁市，比第二位的柳州市略高。6个市地区生产总值占广西地区生产总值的52.66%，对全区经济发展有重要影响。

从人均地区生产总值看，各市差异显著。南宁市和柳州市不仅经济总量大，人均地区生产总值增长也较快，实现了翻一番的目标。百色市提前一年实现翻一番的目标，崇左市已经非常接近目标，河池市和来宾市经济增长较慢，到2020年实现翻一番的目标还有一定的困难（表2）。除南宁市和柳州市外，崇左市、百色市、河池市、来宾市的城镇化率都未达到全区的平均水平，特别是崇左市、百色市和河池市，城镇化率相差较大。来宾市城镇化率接近全区水平，但近10年来发展速度相对偏慢，人均地区生产总值已经被百色市超越。

表2 壮族地区各市人均地区生产总值翻番情况表 单位：元

地区	2010年	2019年
南宁市	26 300	61 738
柳州市	35 230	77 056
崇左市	18 734	36 129
百色市	16 106	34 194
河池市	15 011	24 703
来宾市	18 385	29 215

资料来源：2019年数据根据各市国民经济和社会发展统计公报整理；2010年数据见广西壮族自治区统计局编．广西统计年鉴2011[M].北京：中国统计出版社，2011.

（二）人民生活持续改善

由于经济的持续发展，广西壮族地区的人民生活持续改善，总体上已经达到小康水平。城镇居民可支配收入2019年较2010年都实现了翻一番的目标（表3）。城市建成区规模不断扩大，城市功能逐步完善，交通基础设施持续改善。2019年，各市高速公路已经实现相互连通；除崇左市和河池市以外，南宁市、柳州市、百色市、来宾市都通行高铁动车，来宾市到南宁市的高铁动车通行时间只需40多分钟。

表3 壮族地区各市城镇居民人均可支配收入增长情况 单位：元

地区	2010年	2019年
南宁市	18 032	37 675
柳州市	17 766	37 358
崇左市	15 620	33 297
百色市	15 976	32 784
河池市	14 889	29 665
来宾市	17 334	34 950

资料来源：2019年数据根据各市国民经济和社会发展统计公报整理；2010年数据见广西壮族自治区统计局编．广西统计年鉴2011[M].北京：中国统计出版社，2011.

在一系列惠农政策，包括脱贫攻坚政策的综合作用下，壮族地区农村居民的收入增长速度快于城镇居民收入增长速度。农村基础设施改善显著，农村地区生活水平不断提高，特别是贫困地区发生了翻天覆地的变化。壮族地区农村不仅实现了行政村全部通硬化路，100% 通客车，而且实现了 20 户以上自然屯全部通砂石道路。2010—2019 年，壮族地区农村居民家庭汽车拥有量快速增长，农村地区村庄和城镇也出现停车难的问题。

（三）民主法治建设稳定有力

壮族地区各市认真贯彻落实《法治政府建设实施纲要（2015—2020 年）》，深化各项改革，努力建设法治政府，以法治政府建设推动治理体系和治理能力现代化。2019 年，南宁市参加全国法治政府建设示范创建活动，入围“综合示范创建候选地区”，法治政府建设处于全国前列。

2019 年 3 月，壮族地区如期顺利完成政府机构改革，基本建立系统完备、科学规范、运行高效的政府机构职能体系，调整划转大量政府部门职责，许多新成立机构纷纷挂牌履职，压缩部门数量，理顺了对应关系。

壮族地区各市贯彻落实《重大行政决策暂行条例》，根据各市情况对重大行政决策开展专家咨询论证，加强了重大决策的合法性审查。

壮族地区各市大力优化营商环境，全面完成证明事项清理，推进政府服务信息化建设。南宁市“互联网 + 不动产登记”“智慧人社”等经验做法获国家肯定推广，“创新全链条审批服务 开启办事创业‘一事通办’新模式”获 2019 年中国政府信息化管理创新奖。

壮族地区各市积极依法化解社会矛盾纠纷。在社会矛盾纠纷的化解中，壮族地区探索了多种方式，充分发挥传统优秀文化的积极作用。例如，柳州市通过山歌化解群众矛盾纠纷取得了良好的社会效果。

（四）文化建设蓬勃发展

壮族地区民族文化特色鲜明，文化建设不断发展。自治区成立初期，彩调剧和电影《刘三姐》曾使广西壮族地区山歌文化风靡全国和东南亚国家。南宁国际民歌艺术节已经连续举办 20 多年，成为有一定影响力的艺术盛会。

壮族地区各市加大投入实施文化惠民工程，不断完善公共文化服务体系。随着脱贫攻坚力度的加大，贫困村的文化基础设施得到极大改善。2019 年年末，壮族地区行政村（社区）综合性文化服务中心覆盖率接近 100%，广播电视综合人口覆盖率超过98.5%。

“壮族三月三”是广西壮族自治区的法定假日。“壮族三月三”不仅成为传承和展现民族文化、推动经济发展的盛会，也是弘扬爱国主义、铸牢中华民族共同体意识、加强民族团结、凝聚发展动力的盛会。

壮族地区各市不断扩大对外文化交流，是广西文化“走出去”的重要组成部分。2006—2019年，广西每年举办一次中国—东盟文化论坛，配合中国—东盟（南宁）戏剧周、中国—东盟（南宁）戏曲演唱会等加强中国—东盟的文化交流。百色市、崇左市的边境地区坚持开展边境文化交流，促进边疆稳定。

（五）生态环境总体优良

广西壮族地区生态环境优良，自然保护区生物多样性得到保护。通过大力实施退耕还林工程、珠江防护林工程、石漠化治理工程等，壮族地区森林覆盖率不断提高。

壮族地区各市城市建成区面积不断扩大，2019年除南宁市外，柳州市、崇左市、百色市、河池市、来宾市建成区绿化覆盖率均达到50%以上（表4）。近年来，壮族地区各市进一步加强污染防治，加大环保投入，环境质量不断提高。2019年，壮族地区各市生活垃圾无害化处理率达到或者接近100%，污水处理率达到89.84%以上，全年全市地表水达标率100%。2019年，除柳州市市区空气质量优良率为89.6%外，壮族地区其他各市全年空气质量优良天数比率都到达90%以上。[1]

表4　2019年壮族地区各市绿化覆盖率　单位：%

类目	南宁市	柳州市	崇左市	百色市	河池市	来宾市
绿化覆盖率	48.75	66.70	55.39	72.45	71.02	53.00

资料来源：南宁市数据由南宁市林业局提供，其余来自各市统计公报。

南宁市率先开展“公园城市”建设试点及创建国际花园城市，构建“300米见绿、500米见园”城市绿地综合体系，计划到2025年建成区绿地

[1] 根据各市统计公报综合整理。

率达到 37.5%，绿化覆盖率达到 43%，人均公园绿地面积达 12.2m^2。

（六）脱贫攻坚成效显著

壮族地区各市坚持把打赢脱贫攻坚战作为最大的政治责任和最大的民生工程，聚焦“两不愁三保障”，强力推进脱贫攻坚工作，贫困地区发生了翻天覆地的变化。崇左市龙州县是广西第一个实现脱贫摘帽的国家级贫困县。2019 年年底，壮族地区各市贫困发生率都已经下降到 3% 以下。

2019 年，南宁市上林、马山、隆安 3 县和 109 个贫困村摘帽，近 9 万名贫困群众脱贫，贫困发生率下降至 0.49%。柳州市融安县和 103 个贫困村摘帽，9.7 万贫困群众脱贫，贫困发生率由 2019 年年初的 6% 下降至 2019 年年末 1.00%。崇左市天等县和 66 个贫困村摘帽，5.5 万贫困群众脱贫，贫困发生率下降至 0.54%。百色市德保县、靖西市、凌云县、田林县和 233 个贫困村摘帽，14.1 万贫困群众脱贫，贫困发生率下降至 1.08%。河池市环江毛南族自治县、东兰县、巴马瑶族自治县、凤山县和 247 个贫困村摘帽，超过 21.54 万人脱贫，贫困发生率下降至 1.86%。来宾市忻城县和 65 个贫困村摘帽，7.3 万贫困群众脱贫，贫困发生率降至 0.51%（表 5）。

表 5　2019 年年底壮族地区各市贫困发生率　　单位：%

类目	南宁市	柳州市	崇左市	百色市	河池市	来宾市
贫困发生率	0.49	1.00	0.54	1.08	1.86	0.51

资料来源：根据政府工作报告和新闻通报综合整理。

总体来说，广西壮族地区几个主要城市的地区生产总值、城乡居民人均可支配收入除个别市还有些差距外，大部分地区已提前达到比 2010 年翻一番的目标，各市“十三五”规划的目标也基本完成。2019 年年底，6 市的贫困发生率已经下降到 3% 以下。

二、广西壮族地区全面建成小康社会发展展望及思考

（一）铸牢中华民族共同体意识，共圆复兴梦想

广西壮族地区的所有工作都是中国共产党领导下解决民族问题正确道路的具体实践。铸牢中华民族共同体意识、共圆复兴梦想，是新时代民族工作

的核心理念，是满足全国各族人民群众美好生活向往的必然要求，也是筑牢祖国南疆安全稳定屏障的必然要求。广西壮族地区全面建成小康社会后，壮族群众对于美好生活向往的要求更加强烈，不仅仅要求物质生活的富足，更是各民族群众精神生活的需求。因此，建设各民族共有精神家园，应从强化中华民族共同体认知、坚持和完善民族区域自治制度、深化民族团结进步几个方面着力铸牢中华民族共同体意识。

（二）建立现代经济体系，向第二个百年奋斗目标迈进

坚持发展是第一要务，这是社会主义本质的要求，也是广西壮族群众对于美好生活的追求和期望。发展是解决民族地区一切困难和问题的根本途径，是促进各民族共同繁荣发展的迫切要求。对于广西壮族地区来说，从不发达状态向发达状态的过渡与转化还有一段过程，在全面建成小康社会后，发展不足依然是最大的短板，还需要以发展为第一要务，不断解放生产力、发展生产力，为广西壮族地区的全面进步和人的全面发展提供重要的物质基础。必须以经济建设为中心，聚精会神搞建设，一心一意谋发展。党的十九届五中全会强调："坚持新发展理念。把新发展理念贯彻发展全过程和各领域，构建新发展格局，切实转变发展方式，推动质量变革、效率变革、动力变革，实现更高质量、更有效率、更加公平、更可持续、更为安全的发展。"[1]全面贯彻新发展理念、加强现代化经济体系建设是实现新目标新征程的必由之路。广西壮族地区是中国的资源富集区、水系源头区、生态屏障区、文化特色区、边疆地区、贫困地区。实现民族地区与东部发达地区共同富裕，对中华民族伟大复兴具有重要的战略意义。只有不断解放和发展生产力，贯彻新发展理念，建设具有广西特色的现代化经济体系，实施创新驱动发展战略，促进产业转型升级，深化改革和开放合作，大力推动广西实现高质量发展，才能顺利实现第二个百年奋斗目标。

（三）发挥民族文化优势，增强壮族地区文化软实力

民族文化是维系民族认同和增强民族团结的内在力量，是各民族精神的

[1] 中共中央关于制定国民经济和社会发展第十四个五年规划和二〇三五年远景目标的建议 [N]. 人民日报，2020-11-04.

体现，是民族生命力、创造力和凝聚力的重要源泉。广西是一个多民族和多元文化和谐共生的自治区，广西壮族文化的文化资源、精神遗产极为丰富。进入小康社会后，壮族群众对于美好生活的进一步追求应在民族文化的保护、传承、发展和创新中得到实现。要以习近平新时代中国特色社会主义思想和总书记关于传承弘扬中华优秀传统文化的重要论述为根本遵循，为广西壮族地区民族文化的保护和传承注入时代活力，促进壮族民族文化创造性转化和创新性发展，不断增强广西壮族民族文化的生命力和影响力，引导全区各族群众树立和坚持正确的历史观、民族观和文化发展观。具体来说，一要加强保护和传承民族文化，大力实施民族文化发展战略；二要打造现代化宣传平台，扩大民族文化影响力；三是突出新时代特征，推进壮族民族文化创造性转化、创新性发展。

（四）重视生态文明建设，推动壮族地区绿色发展

生态兴则文明兴。长期以来，广西全区的环境质量总体优良率居全国前列，构筑起祖国南疆的绿色屏障，打造了珠江上游千里绿色长廊，为全国生态安全作出了重大贡献。“广西生态优势金不换”，在全面建成小康社会过程中，广西的生态文明指标基本提前完成。进入小康社会，特别是在实现第二个百年奋斗目标过程中，广西壮族地区的生态文明建设不能松懈，必须要认真贯彻绿色发展理念，践行“两山”理论，始终坚持在保护中发展、在发展中保护，突出重点区域和重点领域的生态环境保护和治理，发展生态循环经济，构建绿色产业发展新格局，促进生态与经济协调发展，促进人与自然和谐发展，加快广西绿色崛起，牢固树立中国南疆最美的绿色生态屏障。

（五）增强边疆民族地区治理能力，开创兴边富民崭新局面

边疆地区的稳定对于全面建成小康社会、谋求中华民族伟大复兴具有重大意义。党的十八大以来，以习近平同志为核心的党中央把边疆民族地区治理摆在极为重要的战略地位，出台兴边富民行动“十三五”规划等一系列重大政策举措，作出“强边富边”等一系列重大部署，为新时代边疆民族地区治理指明了方向，提供了遵循。全面建成小康社会之后，边疆地区应把稳边固边和兴边富边结合起来，不断提升边疆民族地区治理能力，加快边疆地区高质量发展。壮族边疆地区应不断创新治理体制，将社会主义核心价值观与

边疆地区的实际情况结合起来，维护边疆稳定、民族团结和谐；推动民族优惠政策和专项规划的落实，加大对边境县和乡的资金投入，不断完善边疆地区农村基础设施建设，特别是加大边疆民族地区交通和信息基础设施的支持力度，因地制宜发展特色产业，带动边疆地区群众收入持续增长。加大对边疆民族地区发展短板的支持力度，进一步加大对边境县、自治县、民族乡的帮扶指导力度，按照“摘帽不摘帮扶”的要求，继续加大帮扶力度，巩固提升边疆民族地区贫困村脱贫攻坚成效。

（六）巩固脱贫攻坚成果，提升壮族地区人民幸福感、获得感

脱贫攻坚是全面建成小康社会的关键，2020 年，脱贫攻坚任务全面完成。然而，正如习近平总书记所强调的，“脱贫摘帽不是终点，而是新生活、新奋斗的起点”[1]。全面建成小康社会后，要在认真研判广西壮族地区相对贫困状况和问题的基础上，围绕巩固脱贫成果这一目标，从解决绝对贫困向缓解相对贫困转换，建立解决相对贫困的长效机制，防止返贫，解决相对贫困，确保群众脱贫不返贫、摆脱精神贫困，保护好脱贫攻坚的胜利果实。必须持续改善基础设施建设，着力补齐发展短板，继续做好易地扶贫搬迁后续扶持工作，同时推进脱贫攻坚与乡村振兴有效衔接。

[1] 刘建军 . 脱贫摘帽是新生活新奋斗的起点 [N]. 人民日报，2021-03-15（09）.

广西瑶族地区全面建成小康社会调查报告

奉　媛[*]

一、广西瑶族地区的基本情况

瑶族主要分布在广西壮族自治区，集中聚居在恭城、富川、都安、大化、金秀、巴马6个瑶族自治县，以及平南、凌云、南丹、钟山、马山、宜州、田林、龙胜、融水、八步、全州、防城、平桂、蒙山、上林等县（区）。从2010年第六次全国人口普查的数据来看，广西瑶族常住人口有149万多人。从广西经济发展的整体视角来看，与汉族和壮族聚居的地区相比，瑶族的发展水平较低。2015年年底，除了恭城之外，其余5个瑶族自治县——都安、大化、巴马、金秀、富川皆为国家扶贫开发工作重点县。从瑶族经济发展的内部视角来看，瑶族内部呈现出不平衡的特点，首先是桂东北的瑶族经济发展较快，其次是大瑶山的瑶族，最后是桂西北大石山区的瑶族。

党的十八大以来，我国全面建成小康社会取得了历史性成就，基本实现了全面建成小康社会的目标，成效比当初预期的还要好。在这个时代背景下，广西瑶族的发展进入了新的阶段，如表1所示，广西6个瑶族自治县贫困率都大幅降低。2019年4月，富川、金秀脱贫摘帽；2020年5月，巴马退出贫困县序列。

* 奉媛，广西民族研究中心民族发展研究部副主任。

表1　广西6个瑶族自治县贫困率对比　　单位：%

时间	都安	大化	巴马	金秀	富川	恭城
2015年年底	26.64	25.8	25.5	23.97	24.67	8.85
2019年年底	3.36	4.28	1.24	0.392	0.255	0.5

注：该表数据根据各县民族宗教事务局提供的材料整理。

二、广西瑶族地区全面建成小康社会分析体系说明

全面建成小康社会，就是确保到2020年实现经济持续健康发展，人民民主不断扩大，文化软实力显著增强，人民生活水平全面提高，资源节约型、环境友好型社会建设取得重大进展。全面建成小康社会，是全国性的目标，不是地方目标；是全面的目标，是“五位一体”“四个全面”，是全面的进步，不是一个单纯的地区生产总值和居民收入翻番的目标，是要得到人民认可、经得起历史检验的小康。[1]习近平总书记在《关于全面建成小康社会补短板问题》的文章中指出，要把握全面建成小康社会的三个关系：一是把握好整体目标和个体目标的关系。全面建成小康社会是国家整体目标……我国发展不平衡，城乡、区域、人群之间存在收入差距是正常的，全面小康不是平均主义。二是把握好绝对标准和相对标准的关系。在全面建成小康社会目标要求中有的是绝对指标，比如脱贫……同时，也有不少相对指标，如环境改善方面……这类指标将来还要持续改善。三是把握好定量分析和定性判断的关系。衡量全面小康社会建成与否，既要看量化指标，也要充分考虑人民群众的实际生活状态和现实获得感。全面建成小康社会中存在的突出短板是：从人群看，主要是老弱病残贫困人口；从区域看，主要是深度贫困地区；从领域看，主要是生态环境、公共服务、基础设施等方面短板明显。习近平总书记提出，中西部欠发达地区特别是集中连片特困地区和深度贫困地区，在全面建成小康社会的进程中，要继续集中优势兵力，坚决啃下硬骨头、完成硬任务。基于此，本报告从广西富川、都安、大化、金秀、巴马、恭城6个瑶族自治县入手，兼顾其他瑶族散杂居地区，重点从脱贫攻坚的角

[1] 杨伟民．全面建成小康社会并非单纯看GDP，要得到人民认可[EB/OL].（2020-06-12）[2020-07-13]. http://www.zqrb.cn/finance/hongguanjingji/2020-06-12/A1591958812911.html

度，结合经济、社会、文化、生态等方面情况，利用质化和量化的研究方法分析全面建成小康社会的情况。

三、广西瑶族地区全面建成小康社会情况分析

广西瑶族聚居区处于中西部欠发达地区，脱贫攻坚是硬骨头、硬任务。广西瑶族聚居区全面建成小康社会的历程，就是从高质量脱贫到高质量发展的过程。广西瑶族聚居区全面小康社会的建成是得到人民认可、经得起历史检验的小康。

（一）广西瑶族地区经济发展分析

2019年年底，巴马共有6.2万贫困人口、52个贫困村脱贫出列；都安共82个村、13.2万人脱贫摘帽；大化摘帽68个村，减贫8.71万人；富川共有6.82万名贫困群众脱贫；金秀减贫39个村，减贫4.08万人。

1. 选准“瑶医药”，不断强化延伸特色经济

在全面建成小康社会的过程中，广西瑶族地区立足本地自然禀赋和人力资源，走出了一条特色之路。金秀是广西中草药品种最齐全的县份和广西最大的瑶族基金库，金秀因地制宜将发展瑶医瑶药作为脱贫致富的重要产业，围绕瑶医瑶药做足了文章，如打响瑶医瑶药的知名度和美誉度，形成“瑶医瑶药”品牌。2019年8月，金秀被中国民族卫生协会授予“中国瑶医药之乡”的称号；发展瑶药材种植基地，并与企业签订合约，形成“企业+基地+农户”的发展模式，解决好销售问题；将“瑶医瑶药”品牌与“国家全域旅游示范区”“中国长寿之乡”和“天然氧吧”品牌结合，形成以瑶医药为特色的康养旅游业，使其成为全县经济发展新的增长点。金秀是粤港澳大湾区康养旅游的目的地之一，2019年全年接待游客683.45万人次，同比增长22.6%，旅游总消费63.73亿元。2010年，金秀地区生产总值和城乡居民人均收入分别约为17亿元、1.3万元；2019年，金秀地区生产总值和城乡居民人均收入分别为近39亿元、3万元。[1]

2. 投身大数据经济浪潮，与时代同频共振

广西瑶族聚居地区充分利用东西部扶贫协作机遇探索产业扶贫新模式。

[1] 数据来源于相关年份《广西统计年鉴》及金秀瑶族自治县民族宗教事务局。

巴马县正在与深圳创新共建“深圳巴马大健康合作特别试验区”（简称“深巴试验区”），着重发展“在大数据和5G技术支撑下的大健康生态产业”。截至2020年7月，已正式签署合作项目达34个，总投资额339亿元，已完成投资33.8亿元。深圳华为、深圳1979、拓普基因等企业相继入驻，巴马基金数字小镇、中国—东盟（巴马）大健康大数据中心项目开工建设。“深巴试验区”为巴马提高了自我减贫发展的能力，先后提供就业岗位2000多个，带动试验区内20个行政村5008户21 712人脱贫。“深巴试验区”俨然已经成为区域经济协同发展新的增长极。2019年，巴马全县地区生产总值67.3亿元，增速在广西33个国定贫困县中排名第一。

3.“贷牛还牛”，为脱贫攻坚提供“都安样本”

广西瑶族地区基于“送钱送物不如送一门致富技术”的扶贫理念，实施“政府扶持、企业牵头、农户代养、贷牛还牛、还牛再贷、滚动发展”的“贷牛还牛”扶贫产业，为全国的脱贫攻坚提供了“都安样本”。截至2020年6月，都安累计发放牛犊3.35万头，全县肉牛从9.27万头发展到近13.4万头，建成西南冷链仓储物流中心，形成“牛在都安养，肉在全国卖”的产业格局，带动受益贫困户3.07万户13.8万人。典型的大石山区和石漠化地区的都安用一头牛改变了一个产业和一个国家级贫困县的落后面貌。2016－2019年，都安共82个村13.2万人脱贫摘帽，未脱贫贫困村减少至65个，贫困人口减少至1.75万人。

（二）广西瑶族地区社会建设分析

社会建设方面指重点保障和改善民生，提高人民生活水平和质量，这是全面建成小康社会极其重要的内容。因此，要解决好广西瑶族同胞最关心、最直接、最现实的利益问题，使瑶族同胞有更多的获得感。

1.脱贫致富路叩响幸福门

土瑶分布在广西贺州平桂区鹅塘镇明梅、槽碓、大明和沙田镇狮东、新民、金竹6个村寨中，共8500人。这些土瑶村寨虽然离贺州市政府所在的八步区只有几十千米，但由于大桂山的阻隔，物质生活相比其他地区更为艰苦。2015年年底，6个土瑶村的贫困发生率高达61.42%，进出土瑶村寨只有一条路，教育、医疗、水利等基础设施条件普遍落后。

自开展精准脱贫工作以来，土瑶村寨基础设施的建设成为重中之重，尤其是交通道路的建设。截至 2020 年 7 月，土瑶村寨外联、内联通道被打通，贺州城区至鹅塘盘谷全长 9.45 千米的道路建成，打通了槽碓、大明、明梅 3 个土瑶村外联通道；紫云洞至沙田桂山全长 23 千米改建道路建成，打通了新民、金竹、狮东 3 个土瑶村外联通道。随着 6 个土瑶村道路贯通，群众转移就业、创业致富的热情高涨，主动脱贫致富的人越来越多。通路后，大明村到鹅塘镇市场只需 1 个半小时，群众可以将蜂蜜、茶叶、生姜等农产品运到镇上或市区去卖；农闲时，群众还可以到市区的建筑工地打零工，每天收入 100 元以上。2019 年，槽碓、明梅、金竹 3 个土瑶村的 705 户 4132 人提前 1 年成功脱贫，贫困发生率降至 4.50%。

2. 易地搬迁搬出新天地

大化位于大石山区和石漠化片区，极度缺水缺地，对于一些村寨来说，易地搬迁是全面建成小康社会最好的方式。大化建立了古江、拿银、民族新城等易地移民搬迁安置区，重点打造配套设施“一镇一园一城三区”（达吽小镇、农民工创业园、电子商务城、鳄鱼岛特色旅游景区、城南工业园区、红水河现代农业示范区），为搬迁户提供就业岗位 1.3 万多个，基本实现每个有劳动力的搬迁户至少有 1 人落实就业的目标。同时，通过组织劳动力外出务工、推荐就业岗位、加入合作社分红等方式，解决搬迁户的后续增收问题。对无劳动力的贫困搬迁家庭，已全部落实低保或兜底保障政策。到 2019 年年底，大化瑶族自治县成功安置 6600 户贫困户 2.98 万贫困人口。

河池市南丹县“千家瑶寨·万户瑶乡”易地搬迁安置点里湖瑶族乡王尚片区、八圩瑶族乡瑶寨片区特色村寨是广西“十三五”期间培育的两个少数民族特色村寨。2017—2018 年，南丹县共投入 4.8 万元扶贫移民搬迁资金，助推精准脱贫效果好。2017 年 12 月底，南丹县里湖瑶族乡王尚安置点建成 332 栋联排天地楼，安置 1227 户 6489 人；八圩瑶寨安置点建成 49 栋联排天地楼，安置 229 户 1392 人。1456 户 7881 人移民全部拿到钥匙并陆续搬迁入住，其中白裤瑶贫困人口占 80% 以上。建设移民点少数民族特色村寨项目极大地推动了里湖瑶族乡和八圩瑶族乡两个既是深度贫困地区又是白裤瑶聚居区民族乡的整体脱贫步伐。

3. 以教育阻断贫困代际传播

百色市凌云县有朝里瑶族乡、伶站瑶族乡、沙里瑶族乡、玉洪瑶族乡4个瑶族乡，瑶族人口占全县人口的22%，约有4万多人。由于种种原因，瑶族青少年入学率一直不高，瑶族教育扶贫形势不容乐观。凌云县通过启动少数民族控辍保学攻坚专项行动、开设少数民族班等方式推动瑶族教育的发展。

2018年年初，凌云县有辍学学生1131人，其中瑶族辍学学生919人，占81%。凌云县聚焦辍学瑶族学生家长这一关键要素，召开瑶族家长大会。瑶族学生家长大会以4个瑶族乡为主战场，抽调瑶族干部、职校教师、瑶族精英人士等组成工作组，分片召集辍学瑶族学生家长参加会议。通过集中宣讲动员，解答瑶族学生家长困惑，将瑶族学生家长团结到劝返工作队列。同时，针对深度贫困的后龙村，还将大会开到盘卡屯、弄设屯等10个瑶寨，在瑶族同胞家门口进行集体劝返。截至2018年6月底，该县针对瑶族辍学学生开展的专项大会22场次，参加人数近3500人次。凌云全县919名瑶族辍学学生全部劝返，劝返率达100%。除此之外，在县城和各乡（镇）共9所中小学校开设特少数民族班提升班27个，结合对口帮扶开办“白鹭班”“盐田班”“鹏城起航班”，先后招收少数民族贫困学生2000多名。除正常享受国家义务教育补贴外，还提供免费床被、冬夏校服及综合素质评价奖学金等系列奖补，统筹各方面资金投入1000万元，奖补少数民族学生超过6000人次。对少数民族优秀学子，组织赴区外沿海发达地区参加励志教育活动。

（三）广西瑶族地区文化建设分析

广西瑶族地区立足地域和民族特色，文旅融合发展，助力脱贫攻坚。桂林市龙胜县有瑶族3.2万余人，主要分布在东南部（福平包四周）及散布在北部、南部和东部。2019年，龙胜接待旅游总人数约995万人次，旅游总消费约137.79亿元。2019年4月，龙胜脱贫摘帽。

龙胜的瑶族依托生态和农耕文化、民族文化等独特旅游资源优势，走出了一条符合自身实际、可持续发展的旅游扶贫之路。处于龙脊核心景区的瑶族同胞，种地曾是唯一的收入来源，大多数靠外出务工维持生计。全面建成小康社会以来，龙头企业对旅游景区进行整体包装，统一管理，统一运营，群众以集体入股或土地流转等方式进行合作，瑶族同胞通过享受景区收益分红、地租收益和劳务收益等方式，实现了脱贫致富。处于非核心区的瑶族同胞，如金江村黄洛瑶寨，充分依托景区辐射和地处旅游线的优势，利用瑶族文化优势吸引游客，发展旅游。该村的红瑶群众从最早帮助客人带路上龙脊梯田观景，到打破千百年传统解开包裹严实的长发，在木楼堂屋进行简单的民俗表演，再经过政府相关部门多次的提升打磨，成就了“天下第一长发村”的旅游品牌。2019 年，黄洛瑶寨接待游客 15 万人次，全寨实现旅游歌舞表演收入 560 万元，销售工艺品收入 280 余万元，仅旅游这一项给当地村民带来每年每户 6 万余元的收入，黄洛瑶寨依托旅游走上了脱贫致富奔小康之路。瑶寨传统的长发洗护产品也走出国门，走向全世界，成为发展民族文化旅游的典型代表。黄洛瑶寨依托民俗风情旅游走上了脱贫致富奔小康之路，成为旅游脱贫的典范。

（四）广西瑶族地区生态文明建设分析

广西瑶族聚居地区深入贯彻习近平生态文明思想，认真落实习近平总书记“广西生态优势金不换”重要指示，依靠得天独厚的自然优势和瑶族文化底蕴，以“保护生态环境促进绿色产业发展”为发展理念，在全面建成小康社会的进程中把生态文明建设提到新的高度。

1. 坚持“生态立县”，一本蓝图绘到底

恭城森林覆盖率持续保持在 82.46%，先后荣获“国家级生态示范区”“全国生态农业示范县”“中国月柿之乡”“全国民族团结进步创建示范区”、全国首个“气候宜居县”等荣誉称号。

恭城以生态文明建设促脱贫攻坚，守绿水青山，改善人居环境，出台“森林四禁”[1] 政策，推广“三位一体”[2] 生态农业模式，创新污水垃圾处理模式，不断改善城乡人居环境，获得“全国人居环境范例奖”，成为第二次全国改善农村人居环境现场会主会场。恭城抓种养旅产业，以生态夯实脱贫基础。通过近 40 年的生态农业发展，生猪、鸡鸭等养殖业和月柿、柑桔等

[1] “森林四禁”是指“禁伐阔叶林、禁止放养山羊、禁止开垦林地坡地、禁止种植速生桉”。

[2] “三位一体”是指“养殖 + 沼气 + 种植”三位一体生态农业模式。

种植业不断壮大，全县水果种植面积达51万亩，其中月柿种植面积19.4万亩，年产量达55.78万吨，年产值超过6亿元；引导2408户贫困户发展月柿种植，面积达9432亩，年产量达1.4万吨，户均增收超过2万元；依托“柿柿如意”田园综合体，农旅结合，带动6000多名贫困人口参与旅游接待促增收。2019年，恭城全县贫困户户均旅游收入超过1000元，实现生态文明与脱贫攻坚双赢。

2. 将“绿水青山”生态优势转化为“金山银山”经济优势

金秀是国家级重点生态功能区、珠江流域水源保护地，大气、水体、土壤等各项生态环境指标均名列广西壮族自治区前茅，生态环境优良，森林覆盖率达86.87%。2019年11月，金秀被生态环境部命名为“绿水青山就是金山银山”实践创新基地。金秀以“瑶山瑶水立县、瑶俗瑶宿稳县、瑶药瑶茶强县”为发展主线，以乡镇、民族村、特色企业为节点，做足做精做细瑶乡生态文旅和绿色农业产业，突出“生态、民族、长寿”三大品牌，打造“世界瑶都”“长寿之乡”“特色产业”品牌圣地，将“绿水青山”生态优势转化为“金山银山”经济优势，探索基于瑶乡特色的转化路径，涌现出了“瑶族民俗村、特色瑶族民宿群、瑶族文化博物馆、瑶药产业基地、药茶产业示范园”等一大批“两山”转化典型案例。创新“两山”转化机制体制，形成了以重点生态功能区监管制度、目标责任制和评估机制、环境治理和生态保护市场化机制、生态补偿制度、自然资源资产离任审计和损害赔偿制度等为核心的制度体系。

四、对广西瑶族全面建成小康社会的思考

全面建成小康社会是广西瑶族发展史上的里程碑，但在这个进程中还存在一些薄弱环节。

（一）对瑶族文化重视不够

瑶族文化是中华优秀传统文化的重要组成部分，与人民群众生产生活息息相关，不仅具有脱贫增收的优势，还是乡村社会公共秩序建构的重要保障。在全面建成小康社会的过程中，当地政府多注重文化的经济价值，强调文化对拓宽群众致富渠道的作用，而对文化社会整合的作用发挥不够。以瑶

族盘王节为例，政府强调利用节日积极进行招商引资，但对如何利用节日增强村落共同体的凝聚力、促进文化自觉和自信、助力乡村建设方面挖掘不够。瑶族文化是瑶族乡村社会公共秩序建构的重要保障，只有乡村社会内部形成的“自然性秩序”与外部嵌入的“建构性秩序”有机耦合时，才能实现真正的脱贫攻坚。

（二）扶贫项目精准性不够

广西瑶族聚居区各地的资源禀赋不同，脱贫攻坚和全面建成小康社会的进程中发展相同的产业，导致一些地方脱贫致富遇到难题。例如，都安、大化的一些大石山和石漠化片区，水资源稀缺，土地贫瘠，人均耕地面积不到0.3亩，难以规模化种植农作物，再加上运输成本高昂，无论是从价格还是质量上来说在市场上都没有优势。

五、对广西瑶族全面建成小康社会的建议

（一）巩固脱贫成果，对接乡村振兴

落实习近平总书记“四不摘”[1]要求，坚持“一手抓减贫一手抓巩固”，围绕脱贫“后三年”和“三年后”，落实助力扶贫后续扶持发展长效机制，全面补齐少数民族村寨基础设施短板，大力发展乡村特色产业，汇聚推进乡村振兴强大动能。

（二）为全面建成小康社会注入“文化力量”

习近平总书记指出，文化兴国运兴，文化强民族强。群众的精神文化生活需求能否得到满足，社会主义核心价值观能否得到弘扬，文化自信能否更加彰显，不仅关系群众的获得感幸福感，也关系全面小康社会的成败。在脱贫攻坚的过程中，要以文化强信心、暖人心、育新人、领风尚。实施的扶贫项目要充分考虑到当地的文化特色，从当地的实际出发选择合适的项目。同时，还要通过文化强大的感召力，提升当地群众的内生动力，这样才能真正实现“要我富”变成“我要富”。

[1] “四不摘”是指“摘帽不摘责任、摘帽不摘政策、摘帽不摘帮扶、摘帽不摘监管”。

（三）扶贫项目要因地制宜

根据广西瑶族聚居区现实情况的不同，制定灵活的扶贫政策。对于生存条件恶劣、缺水少土、环境承载能力较差的瑶族聚居区，如桂西北的大石山区、石漠化片区，应该积极引导群众外出务工。按照当前城市务工的收入水平，一个青年劳动力一年的收入至少有3万元，对照2013年国家规定人均收入2300元/年的最低贫困线，这个收入能够让一个贫困大家庭迅速脱贫。在这个过程中要做好配套工作，如充分发挥政府在信息导向、培训、保障权益等方面的积极作用。对于林木资源较为丰富的地区，如大瑶山地区，重点发展林牧畜果等产业，将生态优势转化成经济优势。

（四）积极引导特色养殖产业转型

面对广西瑶族聚居区的蛇类、蛙类、陆龟等特色养殖转产难、增收难、继续养殖成本高等问题，应该摸清实情、制定政策、止损处理，加快资金筹集、转型转产。尤其是特色养殖的转产难题，可以根据地方实际，培育转型试点，以点带面推进转型。大化积极引导全县96家野生动物驯养繁育场进行转型，其中涉及带动贫困户的蛇、豪猪等11个扶贫养殖场转型改养七百弄鸡和湖羊。通过有序引导广西瑶族聚居区特色养殖转产转型，确保贫困户不返贫。

广西苗族地区全面建成小康社会研究报告

潘文献*

广西苗族基本都聚居在云贵高原边缘的山区。在很长时间里，因农业生产条件不佳、区位偏远、交通等基础设施差，县域经济发展滞后，苗族聚居的县都是贫困县。近年来，在西部大开发政策和脱贫攻坚政策的强力推动下，广西苗族地区水利、电力、道路等基础设施建设迅速提升，经济持续稳定增长，民生、教育等进一步改善，逐渐实现全面建成小康社会的目标。本报告以融水苗族自治县（以下简称“融水县”）为主，介绍广西苗族地区全面建成小康社会的情况。

一、经济持续增长，进入中等低收入地区行列

2010 年，融水县地区生产总值 39.3 亿元，人均地区生产总值 8900 元，略高于低收入地区 638 美元（按照世界银行当年的标准）的平均水平，但与中等低收入地区平均水平 1659 美元相比还有不小的差距。2019 年，融水县地区生产总值 126.17 亿元，人均地区生产总值约为 2.97 万元，折合成美元相当于 4314 美元，实现了人均地区生产总值“翻一番”的目标。世界银行将 3896 美元 ~12 055 美元作为划分中高等收入地区的标准。总的来说，融水县经济发展程度从 2010 年的低收入地区水平迈上中等低收入地区水平，初步接近中等高收入地区水平。2019 年，中国人均地区生产总值已经超过 1 万美元，处于中等高收入地区水平，融水县作为国家级贫困县，与全国平均水平还有较大差距。

以旅游业带动第三产业发展，是融水县地方经济发展的重要战略，第三

* 潘文献，广西社会科学院民族研究所副研究员。

产业占地区生产总值的比重不断上升。2010年，融水县三次产业结构比例为27 ∶ 44 ∶ 29，第三产业增加值为11.5亿元，接待国内外游客100万人次，旅游总收入3亿元。融水县不断完善旅游基础设施建设，提升旅游产品供给，加快融水旅游产业化发展，旅游产业正在成为融水县经济增长的主要拉动力量。2010—2019年，融水县成功举办了十届中国·融水苗族芦笙斗马节。2019年，融水县开通了首趟粤桂扶贫协作旅游专列，顺利通过广西特色旅游名县复核验收，被评为首届广西旅游创新发展十强县，全年接待国内外游客886万人次，旅游消费104.59亿元。2019年，融水县一、二、三产增加值分别完成18.32亿元、44.20亿元和63.65亿元，第三产业占地区生产总值的比重为50.45%，对经济增长贡献率达57.23%。

融水县统筹城乡一体发展，城市化率快速提升。2010年，融水县城镇化率为20.5%；2019年，城镇化率超过37%，实现了年均1.5个百分点的快速提升。尽管与全区平均水平还有较大差距，但实现了较快的发展速度。为了扩大县城规模，提升县城功能，融水县在“十二五”就确立了“以融江为轴心，南伸北充，重点向东，再造一个新县城”的思路，积极探索城镇化与旅游产业同步发展的道路，城镇化发展不断取得突破，“再造一个新县城”逐渐成为现实。2019年，融水县实施城镇化重点建设项目23个，完成投资23.89亿元。融东大道、东宁大道、玉融大道西段、人民西路路桥工程、民族路延长线、玉仙路等一批新建、改建道路建成通车；水东苗族文化广场完成建设；三桥及迎宾大道延长线工程正式开工。融江洪水多次侵入融水县城，融水县城不断加强防洪排涝工程，丹江泵站、排涝闸工程完成泵机和闸门安装，解放桥排涝闸、排涝泵站施工加快。加大城镇规划执法力度，2019年，拆除“两违”建筑面积9.83万平方米，开展商贸城、水东大桥桥头、老子山、红色街口等片区、路段整治，城乡面貌明显改观。融水县域旅游、商贸、居住、工业等逐步形成聚集效应，物流、住宿、餐饮、娱乐、购物等服务能力逐渐增强。

融水县加大互联网普及力度，助推地方经济发展。2019年，出台《融水苗族自治县电子商务进农村综合示范县实施方案》。电商销售平台初具规模，全县形成了由27家物流快递公司、390家万村千乡农资店、2家日用品和农资配送中心、150家乐村淘网店、65家村邮乐购网店组成的电商销售系统。160 家企业通过电子商务平台推介商务和销售商品，6000 多户贫困户参与电商项目，年交易额超 8000 万元。

二、人民生活水平不断提升

随着经济的持续发展，融水县人民生活水平不断提升，城乡居民收入持续增长。2010 年，融水县城镇居民可支配收入为 15 348 元，农民人均纯收入为 3391 元；2019 年，融水县城镇居民人均可支配收入达 31 040 元，比 2010 年增长了一倍；农村居民人均可支配收入达 13 909 元，比 2010 年增长了三倍。城乡居民可支配收入比由 2010 年的 4.52 降低到 2019 年的 2.23，城乡居民收入相对差距大幅度减小，达到了自治区不高于 2.7 的指标要求。

2019 年，融水县城镇新增就业 1689 人，城镇登记失业率为 3.65%，低于年度控制目标。2010—2019 年，融水县城镇登记失业率一直低于控制目标。全县 43 家就业扶贫车间吸纳复工就业人数 1815 人，包括贫困劳动力就业 649 人。全县新增开发就业扶贫公益性岗位 328 个，在岗 963 人，其中深度贫困村贫困户 650 人，易地扶贫搬迁安置点贫困户 38 人；开发非固定性村级扶贫公益性岗位 3757 个，完成村级临时性公益性岗位开发 465 个。

融水县城乡居民人均住房面积不断提升，农村危旧房改造全面完成，城镇商品房供应量大幅增加，公租房、廉租房持续发展。据统计，自国家实施农村危房改造工程以来，融水县累计完成农村危房改造 4.3 万户，发放各级政府补助资金 7.6 亿元，解决了 18.2 万贫困群众的住房安全需求，农村居民人均住房面积大幅提升。“十三五”脱贫攻坚期内，完成 9927 户危房改造，解决 4.1 万余人住房问题，其中建档立卡贫困户实施改造 5390 户，解决了约 2.2 万贫困人口住房安全问题。2019 年，融水县完成易地搬迁任务，全县 3 个县城安置点共安置易地扶贫搬迁户 3159 户，9 个乡镇安置点安置易地扶贫搬迁户 184 户。随着水东新区建设加快，房地产市场稳定发展，商品供给大幅增长。2019 年，全县商品房销售面积 35.49 万平方米，比上年增长 1.5%。

经过多年建设，融水县交通基础设施发生了翻天覆地的变化。全县 20 个乡镇全部通水泥路、沥青路，198 个行政村水泥路硬化率达 100%，通村客运班线达 93.4%，基本形成了以县城为中心、乡镇为节点、建制村为网点，遍布农村、连接城乡、纵横交错的城乡公交客运网。2019 年，融水县投放15辆新能源共享汽车。公共交通进一步发展，公交线路不断延长，主要景区实现公共交通全覆盖。2019年年底，20户以上村屯全部实现通硬化路。

劳动年龄人口平均受教育年限逐年提高，青年劳动力平均受教育年限超过10年。融水县统筹推进教育均衡化发展，优化城乡教育资源布局，按照“初中相对向县城集中，小学四至六年级向乡镇中心校集中，保留必要的教学点”的原则，对城乡学校布局进一步规划调整，加快义务教育学校基础设施建设。2019年，全县10个乡镇共111所学校完成信息化同步互动课堂项目建设任务。“十三五”期间，新建和改扩建一批城镇学校，城镇学位不断增加。但由于城镇化速度提速，仍未能解决“大班额”问题。加强“控辍保学”，实现建档立卡户子女“零辍学”目标。通过优化提升普通高中，加快职业教育，高中阶段教育毛入学率逐步提高。2019年，全县中考A+等次91人，A等次以上323人；高考一本上线110人，二本上线1030人，专科上线率达99%以上。此外，西北工业大学、广东省廉江市与融水县对接，利用优质教育资源，建设远程同步智慧教室，开通远程课堂培训师资。

加大医疗卫生事业投入，持续深化医药卫生体制改革。加快完善市县乡医疗联合体、医疗服务共同体建设，深入推进分级诊疗、双向转诊工作，医联体和医共体覆盖率在柳州市率先实现双100%。加快推进卫生基建项目和基层卫生人才队伍建设，开展农村订单定向医学生免费培养工作，全县医疗卫生服务能力持续提升。全面落实健康扶贫政策，实现贫困人口基本医疗保障。

社会保障事业持续加强。全面落实城乡低保、社会救助、高龄补贴、残疾人重度护理补贴和困难生活补贴等惠民政策，持续加大留守儿童、空巢老人关爱力度，全面落实特困人员救助供养制度。医疗保险和养老保险连续多年完成年度目标任务。2019年，城乡居民基本养老保险参保25.84万人，完成目标任务的103.82%；城乡居民基本医疗保险参保47.83万人，完成目标任务的100%，参保率超过98%。为灵活就业人员购买养老保险进行补贴，按照全区企业职工基本养老保险缴费标准60%缴费档次的2/3进行补贴。60岁以上老人全部享受养老待遇，百岁老人享受长寿补助金。

三、防风险、脱贫攻坚、环境保护取得决定性胜利

认真做好化解重大风险攻坚战。2019年，广西壮族自治区财政厅核定融

水县债务限额 15.14 亿元，融水县政府债务实际余额 13.51 亿元。地方债务方面，通过引入政府与社会资本合作（PPP）模式，化解基础设施和公共服务领域项目建设的投融资难题，缓解财政短期支出压力，平衡财政支出，遏制增量、化解存量，防止债务风险。严厉打击非法集资、金融诈骗等行为。强化社保基金风险预警，规范基金支出管理，防止“跑冒滴漏”现象发生。认真落实相关政策，不断健全农民工工资支付督促检查和治理机制，切实保障农民工工资支付工作属地监管责任，保障农民工劳动报酬权益，由农民工工资引发的影响社会稳定事件大幅下降。

2016—2019 年，融水县累计实现 89 个贫困村出列，11.58 万农村贫困人口脱贫，贫困发生率降至 1.63%。2016—2019 年，融水全县 2.9 万多人通过旅游业脱贫。

融水县是全国生态文明示范县，也是广西重要的生态功能区，林地面积广阔，野生动植物资源丰富。融水县坚持生态发展理念，以建设“秀美融水，风情苗乡”为目标，不断加大对九万山自然保护区、元宝山自然保护区、泗涧山大鲵自然保护区、滚贝—老山水源林保护区的建设和管理。狠抓污染防治攻坚，按进度要求完成中央生态环境保护督察整改任务；推进大气污染联防联控，全面开展烟花爆竹禁放和秸秆禁烧工作，多年县城空气环境质量优良率达 90% 以上。认真落实河长制工作，“清四乱”工作顺利开展，河道治理成效初显。2019 年，融江河监测断面水环境质量全年达标率 100%。2016—2019 年，完成人工造林 29.76 万亩，森林覆盖率提高到 82.22%，林木蓄积量不断增长。

四、民主法治不断加强

融水县为提高重大行政决策科学化、民主化、法治化水平，促进依法行政，对涉及经济社会发展的重大问题、群众切身利益的重大事项，强化决策前公众参与、合法性审查、集体讨论决定等程序的刚性约束。2019 年，共有 135 件政府行政决策经过了合法性审查。融水县已建立县人民政府及组成部门、乡镇政府和村级全覆盖的法律顾问制度，组建了相应的法律顾问队伍。

2019 年，融水县全县 3 家律师事务所和 5 家法律服务所共接收委托诉讼代理 560 件，其中民事案件 480 件、刑事案件 46 件、行政案件 29 件、劳动仲裁案5件。积极发挥“一村一法律顾问”作用，助推乡村振兴和脱贫攻坚工作。2019年内共为村（社区）审查各类经济合同700多份，出具法律意见书200多份，参与化解矛盾纠纷100多起，开展法制宣传3000余场，提供法律咨询3000余人次。

进一步简化法律援助和公证办理工作程序，改进服务方式方法，办事效率和服务水平明显提高。延伸法律援助服务领域，2019年共受理法律援助案件157件，接待来访来电咨询1210人次。受理农民工劳动争议方面的案件57件，为农民工追欠讨薪70多万元。办理各项公证业务共计529件，对年老体弱、行动不便的当事人提供上门办证服务，深入各乡镇村屯为群众上门办证18次，公证业务收费总额为80 694元，解答法律咨询1500余人次。

融水县政府主动向县人大及其常委会报告工作，向政协通报情况，认真办理代表委员建议提案。2019年，全县办理人大代表议案、建议、批评和意见119件，办理政协委员提案38件，县人大代表议案、建议、批评和意见及政协委员提案、来信办复率达100%，满意率达100%。[1]

五、文化体育事业繁荣发展

融水县有“百节之乡”之称，非物质文化遗产丰富多样。融水县重视非物质文化遗产的保护和传承，积极推进“苗族文化（融水）生态保护区”建设，不断加大非物质文化遗产保护和传承力度。

进一步做好非物质文化遗产普查登记工作，搭建县级非物质文化遗产保护工作平台，聚焦非遗代表性传承人和项目申报工作，大力推进非物质文化遗产展示。截至2019年，融水县共有非遗项目195项，其中国家级非遗项目1项，自治区级非物质文化遗产名录24项，柳州市级非物质文化遗产名录31项；县级非物质文化遗产名录139项，非遗代表性传承人135人。为了加强非物质文化遗产展示，融水建有苗族生态博物馆、非遗传承基地（示范户）和民族文化展示街区。通过各种渠道和形式培养非遗传承人和民间艺人，不定期举办各类民族手工艺培训班，依托县民族中学、民族小学、职业中学积极开展蜡染、刺绣、芦笙等非遗文化进校园，传播非遗文化。

积极开展民族文化惠民工程，推进乡村群众性民族文化活动。全县有

[1] 数据来源于融水苗族自治县司法局《2019年度法治政府建设情况报告》。

龙舟、斗马、自行车等13个单项体育协会，各乡镇都成立了农民体育协会，198个行政村成立老年人体育协会。2019年，全县协会、俱乐部、健身队由205支增至251支。通过脱贫攻坚基础设施建设，198个行政村都建设了村级公共服务中心，覆盖率达100%。利用传统民族节日、坡会，各体育协会积极组织筹办斗马、篮球等体育赛事，吸引群众参加活动。2019年，"中国·融水苗族芦笙斗马节"荣膺"首批最具中国特色传统节庆"称号。该节庆活动从2001年开始举办，截至2019年已经连续举办了十九届。2019年的节庆活动包括斗马、大型实景巡演、非遗巡演展、五彩山歌唱苗山等15项民族特色的节目。2019年，全县组织"戏曲进校园""戏曲进乡村"、送戏下乡文艺演出共184场次，举办各项文化体育活动170余次。投资1000多万元的县文化馆文化培训中心综合大楼主体完工，"三馆一站"[1]免费开放。2019年，融水全县人均公共文化财政支出超过180元。

六、环境质量总体优良

作为全国重要生态功能区，融水县生态文明建设成效显著。2019年，森林覆盖率提高到82.22%，远高于自治区下达的指标要求。2019年，柳州市在全国30个城市国家地表水考核断面水环境质量排名中名列第二，融江水质常年保持地表二类以上水质，融江河监测断面水环境质量全年达标率为100%。县城空气环境质量优良率达90%以上。融水县建成区绿化覆盖率38.82%，高于自治区城市建成区绿化率33%以上的指标要求。2016—2019年，融水县累计投入资金近2.36亿元，建成937处脱贫攻坚农村饮水安全巩固提升工程，覆盖20个乡镇、166个行政村，受益人口32.9万人，其中建档立卡贫困户2.44万户近11万人，农村自来水普及率超过80%。

七、总体评价和需要弥补的短板

（一）经济发展

苗族地区的经济发展总体上达到全面建成小康社会的基础标准。人均地区生产总值实现了翻一番的目标，服务业增加值占地区生产总值的比重超过

[1] "三馆一站"：指美术馆、公共图书馆、文化馆及乡镇综合文化站。

42%；通过脱贫攻坚战，实现了村村通互联网，移动宽带和手机用户普及率超过 70%。常住人口城镇化率距离 54% 的目标还有很大差距，按照目前年均提高 1.5 个百分点的增速，还需要 10 多年才能实现常住人口城镇化率目标。此外，在科技进步贡献率和研究与试验发展（R&D）经费投入强度方面也未能达到要求，缺乏战略性新兴产业。

（二）人民生活

苗族地区的人民生活总体上达到全面建成小康社会的基础标准。居民人均可支配收入远超翻一番的指标要求，特别是农村居民可支配收入增长较快，逐渐缩小了与城镇居民可支配收入的相对差距，城乡居民可支配收入比减少，城乡居民收入比降低到 2.7 以下。城乡居民住房条件改善显著，家庭人均住房面积达标率超过 60%。交通改善显著，城市每万人拥有公共汽（电）车超过 14 部，建制村通客车率 100%，超过 95% 的标准。教育和医疗保障提升，劳动年龄人口平均受教育年限超过 10 年，基本医保参保率超过 95%。恩格尔系数大幅下降，但由于发展起点问题，尚未下降到 30% 以下。外出务工青壮年参加养老保险热情不高，基本养老保险参保率、覆盖率未能达到 90%。每千人口执业（助理）医师数和每千名老年人口拥有养老床位数均未达标。

（三）三大攻坚

防风险、脱贫攻坚和防治污染三大攻坚战较好地达到了全面建成小康社会的要求。政府负债率远低于 40%；脱贫攻坚任务全面完成；防治污染各项限制性指标全面完成。

（四）民主法治

民主法治建设达到了全面建成小康社会的基本要求。每万人拥有社会组织数超过 6.5 个；人民陪审员参审率超过 78%，但每万人拥有律师数未达标。

（五）文化建设

文化建设较好地达到了全面建成小康社会的要求。由于文化旅游产业的发展，文化及相关产业增加值占地区生产总值比重大于 4%。由于文化基础设施建设增加，人均公共文化财政支出超过 180 元，“三馆一站”覆盖率达标。广播电视综合人口覆盖率超过 98.5%；行政村（社区）综合性文化服务中心覆盖率超过 95% 的指标要求，达到 100%。城乡居民文化娱乐消费支出占家庭消费支出比重大于 4.2%。

（六）资源环境

资源环境达到了全面建成小康社会的基本要求。森林覆盖率不断提高，远超过指标要求；地表水达到或好于Ⅲ类水体比例，大于 70%，农村自来水普及率超过 80%；城市建成区绿地率大于 33%；城市空气质量优良天数大于 80%。然而，农村卫生厕所普及率不足 80%，一般工业固体废物综合利用率相对较低。

总体上看，融水县在经济发展、人民生活、三大攻坚、民主法治、文化建设、资源环境方面的关键指标达到了全面建成小康社会的要求，但创新驱动、教育、卫生、司法人才、养老等方面的具体指标还有明显的短板，城乡差距还比较大。融水县全面建成小康社会指标完成情况显示，融水县的社会主要矛盾已经转化为人民日益增长的美好生活需要和不平衡不充分的发展之间的矛盾。为了共圆复兴梦想，融水县需要立足长远，深化改革开放，激发发展活力和经济发展新动能；实施乡村振兴，统筹城乡发展，推进县域经济高质量发展；加快补齐民生短板，不断满足人民美好生活需要。

广西侗族地区全面建成小康社会调查报告

覃丽丹*

侗族是岭南地区的世居民族。如今，侗族主要聚居在黔、湘、桂三省（区）交界及鄂西地区。广西侗族主要聚居在三江侗族自治县良口、洋溪、富禄、梅林、八江、同乐、老堡、独峒、林溪9个乡镇，融水苗族自治县的滚贝侗族乡及龙胜各族自治县的平等河流域和宝赠、乐江乡地灵、石甲一带。此外，还散居在罗城仫佬族自治县、融安县、柳州市、桂林市、南宁市及全区各地。由于广西侗族分布呈大聚居、小分散的特点，报告难以囊括以上全部区域，而是选择龙胜各族自治县、融水苗族自治县及三江侗族自治县的侗族为调查对象，其中以三江侗族自治县的侗族为重点进行论述。

三江侗族自治县（以下简称“三江县”）成立60多年来，始终坚持民族区域自治制度，人民当家作主的权利得到全面充分行使，经济社会发展得到快速发展，人民生活水平得到极大改善。但是由于侗族聚居区地处山区，经济基础薄弱，三江县仍属于国家级贫困县。2015年，国家实施精准扶贫以来，在国家帮扶、地方政府齐心协力和人民群众“撸起袖子加油干”精神的鼓励下，三江县的经济发展迅速，人民生活水平显著提高，三大攻坚成效显著，民主法治不断健全，资源环境得到进一步保护，离全面建成小康社会的目标越来越近。

---

❶ 覃丽丹，广西民族研究中心壮学研究部主任，助理研究员。

一、侗族地区全面建成小康社会的实现情况

（一）脱贫攻坚精准发力，贫困人口极速减少

自开展精准扶贫以来，三江县始终聚焦“两不愁三保障”总体要求，对照贫困县“九有一低于”[1]、贫困村“十一有一低于”[2]、贫困户“八有一超”[3]脱贫摘帽具体指标，坚持实行最严格的考核标准，依托本县的政策优势和资源优势，深入实施脱贫攻坚“三大提升行动”[4]，积极打响脱贫攻坚“四大战役”[5]，全力打好脱贫攻坚“五场硬仗”[6]，切实做到真扶贫、真脱贫、脱真贫。

2015年精准识别时，三江县贫困人口21 709户92 406人，贫困发生率为25.22%。经过2016年、2017年、2018年贫困人口动态管理，共脱贫12 446户54 146人。2019年，经“双认定”标识脱贫户8399户36 771人，全县未脱贫人口将降到1882户6974人，贫困发生率降到2.01%；全县原有贫困村86个，占全县169个行政村（社区）的50.89%，2017年按相关文件规定补充12个深度贫困村入列，全县贫困村总数上升至98个，占全县170个行政村（社区）的57.65%。2016年、2017年、2018年共实现35个贫困村摘帽。2019年，剩余贫困村63个，

---

[1] “九有一低于”：“九有”即有特色产业、有住房保障、有基本医疗保、有义务教育保障、有安全饮水、有路通村屯、有电视、有基本公共服务、有社会救助；“一低”即农村贫困发生率低于3%。

[2] “十一有一低于”：“十一有”即有硬化路、有水喝、有稳固住房、有电用、有服务设施、有电视看、有网络宽带、有医疗保险、有集体经济收入、有特色产业、有好班子；“一低于”即贫困发生率低于3%。

[3] “八有一超”：“八有”即有稳固住房、有饮用水、有电用、有路通自然村、有义务教育保障、有医疗保障、有电视看、有收入来源或最低生活保障；“一超”即家庭人均纯收入超过国家扶贫标准。

[4] “三大提升行动”：即“产业扶贫、就业扶贫、综合保障扶贫”三大提升专项行动。

[5] “四大战役”：即打好义务教育保障战役、打好基本医疗保障战役、打好住房安全保障战役、打好饮水安全保障战役。

[6] “五场硬仗”：即全力打好产业扶贫硬仗、全力打好易地搬迁硬仗、全力打好安全饮水硬仗、全力打好危房改造硬仗、全力打好矛盾化解硬仗。

摘帽 36 个贫困村，全县贫困村数量降到 27 个。[1]

（二）立足实际，着力发展特色产业，助推地方经济发展

广西侗族地区地处湘黔桂交界处，一直以来，工业基础十分薄弱，农业以传统农耕稻作为主。近年来，特别是 2015 年实施精准扶贫以来，当地政府立足实际，不断调整经济结构，经济实现了快速发展。据统计，三江县 2015 年实现地区生产总值 42.72 亿元，规模以上工业总产值 5 亿元；财政收入 3.28 亿元；全社会固定资产投资完成 65.88 亿元，社会消费品零售总额 19 亿元；城镇居民人均可支配收入 24 193 元，农民人均纯收入 6787 元。[2] 到了 2019 年，三江县实现地区生产总值 73.92 亿元；固定资产投资 48.60 亿元；财政收入 6.30 亿元；规模以上工业增加值 1.71 亿元；社会消费品零售总额 27.79 亿元；城镇居民人均可支配收入 31 110 元；农村居民人均可支配收入 13 572 元。[3]

2015 年，三江县立足实际，认真落实上级各项强农、惠农政策，出台《关于加快现代农业产业发展的决定》，推进特色产业发展。特别是重点抓好“两茶（茶叶、油茶）一竹”、种稻养鱼、林下经济、乡村旅游等生态产业发展，促进农业增效、农民增收。在坚持绿色发展理念的指引下，着力优体系、调结构、增效益、促增收，积极推进乡村振兴战略工作，促进全县农业农村经济社会持续健康发展。坚持践行乡村振兴战略，继续积极推进“两茶一木、种稻养鱼”特色生态产业不断提质增效，全力做强茶叶产业，重点支持连片规模新茶园建设。2019 年，完成粮食播种面积 20.06 万亩，实现总产 7.027 万吨，粮食生产继续保持稳定；茶叶新种面积 5540 亩，总面积 18.8 万亩，全年干茶总产量 1.46 万吨，产值 15 亿元，分别增长 6% 和 6.9%；“万亩茶叶扶贫产业园”完成土地流转 9100.24 亩；水果新种面积 1650 亩，总面积 4.1 万亩，全年总产量 1.5 万吨，产值 4200 万元，分别增长 8.5% 和 5.6%；完成稻田综合种养面积 7.66 万亩；蔬菜、肉类、水产等产品市场供给充足，其中蔬菜面积 12.04 万亩、产量 8.23 万吨、产值 1.4 亿元，肉类产

[1] 数据来源于三江侗族自治县扶贫办公室。

[2] 同[1]。

[3] 同[1]。

量18 265.68吨、产值4.6亿元，水产品产量4635吨、产值约1.5亿元。[1]农业产业结构进一步优化，茶叶、优质稻、特色水果、蔬菜及水产品等特色产业发展势头良好。畜牧业喜忧参半，受非洲猪瘟疫情影响，生猪产业受到冲击，同比下降11.74%；肉牛产业持续向好，同比增长25%。全县特色产业覆盖率达到96.7%，产业扶贫成效明显，有力助推全县精准扶贫和全面建成小康社会。在注重特色农产品种养的基础上，三江县注重全面提升产业质量和效益。2019年，全县创建绿色生态农业、有机农业示范基地6个；特色农业"三品一标"产品认证14个，其中绿色食品10个，有机产品3个，农产品地理标志1个；创建绿色茶叶基地12.8万亩；八江镇农业产业兴村强镇示范建设项目、三江稻田鲤鱼地理标志保护项目正在加快实施。创建并获广西现代特色农业核心示范区5个，其中，布央仙人山茶产业示范区5星级、斗江思欧油茶产业示范区3星级、侗天湖茶产业示范区4星级、三江稻渔综合种养示范区3星级、八江布代茗乡扶贫产业示范区3星级。获市级现代特色农业核心示范区1个、县级示范区7个、乡级25个示范园、村级示范点117个。特色农业品牌创建工作取得实效，中国早春第一茶"三江春""三江红"品牌初步打响，"三江高山稻鱼""三江高山鱼稻"生态绿色品牌创建有序推进，进一步加快了产业转型升级步伐。通过发展绿色生态农业，推动产业提质升级，特色产业优势更加凸显，实现了良好的经济、社会和生态效益。

除了大力发展特色农业，侗族地区还依托独特的民族文化优势，大力发展特色民族文化旅游业。特别是三江县因具有独特的侗族文化资源而被誉为"世界楼桥之乡""百节之乡""世界侗族木构建筑生态博物馆"。2019年，全县有鼓楼230余座、风雨桥200余座，首批"中国少数民族特色村寨"14个，侗族村寨入列中国世界文化遗产预备名录6个，国家级重点文物保护单位4处（程阳永济桥、岜团桥、马胖鼓楼、和里三王宫），国家级非物质文化遗产保护名录3项（侗族大歌、侗族木构建筑技艺、侗戏），自治区级非物质文化遗产保护名录31项，市级非物质文化遗产保护名录49项。全县共有4A级景区4个，3A级景区5个，全国农业旅游示范点1个，成功打造了"中国侗族在三江""中国侗族多耶节"等特色旅游品牌。获得了"全国旅游标准化示范县""全国文化先进县""中国最佳民族原生态旅游目的地""中

[1] 数据来源于三江侗族自治县农业局。

国民间文化艺术之乡”“全国文物保护工作先进县”“中国观赏石之乡”“广西特色旅游名县”“广西民间艺术之乡”“广西民间特色艺术之乡”“广西首批特色文化产业示范县”“广西文化先进县”“广西侗族文化（三江）生态保护区”等一系列荣誉，三江整体形象和美誉度不断提升。❶

正是基于以上独特的文化资源，三江县把旅游产业作为县域经济新的战略性支柱产业来部署，围绕“生态立县、旅游富民”的发展新思路和奋斗目标，举全县之力推进文化旅游产业发展，实施“旅游＋文化”融合发展的新路子。2019年，成功举办柳州市第二届文化旅游产业发展大会；2020年，承办由中宣部组织的“我们的中国梦”全国文化进万家活动启动仪式暨第十六届中国（柳州·三江）侗族多耶节系列活动，打造了以侗族文化为主要内容的大型实景演出《坐妹》《侗听三江》《侗恋程阳》等文旅演艺品牌。侗族大歌《侗不离酸》和芦笙合奏《鼓楼欢歌》参加广西全区“八桂群星奖”文艺会演总决赛，分别获得金奖和银奖；侗族大歌《侗不离酸》参加全国群星奖比赛，获最高奖“群星奖”。此外，还成功打造了一系列民俗文化节庆，如中国（柳州·三江）侗族“多耶节”、梅林“二月二”侗族大歌节、富禄“三月三”花炮节等，中国（柳州·三江）侗族“多耶节”被评为“中国十大最具民俗特色节庆”。这些活动充分展现了三江县“新融合、新亮点、新形象，推进文化旅游事业跨越发展”的大会主题，不断提升三江文化旅游影响力，并树立旅游文化品牌。如今，三江侗族自治县以丰富的文化展示、文艺表演、文化体验、文化交流为重点，成功打造了一批特色鲜明、文化内涵丰富、体验活动多样、设施配套便利、产业链条完整、更加亲民惠客的文化旅游品牌。据统计。2019年，三江县旅游总人数1000.55万人次，同比增长11.02%；社会总收入80.914亿元，同比增长11.16%。❷

（三）城乡协调发展，人民生活水平显著提高

三江县始终坚持集全县之能抓城乡发展，强化措施，完善功能，奋力破局，深入开展城乡建设科学规划，使城乡面貌焕然一新，城乡居民社会保障进一步健全。2019年，三江县城镇居民人均可支配收入31 110

❶ 数据来源于三江侗族自治县文旅局。

❷ 同❶。

元；农村居民人均可支配收入13 572元，有36个贫困村、7837户贫困户、34 321人贫困人口实现脱贫摘帽目标，城乡居民生活的幸福指数不断提高。❶

多措并举，不断扩大就业。三江县紧紧围绕“全民创业、促进就业”总体目标，多举措实施就业帮扶，不断加大劳务输出，促进就业转移，从而不断加大就业和再就业并取得了显著成效。据统计，2019年1—10月，三江县城镇新增就业人员420人，完成年任务800人的52.5%；失业下岗再就业人数227人，完成全年任务450人的50.4%；就业困难人员实现再就业71人，完成全年任务140人的50%；城镇登记失业人数170人，办理了《就业失业登记证》的有139人，城镇登记失业率控制在2.96%以内，低于全区全面建成小康社会统计监测指标体系城镇登记失业率3.0%。在扩大就业和再就业的基础上，三江县还开展了一系列就业援助活动，仅2019年上半年，开展就业援助月活动、粤桂协作就业帮扶春风行动9场，参会企业320家，提供岗位28 800个，现场达成就业意向864人，带动了全县广大劳动者转移就业的积极性。2019年1—10月，实现农村富余劳动力转移就业10 747人，其中赴广东务工4447人。此外，三江县还开发村级公益性岗位。2019年1月至10月底，全县开发公益性岗位2588人，共安置贫困人员1217人；搭建扶贫车间就业平台，努力建设劳务强县。截至2019年10月，全县共认定扶贫车间34家，直接带动就业人数1166人，其中贫困劳动力761人，间接带动就业人数3000余人。❷

社会保险扩面征缴进一步扩大。2019年，三江县五险扩面征缴人数和基金征缴收入任务较2018年均有所提高。2019年三江县在职参加城镇职工基本养老保险人数为9153人，完成当年扩面征缴任务9115人的100%，基金征缴收入4374.49万元；享受养老待遇6336人次，累计发放养老金13 179.12万元。全县在职参加机关事业单位基本养老保险人数为7564人，完成当年扩面征缴任务7561人的100%，基金征缴收入2258.54万元；享受养老待遇2942人次，累计发放养老金12 134.87万元。全县城乡居民基本养老保险参保人数为202 789人，完成扩面征缴任务203 023人的99.9%，

❶ 数据来源于三江侗族自治县政府办公室。

❷ 数据来源于三江侗族自治县人力资源和社会保障局。

其中缴费人数 122 049 人，领取养老金 49 675 人，共计发放养老金 6437 万元。全县参加失业保险人数为 92 971 人，完成当年扩面征缴任务 8600 人的 108%，基金征缴收入 377.67 万元，领取失业保险待遇 1158 人次，失业待遇支出 212.85 万元。全县参加工伤保险人数为 8499 人，完成当年扩面征缴任务 7196 人的 118%。基金征缴收入 127.75 万元，累计发放待遇 98 人次，基金支出 13.98 万元。在医疗保障上，三江县全力打好基本医疗保障战役，开展大病集中救治一批、慢病签约服务管理一批、重病兜底保障一批的“三个一批”行动。2019 年，全县贫困人口参保率 100%，家庭医生签约率 100%，一站式住院实际报销比例达到 90%，门诊特殊慢性病报销比例达到 80%。[1]

公共交通基础设施不断完善，“四建一通”工程建设稳步推进。近年来，三江县全力推进乡乡通二级（或三级）—县乡联网路工程，县、乡、村道路生命安全防护工程，危桥改造工程，畅返不畅工程。2019 年实施乡乡通二级（或三级）—县乡联网路项目共 4 项，总建设里程 68.982 千米；完成红线内征地 1984.85 亩，完成投资 12 607.52 万元。县、乡、村道路生命安全防护工程 13 项，总投资 2757 万元。危桥改造工程 3 项，总投资 323 万元。畅返不畅工程 2 项，整治里程 28.389 千米，总投资 984 万元。建制村通客车增加 7 个，涉及三江县富禄乡、独峒镇、老堡乡 3 个乡镇。[2]

城乡住房条件得到极大改善。近年来，三江县奋力打好住房保障战役，积极开展易地扶贫搬迁“百日冲刺行动”，2019 年完成 6361 套住房建设任务，已搬迁入住 6123 户 27 128 人，搬迁入住率 100%；自行拆除旧房 1403 户，自行拆除率 83.02%；完成复垦 1253 户，完成率 74.14%；危房改造开工 6519 户，开工率 98.3%；竣工 6276 户，竣工率 94.66%；棚户改造目标任务数为 330 套；基本建成保障性住房任务为 95 套；公共租赁住房建成交付使用要达到 100%。截至 2019 年 12 月末，分配入住率为 93.3%，其余已全部完成任务。

各级各类教育均衡发展。三江县始终秉持教育事业为民的初衷，全面推进各级各类教育发展。2019 年全县实施教育项目 129 个，总投资 9047 万元。

---

[1] 数据来源于三江侗族自治县人力资源和社会保障局。

[2] 数据来源于三江侗族自治县交通运输管理局。

全县共有中小学校240所，其中，小学42所，教学点179个，初中16所（其中九年一贯制学校1所），普通高中2所，特殊学校1所。在校小学生35 124人，初中学生16 771人，普通高中学生4690人。全县共有各级各类幼儿园111所（其中公办园51所，民办园60所）；入园幼儿10 528人，幼儿教师884人，其中专任教师506人（含在职在编教师人数51人）。全县在职在编教师3068名，其中义务教育段教师2712人，高中段教师293人，学前段教师51人，特殊学校教师12人。学前三年毛入园率达85.00%，义务教育巩固率达99.90%。[1]

（四）恪守民主法治之重，“平安三江”建设卓有成效

2019年3月，三江县完成了机构改革，县调节处理土地山林水利纠纷办公室和县法制办合并到县司法局，落实司法升级改造与公共法律服务体系建设，对全县9个司法所进行规范化建设，全县170个行政村社区设立法律顾问室。依托乡镇司法所服务平台建立乡镇公共法律服务工作站，开展人民调解、法治宣传、法律服务、社区矫正等各项工作。强力实施社区矫正和安置帮教工作，有效履行社会管理职能。据统计，三江县全年累计接收社区矫正人员1043人，累计解除社区矫正人员848人，在册社区矫正人员195人，对违反规定的社区矫正人员给予警告累计133人次，累计接受委托开展社区矫正调查评估285人次；累计提请撤销缓刑14人，实际已执行14人；社区矫正人员组织集中教育1693人次，个别谈话1121人次，进行心理辅导167人次，组织社区服务1617人次，发放定位手机执行社区服刑人员手机定位系统管理195人，矫正率100%，无重新犯罪现象发生；落实安置和帮教347人，安置率和帮教率均为100%；接收刑释人员348人，其中女性20人，男性328人，刑释人员中没有重新犯罪，保障了社会和谐稳定。为了各调解组织充分发挥“第一道防线作用”，积极调处各类矛盾纠纷，有效维护社会和谐稳定，开展人民调解员培训15次，村社区人民调解委员会每月开展排查矛盾纠纷两次，乡镇人民调解委员会每月排查矛盾纠纷1次。2019年三江县各调解组织调解各类纠纷共639件，调解成功627件，调解成功率为98%。此外，深化律师事务所制度改革，进一步加强律师工作和律师队伍建

[1] 数据来源于三江侗族自治县教育局。

设，打造专业化、规范化、品牌化律师事务所，进一步强化基层法律服务所职能作用，为维护人民群众合法权益、维护社会和谐稳定作出了重要贡献。同时，法律援助工作做到应援尽援，2019 年共受理了法律援助案件 159 件，受援人达到 159 人，为受援人获得各类赔偿及挽回损失 166 万余元。[1] 这些措施为侗族地区坚决打赢脱贫攻坚战提供了更加精准有力的法律服务和法治保障。

（五）公共文化服务健全，民族文化得到进一步传承和发展

三江县文化建设始终以提高公共文化服务水平为重点，以服务群众精神文化需求为落脚点，以创建国家全域旅游示范区为目标，以承办文化旅游节庆活动为契机，不断加强公共文化旅游基础设施建设，全力推动全县文化旅游大融合大发展，文化及相关产业增加值占地区生产总值比重逐年上升，“三馆一站”、广播电视综合人口覆盖率及行政村（社区）综合性文化服务中心覆盖率实现全覆盖。在公共文化设施健全的基础上，进一步传承和发展民族传统文化。

公共文化场馆实现向社会免费开放。按照《关于推进全国美术馆、公共图书馆、文化馆（站）免费开放工作的意见》的精神，自 2019 年起，三江县博物馆、图书馆及文化馆开始实行向社会免费开放。据统计，2019 年三江县博物馆、三江县侗族生态博物馆免费对外开放达 256 天，共接待国内外观众 13.5 万人次，其中未成年人 6.7 万人次。三江县图书馆每周开放时间达 56 小时以上，2019 年共接待各类读者总流通人次 46 871 人次，书刊外借 22 198 人次，33 196 册次。三江县文化馆开展多项免费开放文化服务项目，完成普及性的文化艺术免费培训 32 期，学员约 1000 人次；青少年暑期免费培训班 8 个班，培训学生 300 多人次；举办了一系列公益性展览；举行多场公益性大型群众文化活动等。[2]

不断强化优秀民族文化传承与发展。三江县通过开展各级非遗项目及项目代表性传承人申报活动、建立传承基地或传承点、举办多种形式的展示活动、开展培训班等多种渠道保护和发展非物质文化遗产，努力保护、传承和

[1] 数据来源于三江侗族自治县司法局。

[2] 数据来源于三江侗族自治县图书馆、博物馆、文化馆。

弘扬优秀的民俗文化；挖掘了侗戏、侗族刺绣、侗族打油茶、侗族百家宴、侗族款文化、侗族农民画、侗族器乐、侗族木构建筑、侗族抢花炮、侗绣等一批具有侗族特色的非物质文化遗产，建立了侗族大歌、侗族木结构建筑技艺、侗族农民画、侗绣等传承基地，培养非物质文化传承人。目前，“侗戏”被列为国家级非物质文化遗产保护名录；侗族刺绣等六项被列为自治区非物质文化遗产保护名录，有 16 人分别获得国家、自治区、市、县项目代表性传承人称号。非物质文化遗产传承人在传承和发展民族文化中发挥了重要的作用，他们走进培训班，走进校园展演，弘扬民族文化精髓。为了进一步传承和发展侗族文化，三江县联合桂黔湘三省四市六县申报侗族村寨世界文化遗产，制定《三江侗族村寨申报世界文化遗产保护与管理办法》。同时，做好自治区级侗族（三江）文化生态保护区工作，积极创建国家级侗族（三江）文化生态保护基地。

（六）加强资源环境整治，生态文明建设取得新成效

近年来，三江县立足于“生态立县”总目标，大力推进生态文明建设各项工作，完善环境监测制度，定期对空气质量、水环境质量、土壤环境及农村环境质量等进行监测；对建设项目严格把关，杜绝违反国家产业政策、浪费资源、严重污染环境和破坏生态的项目；对不符合审批条件的项目，坚决不予审批。基本完成了工业源、集中式污染治理设施、规模养殖场等重点污染源信息采集及修改工作，按照时间节点完成相应污染源普查工作。积极参与国家生态文明示范县申报工作，获得“国家生态文明建设示范县”“自治区卫生县城”等荣誉称号。

根据监测数据，多年来三江县城镇空气质量均达到国家空气质量二级标准，辖区内都柳江、寻江、融江干流三江段水质达到国家地表水环境质量Ⅱ类标准以上，饮用水源水质达标率为 100%，辖区内主要河流水质总体符合功能区要求。以三江县 2019 年的数据为例，在空气质量监测上，2019 年共监测 360 天，其中优良 348 天，轻度污染 10 天，中度污染 1 天，重度污染 1 天，因停电及设备故障无效天数为 5 天，空气质量优良率为 96.7%。PM_{10} 值平均浓度为 $50ug/m^3$，$PM_{2.5}$ 值平均浓度为 $34ug/m^3$，空气质量执行 GB 3095-2012《环境空气质量标准》中的二级标准。在主要河流水质量监测上，2019

年对三江县境内三条主要河流都柳江、寻江、融江进行了采样监测，在都柳江上的梅林乡、寻江上游三江县水厂处和融江的出境口丹洲分别设立了 3 个断面。梅林断面、丹洲断面、三江县水厂断面地表水全年监测 12 次，三江县河东水厂集中式饮用水全年监测 4 次。以上监测点地表水项目均达到国家 GB3838—2002《地表水环境质量标准》中Ⅱ类水质标准，水质达到地表水Ⅱ类标准以上。在污水处理上，开工一批污水处理项目，县城河东、河西污水治理项目目前已完成工程量 80%；富安大道至凤尾寨道路民高段目前已完成工程量 65%；五镇污水处理厂建设中的八江镇污水处理厂已竣工试运营，其余 4 个污水处理厂的建设正在有序推进。在城市供水上，依法严厉打击破坏水源林行为，投入 9200 万元实施县城供水取水口上移工程，保障县城居民饮水安全，城市公共供水普及率达到 99.5%，城市污水处理率达到 92.8%，各项指标完成情况均达到了要求。[1]

综上所述，侗族地区自 2015 年实施精准扶贫至今，贫困人口逐年减少，经济社会实现了突飞猛进的发展，人民生活水平逐年提高，民主法治逐步健全，文化建设蓬勃发展，生态文明建设卓有成效。

二、侗族地区全面建成小康社会面临的挑战与机遇

侗族地区立足丰富的自然资源和独特的民族文化资源，大力发展特色产业，经济社会取得了长足发展。但是在决战脱贫攻坚决胜关键时期、全面建成小康社会的紧要关头及乡村振兴的开启之时，依然面临着诸多的挑战。

三江县经济基础仍然薄弱，发展压力大；产业发展有待加强，特别是工业发展滞后，城镇化、产业化水平低，粗放型发展模式尚未完全转变；财政收入缺少财源支撑，财政收支压力大；脱贫攻坚任务艰巨。其中，最为突出的困难和问题是：一是经济基础薄弱，产业结构不合理。三江县第一产业增加值占地区生产总值比重逐年上升，比重过大；第二产业增加值占地区生产总值比重逐年下降，第二产业比较薄弱；第三产业增加值占地区生产总值比重逐年上升，第三产业发展势头较好，产业发展不平衡、产业结构不合理的问题十分突出。二是居民收入增速慢，全面脱贫摘帽形势依然严峻。随着经

[1] 数据来源于三江侗族自治县生态环境局。

济的发展，侗族地区城乡居民的收入水平虽然有了较大幅度的提高，侗族群众的生活水平得到极大改善，但由于基础薄弱，城乡居民收入仍处于较低水平，特别是农民人均纯收入总体偏低，与全面建成小康社会的指标要求还有相当一段差距。三是基础设施有待进一步完善。历经多年的脱贫攻坚，虽然侗族地区的基础设施建设不断完善，但是依然存在着交通路网不发达、公路等级低、公共文化基础设施相对滞后、设施建设配套不健全、规模偏小等问题。

然而，我们在看到挑战的同时，也应当看到侗族地区经济社会发展的机遇与优势。侗族地区独特的地理环境和人文环境，是其经济社会发展的重要资源。一方面，独特的地理环境使侗族地区历史上比较适合发展农业。随着水、电、路等基础设施逐步完善及水稻种植技术不断改良，侗族地区的农业逐渐从种植水稻转向其他经济作物，如茶叶、茶油、毛竹等。近年来，三江县依托自身资源优势，以“两茶一木，种稻养鱼”特色农业作为农民增收的主导产业，取得了很大的成效。另一方面，侗族地区依托自身区位优势、自然优势和文化优势，大力推动“文化＋旅游”融合发展，三江县在这方面作出了很多积极探索和实践，取得了良好的成效。

三、几点思考与启示

第一，抓好文化旅游这个最大的产业精品工程，全力推进第三产业加快发展。持续推进文化旅游大发展战略，加快发展全域旅游，促进产业优化升级。首先，以项目建设为抓手，坚持政府主导、企业为主、市场化运作的原则，深化与旅游公司业务实合作，实施整体打包、成片开发，实现互利共赢、企业与地方共同发展。其次，加快推进程阳八寨景区5A提升工程、丹洲景区提升工程、侗寨人家、布央茶山景区、鸟巢“百千万”工程、三江南站旅游集散中心、三江湾旅游综合体等重点旅游项目建设，完善功能区建设，提高旅游产业发展层次。再次，加快发展以生态休闲为主的乡村旅游，推进旅游扶贫村建设，探索发展民宿生态旅游，拓展产业发展领域，打造公路沿线的民族民俗生态旅游带。最后，依托“互联网＋”加大宣传推介力度，凝聚旅游人气，提高旅游市场占有率。当然，在进行旅游资源开发中，要持续开展旅游资源保护的一系列活动，严格执行旅游发展总体规划，最大限度保护好原生态旅游资源。

第二，抓好生态农业这个最大的增收增效工程，全力加快产业转型升级。坚持以打造广西重要茶叶基地、茶油基地和种稻养鱼基地为目标，持续推进生态产业大提升战略，提高农业发展的质量、效益和竞争力，带动更多农民增收。首先，要全面推进产业基地建设，围绕“两茶一竹”、种稻养鱼等特色产业，发展壮大产业规模。其次，加快产业化步伐，重点引进和培育龙头企业，规划建设农产品、竹木产品精深加工园区、特色生态农业产业园，延长产业链条，提高产品附加值。再次，充分发挥农产品地理标志的作用，如三江茶、三江茶油、三江稻田鲤鱼等，做大做强“三江春”“三江茶油”“三江高山鱼稻”“三江高山稻鱼”等品牌，做优效益。最后，推动农产品营销方式变革，加大特色产业与电子商务的融合力度，加快“互联网＋农业”发展，深化大数据在农业产业的创新应用，策划电子商务创业园，推进线上服务资源与线下产业资源深度融合，形成横向相连、纵向贯通的市场信息服务渠道，突破特色农产品销售瓶颈。

第三，抓好基础设施建设，全力加快全域经济社会发展。完善区域内的交通路网建设与改造升级，改善交通条件，夯实发展基础，有效提升农村公路建设、管护和运营水平，为实施乡村振兴战略、加快农业农村现代化提供有力的支撑。此外，要完善公共文化基础设施建设。随着人们生活水平的不断提升，人们对精神文化的追求不断提高，应当加大资金投入，建设或者改造公共文化设施和场馆，丰富人们的文化生活。

广西仫佬族地区全面建成小康社会调查报告

廖梦溪*

仫佬族是广西壮族自治区和贵州省的世居民族，也是我国人口较少民族之一。2010 年第六次全国人口普查的数据显示，仫佬族总人口为 21.6 万，其中广西有 17 余万人，占比超过 82%。广西仫佬族主要聚居于河池市罗城仫佬族自治县和柳州市柳城县古砦仫佬族乡，其中 80% 以上聚居在罗城仫佬族自治县的东门、四把、桥头、天河、小长安、黄金、龙岸等乡镇。

罗城仫佬族自治县（以下简称“罗城县”）是国家扶贫开发工作重点县、滇桂黔石漠化片区县和广西深度贫困县，也是全国 2020 年最后脱贫摘帽的 52 个县之一。2015 年，国家实施精准扶贫以来，广西仫佬族聚居区经济平稳较快发展，结构调整步伐加快，人民生活明显改善，社会事业稳步推进，发展能力逐步增强，民主法治不断健全，资源环境得到进一步保护，离全面建成小康社会的目标越来越近。

一、广西仫佬族地区全面建成小康社会的基本情况

（一）经济平稳较快发展，产业结构进一步优化

据统计，2015 年罗城县地区生产总值 42.44 亿元；规模以上工业总产值 16.5 亿元；规模以上工业增加值 4.3 亿元；财政收入 3.28 亿元；固定资产投资 28.28 亿元；社会消费品零售总额 16.33 亿元；城镇居民人均可支配收入 19 125 元，农村居民人均纯收入 5793 元。2019 年，全县实现地区生产总值 55.7 亿元，财政收入 5.36 亿元，增长 15%；固定资产投资增长 23%；规模

* 廖梦溪，广西民族研究中心历史文化研究部三级主任科员。

以上工业增加值增长1.8%；社会消费品零售总额22.6亿元；城镇居民人均可支配收入增长8.1%；农村居民人均可支配收入增长11%。[1]

1. 特色产业发展能力明显提升

狠抓油茶、糖料蔗、“三特”水果、桑蚕、肉牛等扶贫产业发展，产业规模不断扩大。2019年罗城县林下经济面积发展至115万亩、糖料蔗19万亩、油茶12万亩、“三特”水果15万亩、桑园8万亩；成功创建3个自治区级现代特色农业示范区；全县养牛总量达3.8万头，规模以上养牛企业（合作社）50多家；创建万亩油茶示范基地3个，油茶和“三特”水果千亩基地28个；“双高”（优质高产高糖）基地38个，现代特色农业示范区（园）累计达167个（其中自治区级3个）。[2]

2. 工业转型升级步伐加快

高帮山风电场开发、天龙泉酒业公司技改、九万山泉水、丰腾果业等一批“双百双新”重大产业项目建设扎实推进，2019年完成工业投资3.25亿元，同比增长44%。园区建设步伐加快，城东工业园、牛毕港工业园、民族工业园“一区三园”建设稳步推进，成为广西新认定的三个自治区A类工业园之一，园区实现总产值16.8亿元，引进亿元以上项目2个。新兴产业逐步发展壮大，酿酒、优质饮用水产值分别增长7%、10%。天龙泉公司实现产值3.5亿元，上缴税费5500万元，连续7年成为罗城第一纳税大户，总销售额和纳税金额名列广西白酒企业前茅；“九千万”山泉水连续11年成为中国—东盟博览会指定国宾饮用水。罗城县加大企业扶持力度，县财政安排3000万元设立新兴产业担保和工业信息化发展基金，累计为18家企业提供担保，获得贷款近2亿元，为7家承接“户贷企用”扶贫小额信贷的企业转办商业贷款1.1亿元，逐步缓解企业融资难问题。新培育“四上”[3]企业5家。[4]

[1] 数据来源于2016—2020年《罗城仫佬族自治县国民经济和社会发展统计公报》。

[2] 数据来源于《奋力谱写新时代罗城民族团结进步新篇章——罗城仫佬族自治县全面建设社会主义现代化经验交流材料》。

[3] “四上”企业：是规模以上工业企业、资质等级建筑业企业、限额以上批零住餐企业、国家重点服务业企业四类规模以上企业的统称。

[4] 数据来源于2020年《罗城仫佬族自治县人民政府工作报告》。

3. 民族风情旅游蓬勃发展

罗城县按照“一山一城带两江”[1]的发展格局，以仫佬族民俗风情为依托，以特种旅游项目为载体，大力发展旅游业，着力打好人文自然景观牌，将罗城旅游融入河池旅游及桂北旅游市场，努力建成广西知名的生态休闲度假旅游目的地，将旅游资源优势转化为经济优势。2019 年，总投资 3.5 亿元的罗城旅游扶贫项目——棉花天坑旅游度假区正式营业，“壮族三月三·相约游广西”文化旅游节河池主会场活动在该景区成功举办，景区累计接待游客 23.5 万人次，获得国家 4A 级旅游景区称号。2019 年，罗城全县接待游客总数 174 万人次，同比增长 29%；旅游总消费 21 亿元，同比增长 31%。罗城地质公园晋升“国家级”，小长安镇成为 2019 年全区新增的 9 个“广西养生养老小镇”之一。罗城自 2009 年举办首届仫佬族依饭文化节取得圆满成功后，“中国·罗城仫佬族依饭文化节”活动规模不断扩大，活动内容精彩纷呈，吸引了区内外众多媒体、游客和各界人士前来共襄盛会，罗城仫佬族依饭文化品牌的知名度显著提升，对当地旅游业发展和招商引资起到了极大的助推作用。[2]

4. 城乡区域统筹协调发展

2019 年，罗城县围绕国家战略和政策导向，加大项目谋划力度，列入自治区重大项目储备三年滚动计划项目 134 个，总投资 106 亿元。实施 53 个区市县级层面统筹推进重大项目，完成投资 37.7 亿元；总投资 1.8 亿元的 17 个中央预算内投资项目已全部开工，完成投资 1.67 亿元，获市级红榜通报。交通基础设施建设大会战再创佳绩，总投资近 72 亿元建设 5 条等级公路，总里程达 175 千米，高等级公路里程是 2016 年的 3 倍。融水至河池高速公路（罗城段）总投资约 56 亿元，罗城配套 11 亿元，到 2019 年底累计完成投资 32 亿元，在项目涉及县中进度最快；积极配合罗城四把至环江二级公路（罗城段）建设，累计完成投资 2 亿元；基本建成天河至宝坛二级公路；开工建设乔善至纳翁二级公路；推进四堡至融水三防三级公路建设，

[1] “一山一城带两江”：“一山”指以青明山为代表的完善森林资源旅游区域；“一城”指以凤凰古街、于成龙廉政文化为代表的仫佬族文化城——县城旅游区域；“两江”指以剑江、武阳江为代表的生态观光旅游区域。

[2] 数据来源于《罗城仫佬族自治县全域旅游发展规划》。

加快黄金至宝坛二级公路前期工作；“四好农村路”建设扎实推进，2019年“畅返不畅”整治工程项目全面完成。水利基础设施建设大会战深入推进，10个重点项目累计完成投资4.4亿元，占投资任务数的91%。大山水库工程累计完成投资3.03亿元；板阳东水库工程可研报告获自治区发改委批复；东小江纳翁乡河段、乔善乡左岸河段整治工程顺利完工。城乡建设呈现新面貌，城乡路升级改造工程全部完工，管道天然气工程、城区污水管网提升改造工程等一批项目加快推进。怀群镇百镇示范工程试点建设顺利完成。全面实施农村人居环境整治三年行动计划，完成166个“三清三拆”村屯整治任务；东门镇东勇村获评全国乡村治理示范村，是河池市获评的三个示范村之一。投入4200万元实施怀群镇泗岸村、四把镇龙马村等5个高标准农田项目，进一步改善农业生产和农民生活条件。❶

（二）人民生活水平逐年提高，生活质量进一步改善

据统计，罗城2015年城镇居民人均可支配收入19 125元，农村居民人均纯收入5793元；全县财政民生支出19亿元；城乡居民基本养老保险参保14.12万人。2019年，罗城城镇居民人均可支配收入25 063元，农村居民人均纯收入8931元，全县财政民生投入29亿多元，城乡居民养老保险参保17万人。❷

1. 教育事业不断发展

2019年，罗城投入4亿元推进县域义务教育均衡发展，全县教育基础设施进一步完善。其中，投资1.5亿元建成仫佬中学、罗城·深圳实验小学、凤凰小学。两年时间，罗城城区小学由原来的3所增加到5所，有效解决了城区小学大班额问题；投资1800万元在仫佬家园设立公办幼儿园一幼分园，解决搬迁幼儿入园难、入园贵问题。扩大乡村教师生活补助发放范围，提升乡村教师地位待遇。❸

2. 医疗卫生水平不断提升

2019年，推进健康罗城建设，建成“罗城全民健康信息平台”，实现分

❶ 数据来源于2020年《罗城仫佬族自治县人民政府工作报告》。

❷ 数据来源于2016—2020年《罗城仫佬族自治县国民经济和社会发展统计公报》。

❸ 同❶。

级诊疗、双向转诊医疗服务；罗城人民医院在河池市率先高分通过国家二甲医院复审；投资1.3亿元建成仫佬中医院并投入使用，所有行政村建成标准化卫生室，群众看病难、看病贵问题进一步缓解。❶

3. 社会保障体系不断完善

2019年，大力促进创业就业，城镇就业新增1177人，农村劳动力转移就业新增4076人，城镇登记失业率为2.3%。完善退役军人服务保障体系，超额完成退役军人和其他优抚对象信息采集工作；全区第一个按照上年度城镇居民人均可支配收入的100%兑现义务兵家庭优待金。❷

（三）创新扶贫模式，脱贫攻坚取得决定性进展

据统计，2019年罗城县实现2.39万人脱贫、32个贫困村出列，贫困发生率从10.4%降至2.2%。全国生态扶贫工作会议在罗城县召开，罗城县推普助脱贫经验入选广西精准脱贫攻坚典型案例，“两不愁三保障”水平全面提升，累计整合资金9亿元投入教育、医疗、住房、饮水、产业“五大战役”，给3.7万贫困学生发放教育资助补贴，积极控辍保学，没有一个学生因贫失学；贫困人口全面享受医疗保障“198”政策❸、县域内定点医疗机构住院“先诊疗后付费”服务，常住贫困人口家庭医生签约服务全覆盖；完成危房改造3865户（其中建档立卡贫困户2675户）；提前一年完成“十三五”易地扶贫搬迁任务，1.2万贫困群众全部入住新居；成立易地扶贫搬迁管理委员会，筹建仫佬家园街道办事处，各安置小区管理服务水平明显提升，搬迁户后续扶持工作走在河池市前列；建成饮水安全工程318个，受益人口8.6万人（其中贫困人口2.4万人）。❹

1. 创新生态扶贫模式

2019年，罗城县大力推进生态扶贫工作，取得生态保护与脱贫双赢的

❶ 数据来源于2020年《罗城仫佬族自治县人民政府工作报告》。

❷ 同❶。

❸ 医疗保障“198”政策：建档立卡贫困人口100%参加基本医疗保险，住院医疗合规费用实际报销比例达到90%，门诊特殊慢性病符合规定的门诊医疗费用实际报销比例达到80%。

❹ 数据来源于《罗城仫佬族自治县2019年度脱贫攻坚工作总结及2020年工作计划》，罗城县扶贫办提供。

阶段性胜利，成为全国典范。2015—2019年先后选聘有劳动能力的3300名贫困人口担任生态护林员，2850人以工代赈参与生态工程建设，实现生态补偿脱贫。推进生态产业扶贫，把近10万亩毛葡萄“赶上山”，有效治理石漠化面积22.5万亩，6000多名贫困群众走上生态脱贫之路。[1]

2. 创新产业扶贫模式

采取扶持主导产业强力引领、培育特色产业拓展增收、打造示范基地辐射带动、技术帮扶增强造血功能等举措，进一步推进产业扶贫开发工作。创建万亩油茶示范基地3个、千亩基地10个，“三特”水果千亩连片基地20个，“双高”基地38个，龙岸“金玉柚”示范基地成为全国最大的沙田柚扶贫产业基地之一。同时，为打通农产品销售“最后一公里”，充分发挥广西中欧鲜农电商公司等龙头企业带动作用，通过“互联网＋基地＋贫困户”模式，在电商线上及线下销售农特产品3500多万元，2016—2019年累计达1.2亿元，带动7000多户贫困户人均增收1400多元。[2]

（四）政府服务水平不断提升，综合治理取得新进步

全面完成机构改革任务。深入推进优化营商环境大整改大提升，建成新的罗城政务服务中心，县乡政务服务中心办结率、群众满意率均达100%；积极筹建“一呼百应”政务服务平台，创建更快更优的营商服务环境。“三去一降一补”[3]成果持续巩固，化解煤炭过剩产能9万吨；减免企业税款4155万元，减征社保费近2000万元，有效降低实体经济企业成本。深入开展“服务企业接待日”和解决民营企业突出问题百日攻坚行动，现场协调解决问题25件。农业农村改革稳步推进，土地承包经营权确权登记颁证率达100%；新型农业经营主体培育壮大，新增农民合作社、家庭农场104个。回收国有林场被侵占林地面积3800亩，超额完成目标任务。招商引资力度加大，罗城全县实际到位资金27亿元，新签约项目7个，计划总投资15.3亿元；产业招商有新突破，中国500强企业——新希望集团总投资13.5亿元

---

❶ 数据来源于《罗城仫佬族自治县2019年度脱贫攻坚工作总结及2020年工作计划》，罗城县扶贫办提供。

❷ 同❶。

❸ “三去一降一补”：指去产能、去库存、去杠杆，降成本，补短板，是供给侧结构性改革的五大重点任务。

的养殖项目落地小长安镇。[1]

（五）文化建设取得重大进展，精神文明建设深入推进

文体事业全面发展。2019 年，罗城举办“我和我的祖国”爱国歌曲合唱比赛等多场文艺演出，为庆祝中华人民共和国成立 70 周年献礼，服务群众 8 万人次。原创仫佬族舞蹈《砂陶心》在广西第十届音乐舞蹈大赛中荣获三等奖。展现罗城优秀儿女精神风貌的《山乡飘出五彩云》和讲述罗城故事的《三尖罗城》文集出版。精神文明建设有效开展，小长安镇罗东村、怀群镇获评自治区文明村镇，东门镇龙山村获自治区乡风文明示范村，罗城税务局获“全国民族团结进步模范集体”“自治区文明单位”等称号。健全社会保障体系，城乡居民养老保险参保 17 万人。

（六）大力推动绿色发展，持续巩固罗城生态优势

出台并严格执行县城区禁止燃放烟花爆竹的规定，开展建筑工地扬尘及渣土运输车辆整治工作，县城区环境空气质量优良率达 93.8%，城区空气质量不断改善；强化水污染防治，全面推行“河长制”，治理一批江河湖库“四乱”问题，辖区内主要河流地表水水质、县级集中式饮用水源地水质达标率均为 100%；扎实推进土壤污染综合治理，着力解决历史遗留重金属污染土壤问题。大力推进绿色发展，实施国家水土保持重点工程，治理水土流失面积 1.2 万亩；完成植树造林 3.3 万亩，森林覆盖率达 69.71%。天河镇上朝村等 52 个行政村获得河池市授予“市级生态村”称号。

二、全面建成小康社会存在的问题和困难

仫佬族地区经济社会发展仍然存在着一些不容忽视的问题。

一是仫佬族地区仍属于经济欠发达地区，经济基础薄弱，自主发展能力不足，对外开放度不高。2019 年人均地区生产总值为 17 983 元，与目标值翻一番还存在一定差距。

二是产业结构性问题依然存在，资源优势转化为经济优势能力不足，县域工业尚未发挥主导作用，民营经济发展迟缓。罗城县具有特色的仫佬族文

[1] 数据来源于 2020 年《罗城仫佬族自治县人民政府工作报告》。

化及各类人文自然景观未能充分转化为旅游发展热点，少数民族文化产业起步艰难。从实际情况来看，仫佬族地区的居民人均收入和消费水平较低，2019年居民人均可支配收入为13 845元，与目标值翻一番还存在一定差距。第二、三产业还没有得到充分发展，传统优势农产品产业链亟须向现代化、多维化、高端化发展。

三是城乡基础设施薄弱，对经济社会发展的承载力严重不足，招商引资困难；各类人才严重缺乏；创业创新文化环境尚未形成。尤其在教育、医疗方面，教师和执业医师严重不足，社会资源分布不均。仫佬族地区整体教师资源紧缺已经严重影响到教学工作的开展，是制约当地教育事业持续发展的重要因素。此外，教育资源分布不均，城乡教育发展不平衡，也已成为各地教育事业发展难以突破的瓶颈。城区学校的办学条件较好，大班额、超大班额情况相当普遍，而农村学校办学规模则越来越小。医疗卫生方面，制约医疗卫生事业发展的人才瓶颈问题始终未能得到根本解决，医疗卫生人才缺乏，素质不高，结构不合理，导致医疗卫生服务能力和服务水平不能充分满足群众的医疗保健需求。在基层医疗机构，引进人才难、留住人才难和培育人才难的“三难”问题十分突出。专业技术人员严重缺乏，人才流失较多，人才队伍出现断层，已经严重影响基层医疗卫生队伍的稳定及工作的正常开展。

三、全面建成小康社会未来发力点

“十三五”时期是全面建成小康社会的决胜阶段，广西仫佬族地区在全面建成小康社会过程中仍存在一些问题和短板。党的十九大的召开，进一步为全面建成小康社会指明了方向。接下来要继续贯彻落实习近平总书记打好“四张牌”（完善机制、选育队伍、搭建平台、优化环境）的要求，统筹推进“五位一体”总体布局和协调推进“四个全面”战略布局，坚持稳中求进工作总基调，坚持新发展理念，全面抓好“六稳”工作（稳就业、稳金融、稳外贸、稳外资、稳投资、稳预期），着力推动高质量发展，加速全面建成小康社会进程，确保基本实现全面建成小康社会目标，为下一阶段现代化建设奠定坚实基础。

（一）以扶贫产业发展为重点，提高农业农村发展水平

一是以产业发展为主导。坚持内生性扶贫理念，挖掘内部潜力，帮助贫困农户找门路、提技能、进市场，促进内源扶贫、内源发展，寻求新的扶贫增长点。加快培育贫困群众增收致富的支柱产业，大力发展核桃、毛葡萄、桑蚕、特色养殖、优质柑橘、糖料蔗六大扶贫主导产业。以政府扶持、企业带动为依托，推广“贷牛代养”“贷牛还牛”“联建联养”等新模式，推动肉牛产业升级发展。充分发挥400名产业发展指导员的引导作用，培育致富带头人468人。

二是妥善实施移民搬迁。按照方便群众、有利发展的原则，通过集中安置、分散安置相结合的方式进行移民安置。合理整合利用国家扶贫资金、涉农资金及社会扶贫资金，大力支持扶贫移民工程建设。与此同时，加强移民职业技能培训，确保每户移民家庭都有人掌握1门以上专业劳动技能，有人稳定就业。

三是做好易地扶贫搬迁后续扶持，确保群众“搬得出、稳得住、能发展、可致富”。成立了易地扶贫搬迁管理委员会，设立综合职能机构，强化易地扶贫搬迁后续管理。配套完善安置点的水、电、路、网等设施。完成了政务服务中心、中小学、医院等服务设施建设，切实解决群众就近就医就学等难题。创新发展“一千亩红心猕猴桃、一千亩毛葡萄、一千亩黄金百香果”3个“千亩千户”工程，实现每户搬迁户均有1份产业收入分红。在各小区配套建设篮球场、气排球场、阅览室等，定期开展文艺演出、电影进小区、志愿者服务等活动。在仫佬家园安置点设立公安派出所，组建小区联防队，常态化开展治安巡逻，加大矛盾纠纷协调化解力度。

（二）转变经济发展方式，加快产业结构调整

一是构建特色生态工业体系。大力发展天然山泉水、酿酒、制糖、新能源四大工业支柱产业；加快传统矿产业生态化升级转型；推进林产加工业、建林业、仫佬族民族医药等一批新兴工业加速发展。同时，强化产业园区绿色发展平台建设，发挥产业聚集效应，提升园区平台承载力。

二是加快生态农业发展。培育生态农林优势产业，以粮食、糖料蔗、毛葡萄、核桃为重点，建设一批优势突出的主导产业发展区，推进农产品规模

化、标准化、无公害化和产业化经营。

三是加快现代服务业发展。充分发挥当地仫佬族文化、喀斯特地貌、生态养生资源的特色优势，加快特色生态旅游、现代商贸物流、健康养老、金融服务、房地产、中介服务等现代服务业发展。

（三）着力保障和改善民生，促进各项社会事业全面发展

一是优先发展教育。继续加大教育基础设施建设力度，全面改善学校办学条件；深化教育教学改革，促进基础教育与学前教育健康发展，加强教师队伍建设，在师资培训、硬件改造、考核奖励等方面加大力度，进一步调动学校的积极性、主动性和创造性。

二是增加就业。积极实施更加灵活的就业再就业政策，多渠道开发就业岗位，鼓励自主创业、灵活就业，促进充分就业。扎实做好高校毕业生的就业引导工作，高度重视返乡农民工就业问题，认真完成新增城镇就业工作。

三是稳步推进安居工程。健全城乡住房保障和供应体系，扎实推进公共租赁住房、经济适用房建设，着力推进城镇棚户区改造，大力实施农村危旧房改造，切实改善人居环境。

四是深化医疗卫生体制改革，全面加强覆盖城乡居民的公共卫生服务体系建设，促进基本公共卫生服务均等化。坚改善医疗卫生条件，加大卫生基础设施投入力度。完善疾病预防控制体系、医疗救助体系和卫生监督体系建设，增强农村、社区医疗服务能力。

五是统筹各项事业发展。加快推进覆盖城乡居民的社会保障体系建设，全面实施新型农村社会养老保险政策，健全完善社会救助体系。深化文化体制改革，深入推进村级文化活动中心、农家书屋等惠民工程，促进各项社会事业全面发展。

（四）采取有效措施，建设高素质的人力资源队伍

一是解放思想，转变观念。少数民族由于历史原因和传统观念的影响，对知识改变命运的认识不足，忽视了教育在摆脱贫困中的巨大作用。因此，要通过各种媒体加强宣传教育，使政策和观念深入到广大偏远的少数民族聚居区，增加人们对外界的了解与认识，从而树立加强学习和接受教育的观念。

二是加强教育建设。要解决少数民族聚居区人才短缺的问题，从根本上就得依靠教育，走独立培养和人才“本土化”的道路，适当地招录本地人才。

三是搞好农村剩余劳动力转移。通过从根本上调整社会经济结构，改变少数民族聚居区城乡结构、产业结构落后的现状，大力发展非农产业，促进农村第三产业的发展；积极建设小城镇，有计划有组织地推进农村剩余劳动力转移，降低农业人口比重，加快城镇化进程。

四是制定积极的人才政策。营造和形成崇尚科学、尊重知识、重用人才的浓郁氛围。建立“发展智库”，与区内外高等院校、科研院所各专业高层次人才建立紧密联系，形成跨界合作群体，展开对主导产业的数据收集、案例研究和基地实践工作，着力培养急需紧缺人才和少数民族人才。

（五）倡导生态文明，改善人居环境

一是强化生态建设和环境综合治理。推动生产要素向产业园区集聚，加快工业园区工业废水集中处理及管网建设，加强产业园区污水、废气、废渣处理设施建设，大幅减少“三废”排放量；以保障公众健康和提高群众对环境质量的感受度为目标，坚持预防为主、综合治理。严防生态旅游景区的环境污染和生态破坏，坚持维护生态旅游与环境和生态保护的和谐，促进旅游产业的可持续发展。

二是发展绿色循环经济。将生态文明融入政治、经济、文化、社会建设各方面和全过程，努力实现经济效益和社会效益、生态效益的有机统一。在加快发展中保护好生态环境，建设绿色生态家园。以草地、湿地、生态示范区、森林公园和风景名胜区等自然生态系统的建设与保护为重点，加大生态水源林地保护，继续开展中小河流治理工程、小流域水土保持综合治理工程建设。

广西毛南族地区全面建成小康社会调查报告

黄润柏*

一、基本情况

毛南族是广西三个人口较少民族中的一个，主要分布在广西环江毛南族自治县（以下简称“环江县”）。环江县是国家扶贫开发工作重点县，也是全国唯一的毛南族自治县，全县有毛南族64 994人，占环江县总人口的17.12%[1]，约占全国毛南族总人口的70%。

环江县地处云贵高原南麓，境内峰峦林立，丘陵起伏，地形复杂，溶洞遍布。全县面积4572.31平方千米，地貌以山地丘陵为主，大石山区占51.91%，丘陵占42.12%，耕地面积36万亩。环江属于亚热带季风气候区，气候温和，雨量充沛，年降雨量在1500毫米左右，多集中在夏秋两季，但由于能蓄水的河流和山塘很少，因此常受到干旱的威胁。

环江县境内的毛南族主要聚居在下南、水源、川山、洛阳、思恩、大安、长美、明伦8个乡镇的72个行政村。这8个乡镇行政区域面积2918平方千米，占全县总面积的63.8%；耕地面积28.7万亩，其中水田面积17.4万亩，旱地面积11.3万亩。毛南族居住的区域大部分属于贫瘠的大石山区和高寒山区，灰岩、砂岩、页岩广泛分布，山岭绵延，自然灾害频发，生态脆弱。

环江毛南族传统上以种植旱地作物为主，辅以养殖业。旱地作物以玉米、红薯、黄豆等粮食作物为主，近年来桑蚕、甘蔗、水果等经济作物的种植逐渐发展起来。养殖业以养猪、牛、羊、鸡、鸭为主，其中环江菜牛、香

---

* 黄润柏，广西民族研究中心研究员。

[1] 2018年年底的统计数据，由环江毛南族自治县公安局提供。

猪闻名遐迩。环江菜牛又称“毛南菜牛”，其肉质鲜嫩，素有“肉中上品”之称。2008年，环江县荣获“中国菜牛之乡”称号。环江香猪属中国珍稀猪种，其味道清甜浓香，是九万大山独特珍品。2003年，“环江香猪”获国家颁发的原产地理标志注册证书。然而，菜牛、香猪养殖均未产生规模效益。

2020年5月前，环江县是广西28个国家级扶贫开发重点县之一，也是广西20个深度贫困县之一。长期以来，环江县经济社会发展明显滞后于广西区内大部分县市，且毛南族聚居的72个村滞后于环江全县平均水平。各级政府历来十分重视毛南族地区的发展，尤其是《扶持人口较少民族发展规划（2005—2010年）》《扶持人口较少民族发展规划（2011—2015年）》实施以来，是毛南族地区建设投入最多、群众受益最大的时期。“十一五”期间（2005—2010年），共投入扶持毛南族发展的资金6亿多元，实施基础设施项目2000多个；“十二五”期间（2011—2015年），投入扶持毛南族发展资金1.79亿元，实施扶持项目281个。进入“十三五”时期（2016—2018年），投入扶持毛南族资金1.82亿元，实施道路、桥梁、人畜饮水等扶持项目379个；2019年前4个月已实施扶持人口较少民族发展专项资金3606万元，项目实施点44个。这些扶持项目的实施和投入使用，极大地改善了毛南族地区的基础设施，促进了当地经济社会的发展，为毛南族地区全面建成小康社会打下了坚实的基础。

二、毛南族地区全面建成小康社会实现程度

根据广西壮族自治区统计局制定的最新《广西全面建成小康社会统计监测实施方案》（桂统字〔2019〕62号），广西全面建成小康社会监测体系分为《全区全面建成小康社会统计监测指标体系》和《市级全面建成小康社会统计监测指标体系》，监测内容包括经济发展、人民生活、三大攻坚、民主法治、文化建设和资源环境6个方面，53项指标。本报告将以市级监测指标体系作为参照。由于部分统计数据缺失，因此仅对毛南族全面建成小康社会指标中数据较为齐全的项目进行对比分析。当然，衡量全面小康社会建成与否，既要看量化指标，也要充分考虑人民群众的实际生活状态和现实获得感。

（一）经济发展指标

经济发展指标包括人均地区生产总值（2010 年不变价）、地区经济发展差异系数、服务业增加值占地区生产总值比重、常住人口城镇化率、互联网普及率指数（固定宽带家庭普及率、移动宽带及电话用户普及率）、科技进步贡献率、研究与试验发展（R&D）经费投入强度、战略性新兴产业增加值占地区生产总值比重、高技术产品出口额占出口总额比重、服务贸易占对外贸易比重 10 项指标，权重值 19。环江县的地区经济发展差异系数、科技进步贡献率、研究与试验发展（R&D）经费投入强度、战略性新兴产业增加值占地区生产总值比重、高技术产品出口额占出口总额比重、服务贸易占对外贸易比重数据无法取得，故未纳入数据分析。

1. 人均地区生产总值

从表 1 可以看到，2010 年，环江县人均地区生产总值为 9473 元，接近同期广西人均 9569 元的水平；2014 年环江人均地区生产总值为 12 857 元[1]，比 2010 年 9473 元增加 3384 元，4 年增长 35.72%；到 2019 年，环江县人均地区生产总值达到 19 572 元，实现了比 2010 年翻一番的小康目标。

表 1　环江毛南族自治县人均地区生产总值　　单位：元

类目	2010	2011	2012	2013	2014	2015	2016	2017	2018	2019
人均地区生产总值	9 473	11 665	11 055	11 991	12 857	15 497	16 181	18 316	18 441	19 572

资料来源：《环江毛南族自治县国民经济统计资料》（2010—2018 年）及环江统计局提供的数据。

2. 第三产业增加值占地区生产总值的比重

毛南族地区第三产业发展增长较快，占地区生产总值的比重快速增加。2014 年环江全县第三产业增加值 16.97 亿元，占地区生产总值比重 43.66%，到 2019 年，第三产业增加值达到 25.66 亿元，占地区生产总值比重 46.1%，实现了广西市级全面建成小康社会统计监测指标体系≥ 42% 的目标值。

需要说明的是，毛南族地区第三产业增加值占地区生产总值比重接近目标值，并不意味着当地第三产业的高度繁荣。从实际情况来看，毛南族地区

[1] 数据来源于环江毛南族自治县统计局。

第三产业并没有得到充分发展，特别是民族聚居区更是如此。例如，环江县毛南族主要聚居地下南乡，毛南族人口占98%，经济结构仍然以种植农业为主，第一产业比重大，90%以上的人口还在第一产业就业；第二产业主导地位未能确立，工业化水平较低，数量少、规模小；第三产业的发展正在规划、起步之中。

3. 常住人口城镇化率

从表2来看，毛南族地区城镇化率提高缓慢，城镇人口比重仍然比较低。2019年环江全县城镇人口比重31.97%，比2010年增长7.23个百分点，年平均增长仅0.8个百分点，仅实现目标值的59.2%。

表2 城镇人口比重（目标值≥54%） 单位：%

类目	2010	2011	2012	2013	2014	2015	2016	2017	2018	2019
城镇人口比重	24.74	26.01	27.75	27.90	28.68	—	—	30.70	—	31.97

数据来源：《环江毛南族自治县国民经济统计资料》（2010—2018年）及环江县统计局提供的资料统计。

事实上，毛南族聚居的地区，城镇人口比重还要低，如毛南族传统聚居地下南乡，2019年末全乡总人口18 710人，其中农业人口18 225人，占96.33%，城镇人口比重仅为3.67%，离全面建成小康社会目标值相差甚远，说明当地二、三产业不发达严重影响了农村劳动力非农化转移。

4. 互联网普及率指数（固定宽带家庭普及率、移动宽带及电话用户普及率）

根据环江县统计局提供的数据，2019年年末，全县总户数118 463户，常住人口284 600人，固定宽带用户普及率为64.21%，接近70%的目标值，而移动宽带及电话用户普及率达到了95.57%，率先实现了全面建成小康社会目标值（表3）。

表3 2019年环江毛南族自治县互联网普及率指数（目标值=100）

类目	用户数/户	目标值	普及率/%	实现程度/%
固定宽带接入用户	76 071	≥70	64.21	91.72
移动宽带及电话用户	271 980	≥70	95.57	136.53

资料来源：《环江统计年鉴》（2019），由环江县统计局提供。

（二）人民生活水平指标

“十三五”以来，环江毛南族聚居区大力推进民生建设，各项社会事业取得长足进步，公共服务水平不断提升，人民生活质量明显改善。

1. 城乡居民人均收入

“十三五”以来，环江县城乡居民人均收入大幅增加。由表 4 可知，与 2010 年相比，2019 年环江县城镇居民人均可支配收入达到 29 245 元，实现了翻一番的小康目标；农村居民人均可支配收入达到 10 927 元，是 2010 年的 3.22 倍，提前实现了小康目标。

表 4　环江县城乡居民人均可支配收入　　单位：元

年份	城镇居民人均可支配收入	农村居民人均可支配收入	城乡人均可支配收入
2010	14 528	3 398	8 963
2011	14 259	4 348	9 304
2012	16 990	5 594	11 292
2013	18 570	6 366	12 468
2014	20 240	6 970	13 605
2015	20 362	7 493	13 928
2016	23 066	8 122	15 594
2017	25 027	8 861	16 944
2018	26 979	9 907	18 443
2019	29 245	10 927	20 086

2. 城镇登记失业率

2010 年以来，环江县城镇登记失业率均维持在较低的水平，至 2019 年年底，全县城镇登记失业率为 2.71%（表 5），已达到全面建成小康社会统计监测指标目标值（≤ 5%）。

表5 环江毛南族自治县城镇登记失业率（目标值≤5%） 单位：%

类目	2010	2011	2012	2013	2014	2017	2019
失业率	4.20	3.80	2.83	2.75	2.74	2.88	2.71

3. 恩格尔系数

统计数据显示，“十三五”以来，环江城乡居民消费的恩格尔系数不断下降，到2019年年末，均已达到全面建成小康社会统计监测指标目标值（≤30%）（表6）。

表6 环江县城乡居民消费恩格尔系数（目标值≤30%） 单位：%

类目	2010	2011	2012	2013	2014	2017	2018	2019
城镇居民消费恩格尔系数	—	43.6	43.1	33.4	34.3	30.2	30.1	30
农村居民消费恩格尔系数	36.8	36.3	39	46.3	46.7	31.2	30.8	30

4. 城乡居民收入比

“十三五”时期，环江城乡居民收入差距逐步缩小，城乡居民收入比提前达到全面建成小康社会统计监测指标目标值（≤2.7）（表7）。

表7 环江毛南族自治县城乡居民收入比

类目	2010	2011	2012	2013	2014	2015	2016	2017	2018	2019
收入比	4.3	3.3	3.0	2.9	2.9	2.7	2.8	2.8	2.7	2.7

5. 公共交通服务指数

“十三五”时期，环江不断加快交通建设步伐，农村公路的通达率和通畅率明显提高，农村公路和公共交通的发展基本适应沿线群众的生产、生活需求。2019年年底，环江县148个行政村（社区）全部通班车，其中94个行政村（社区）已有客运班线，实现了建制村通客车率的小康目标值（≥95%）。

6. 平均预期寿命

由于没有获得完整数据，我们无法对环江县最近几年的人口平均预期寿命进行对比分析。但从环江县卫生部门提供的数据看，2010—2014 年，环江县人口平均预期寿命分别达到 77.3 岁、77.3 岁、77.5 岁、77.5 岁、77.8 岁，表明环江居民健康水平不断提高，居民平均预期寿命逐年增长，已提前达到全面建成小康社会统计监测指标目标值（≥ 76 岁）。

7. 每千人执业（助理）医师数

近 10 年来，环江县卫生人才队伍建设得到逐步加强。2019 年，环江县每千人拥有执业医师数 1.97 人（表 8），达到全面建成小康社会统计监测指标目标值（≥ 1.95 人）。

表 8　环江县执业医师人数 *　　单位：人

类目	2010	2011	2012	2013	2014	2017	2018	2019
医师人数	264	369	301	319	387	340	381	560
每千人口拥有执业医师数	0.97	1.35	1.09	1.16	1.40	1.21	1.34	1.97

*2015 年、2016 年无统计数据。

8. 基本社会保险参保率指数

基本社会保险参保率指数包括基本养老保险参保率、基本医疗保险参保率两项。近 10 年来，环江县加快推进覆盖城乡居民的社会保障体系建设，社会保险覆盖范围不断扩大。至 2019 年年底，基本养老保险参保率、基本医疗保险参保率均已提前达到并超过全面建成小康社会统计监测指标目标值（≥ 95%）（表 9）。毛南族聚居的下南乡，2019 年城乡居民社会养老保险参保率为 96%，城乡居民基本医疗保险参保率达 99.09%[1]，同样提前达到并超过了全面建成小康社会统计监测指标目标值。

表 9　环江毛南族自治县基本社会保险参保率　　单位：%

类目	2014	2015	2016	2017	2018	2019
基本养老保险参保率	—	96.8	99.47	99.22	98.50	99.46
基本医疗保险参保率	99.85	99.89	99.96	—	98.71	98.86

资料来源：根据 2014—2019 年《环江毛南族自治县政府工作报告》统计，2014 年基本养老保险参保率、2017 年基本医疗保险参保率无统计数据。

---

[1] 资料来源于《下南乡 2020 年鉴》，由环江县下南乡政府提供。

（三）三大攻坚

三大攻坚指标包括广义货币供应量与国内生产总值之比（M2/地区生产总值）、政府负债率、规模以上工业企业资产负债率、农村贫困人口累计脱贫率（现行标准）、主要污染物排放指数、污水处理指数、生活垃圾处理指数7项，权重值15。由于前三项及污水处理指数数据无法取得，故无法进行比对。

1. 农村贫困人口累计脱贫率

2015年以来，通过加强基础设施建设、强力推进脱贫攻坚各项措施，环江县县域综合实力逐步增强，基础设施得到明显改善，城镇及农村居民收入增加，贫困发生率明显下降，政府的反贫困努力取得了卓越成效。2015年年底，环江全县有60个贫困村，在册建档立卡贫困户1.84万户6.66万人，贫困发生率为17.79%，其中毛南族聚居的72个村有24个村属于贫困村，有贫困人口31 223人，占全县贫困人口的46.88%。经过精准扶贫，2018年年底，全县贫困村降到39个（包括16个较为贫困但未被列入贫困村的村落）贫困发生率降低至6.64%。[1] 其中毛南族聚居的72个村降低至6个贫困村，共有贫困人口8 276人，占全县贫困人口的36.63%。全县干部群众齐心协力攻坚克难，经过一年的努力，2019年环江全县减贫4873户17 288人，28个贫困村出列，贫困发生率降至1.48%。毛南族聚居的下南乡，长期以来贫困面大，贫困程度深。经过精准扶贫，大力发展扶贫产业，2018年，下塘村、堂八村、希远村、景阳村4个贫困村达到国家脱贫摘帽标准，实现脱贫摘帽；269户847人年内实现脱贫摘帽，全乡贫困发生率从2015年年底17.8%下降到3.67%。2019年下南乡最后两个深度贫困村古周村、才门村如期实现脱贫摘帽，173户524人贫困人口脱贫。截至2019年年底，下南乡内所有贫困村全部脱贫摘帽，未脱贫49户146人，2019年年底贫困发生率下降到0.78%。

2020年5月，环江县退出贫困县序列，综合毛南族脱贫情况，毛南族已实现了整族脱贫。环江县毛南族群众代表给习近平总书记写信，汇报当地

[1] 参见《关于环江毛南族自治县2018年国民经济和社会发展计划执行情况与2019年国民经济和社会发展计划草案的报告》，由环江毛南族自治县发展和改革局提供。

毛南族实现脱贫的喜悦心情。习近平总书记对此作出重要指示："得知毛南族实现整族脱贫、乡亲们生活有了明显改善，我感到很高兴。……希望乡亲们把脱贫作为奔向更加美好新生活的新起点，再接再厉，继续奋斗，让日子越过越红火。"❶ 毛南族的整族脱贫及总书记的重要指示成为举国轰动的重要新闻，成为激励着毛南族人民继续努力建设家乡的强大动力。

2. 主要污染物排放强度指数

主要污染物排放强度指数是反映随经济发展造成环境污染程度的指标，以单位 GDP 值所产生的污染物的数量计算。从环江县环保部门提供的数据看，到 2014 年，环江已实现小康社会全国统一目标值（100%）（表 10）。

表 10　环江县主要污染物排放强度指数（目标值 =100）　单位：%

类目	2010 年	2011 年	2012 年	2013 年	2014 年
指数	85.58	85.95	98.18	98.03	100

资料来源：环江毛南族自治县环保局提供。

从环江县环保局提供的具体指标数据来看，到 2014 年，环江县单位 GDP 化学需氧量（无误）排放强度为 22.38 吨 / 亿元（目标值≤ 27.7），单位 GDP 二氧化硫排放强度为 13.43 吨 / 亿元（目标值≤ 24.6），单位 GDP 氨氮排放强度为 2.24 吨 / 亿元（目标值≤ 2.78），单位 GDP 氮氧化物排放强度为 4.48 吨 / 亿元（目标值≤ 24）❷，可见其主要污染物排放量已达到全面建成小康社会全国统一监测目标值。

3. 城市生活垃圾无害化处理率

全面建成小康社会指标中，城市生活垃圾无害化处理率目标值是≥ 85%。我们没有获得最近几年的相关数据，但从环江县住建局了解到的情况来看，环江县垃圾无害化处理和回收利用工作成效显著。2010 年以来，环江县的城市生活垃圾无害化处理率已持续达标。近年来，环江县加大了城市和乡村生活垃圾无害化处理的力度。2019 年，下南乡环卫设施已覆盖 11 个村，有垃圾运输处理车 7 辆；乡人民政府驻地环卫工人 4 人，每天处理生活垃圾 5 吨；

❶ 习近平对毛南族实现整族脱贫作出重要指示［EB/OL］.（2020-05-20）［2021-05-01］. http: //www.gov.cn/xinwen/2020-05/20/content_5513228.htm.

❷ 数据由环江毛南族自治县环保局提供。

选聘村屯保洁员169名，发放保洁经费21.5万元；发放垃圾桶30个。[1]

（四）民主法治

民主法治指标包括基层民主参选率、每万人拥有社会组织数、人民陪审员参审率、每万人口拥有律师数4项指标，权重值8。我们没有获得每万人拥有社会组织数、人民陪审员参审率的数据，故仅对基层民主参选率、每万人口拥有律师数两项指标作对比分析。

1. 基层民主参选率

2019年，环江县基层民主参选率已实现全面建成小康社会统计监测指标全国统一目标值（≥95%）。早在2017年，环江县成立了县、乡（镇）、村（社区）三级“两委”换届选举工作领导小组和换届风气监督工作组，深入全县各村（社区）开展换届选举工作的业务指导。2017年9月，全县127个村、18个社区全部顺利完成了“两委”换届选举，选举产生了新一届村党支部班子成员780名，新一届村委会成员810名。当地群众的参政议政意识不断增强，基层民主参选率达到100%，提前达到并超过了全面建成小康社会统计监测指标全国统一目标值（≥95%）。

2. 每万人口拥有律师数

关于最近几年环江的律师人数，没有相关数据，但从环江县司法部门提供的数据中，2010—2014年环江全县每年拥有的律师人数均在8人至14人之间，每万人口拥有律师数仍不足1人。2020年，“每万人口拥有律师数”没有达到全面建成小康社会统计监测指标全国统一目标值（≥2.3人）。

（五）文化建设

“文化建设”指标包括文化及相关产业增加值占地区生产总值比重、人均公共文化财政支出、“三馆一站”覆盖率、广播电视综合人口覆盖率、行政村（社区）综合性文化服务中心覆盖率、城乡居民文化娱乐消费支出占家庭消费支出比重6项监测指标，权重值10。全县人均公共文化财政支出、行政村（社区）综合性文化服务中心覆盖率数据缺失，故不作分析。

---

[1] 数据来源于《下南乡2020年鉴》，由环江毛南族自治县下南乡政府提供。

1. 文化及相关产业增加值占地区生产总值比重

环江县第三产业发展缓慢，2019年全县实现地区生产总值555 954万元，比上年同期增长5.4%（按2015年不变价格计算）。其中，第一产业增加值205 955万元，增长10.0%；第二产业增加值93 429万元，增长7.3%，其中工业增加值增长3.5%；第三产业增加值256 570万元，增长0.8%；三次产业所占比重分别为37.0%、16.8%、46.1%；一、二、三产业分别拉动经济增长3.9、1.2、0.4个百分点；三次产业对地区生产总值的贡献率分别为71.4%、22.2%、6.5%。关于“文化及相关产业增加值占地区生产总值比重”我们没有取得具体的统计数据，但从第三产业在地区生产总值中的贡献率不足7%及实地调研情况来看，环江县第三产业尚不发达，文化及相关产业还处于起步阶段，规模小、发展缓慢，“文化及相关产业增加值占地区生产总值比重”离目标值（≥4%）仍有较大差距。

2. “三馆一站”覆盖率

“三馆一站”指的是美术馆、图书馆、文化馆和文化站。环江县目前没有美术馆，2019年年末有县级以上公共图书馆1个，文化馆1个，乡镇文化站12个，覆盖了全县12个乡镇。

3. 广播电视综合人口覆盖率

2019年年末，环江全县广播节目综合人口覆盖率为98.79%，电视节目综合人口覆盖率为99.96%。环江县广播电视综合人口覆盖率超过全面建成小康社会统计监测指标目标值（≥98.5）。

4. 城乡居民文化娱乐服务支出占家庭消费支出

2019年，环江城镇居民教育文化娱乐人均消费支出1942元，占总消费支出的10.8%；农村居民教育文化娱乐人均消费支出1560元，占总消费支出的16.7%[1]，“城乡居民文化娱乐服务支出占家庭消费支出”远远超过了小康目标值（≥4.2%），率先实现了全面建成小康社会目标，表明当地城乡居民的文化需求日益增长，消费观念不断发生变化，文化生活质量有所提高。

（六）资源环境指标

“资源环境”指标包括单位GDP建设用地使用面积（2010年不变价）、

[1] 数据来源于《环江县2019年经济社会发展统计公报》，由环江县统计局提供。

单位GDP用水量（2010年不变价）、单位GDP能耗下降率、非化石能源占能源消费总量比重、地级及以上城市空气质量优良天数比率、地表水达到或好于Ⅲ类水体比例、森林覆盖率、草原综合植被盖度、城市建成区绿地率、一般工业固体废物综合利用率、农村自来水普及率、农村卫生厕所普及率共12项监测指标，权重值20。其中，前四项及“草原综合植被盖度”“一般工业固体废物综合利用率”数据无法取得，故暂不纳入计算。

近年来，环江县持续深入推进蓝天、碧水、净土保卫战，积极加强生态文明建设。通过全面实行“河长制”“林长制”等措施，强化县域河道管理保护，有效整治江河湖库“四乱”问题；大力开展大气、水、土壤污染防治，深入开展城区扬尘专项治理攻坚行动，全面排查并整治县城区集中式饮用水水源地环境安全隐患；积极植树造林，2019年全县完成造林5万亩、义务植树50万株。经过全县干部群众的不断努力，当地资源环境得到了明显改善。

地级及以上城市空气质量优良天数比例。2019年，环江县城区空气优良天数333天，优良率达97.9%，实现了全面建成小康社会目标值（≥80%）。

地表水达到或好于Ⅲ类水体比例。2019年，地表水水质监测点合格率100%；集中式饮用水水源地监测水质合格率100%，全县地表水达标率100%，提前实现全面建成小康社会目标值（≥70%）。

森林覆盖率。环江县森林资源丰富，2010年以来，环江县的森林覆盖率均在65%以上，其森林覆盖率、木材蓄积量均居广西前列。2019年年底，全县森林面积为352.16千公顷，森林覆盖率达78.39%，已实现全面建成小康社会目标值。

城市建成区绿地率。近年来，环江县城区绿化美化成效显著，居民的生活环境得到了进一步改善。2019年年末县城区面积14.48平方千米，其中建成区面积10.39平方千米，绿化覆盖面积612.92公顷，绿化覆盖率40.8%，已实现全面建成小康社会目标值（≥33%）。

农村自来水普及率。2011—2015年，环江县全面实施改水工程，全县累计改水受益人口达36.93万人，农村改水受益率达到98.77%，共解决饮水不安全人口近17万人。为解决下南乡群众饮水难问题，环江县投入资金2500万元建设打狗河集中应急饮水工程，由打狗河抽水至希远村水厂再中转至乡府驻地，水厂包含净化处理、沉淀、蓄水等设施，2019 年正式投入使用，解决了下南乡政府驻地社区、中南村、波川村等村屯 1.2 万人的季节性缺水问题。2019 年，环江农村自来水普及率已达 100%，提前达到全面建成小康社会统计监测指标全国统一目标值（≥ 80%）。下南乡饮用安全自来水用户 5236 户，占全乡户数 100%，已实现全面建成小康社会目标值。

农村卫生厕所普及率。近年来，环江县农村卫生厕所普及率不断提升，相应的卫生设施逐步完善，广大人民群众养成了良好的卫生习惯，生命健康更有保障。2019 年，环江县农村卫生厕所普及率达到 94.1%，已提前达到全面建成小康社会统计监测指标全国统一目标值（≥ 85%）。2019 年，下南乡使用卫生厕所户数为 4451 户，占全乡总户数 85.01%，已实现全面建成小康社会目标值。

三、补短板，促发展，加快全面建成小康社会步伐

通过对毛南族地区关于全面建成小康社会监测指标的数据分析可以看到，毛南族聚居区在全面建成小康社会的实现程度上，各个指标实现程度参差不齐，但总体来说，人民生活提高改善明显，脱贫攻坚取得瞩目成就，资源环境各项指标实现程度较高。与此同时，一些指标在实现进程中遇到了困难和挑战，如经济发展上存在着经济基础薄弱、产业结构不合理、自主创新能力差、城镇化水平依然较低的问题；民主法制方面存在律师专业人才紧缺的问题；文化建设方面存在财政对公共文化支出不足、文化基础设施落后、文化产业发展落后的问题，等等。基于对以上的数据的分析和面临困难的总结，我们认为，当前应补短板，采取措施促发展，以提升县域综合实力，加快毛南族聚居区全面建成小康社会步伐。

（一）加大对毛南族经济社会发展的扶持力度

“十一五”以来，国家实施的扶持人口较少民族政策，对于加快毛南族地区脱贫致富奔小康起到了关键性的作用，建议继续加大财政转移支付力度，加大少数民族发展资金投入，重点扶持毛南族聚居区改善生产生活基础条件，发展特色优势产业，增加群众增收项目补助，拓宽增收渠道，加大农

村实用技术推广应用和人才培养，支持毛南族文化、教育、卫生、科技等社会事业发展，加强政策扶持，加强生态环境保护建设。

（二）调整产业结构，加快第三产业发展

首先，实施工业富县战略，做大做强生态工业产业，打造产业发展平台，加快现有工业园区建设；加快传统产业转型升级，延长产业链；加强对小微工业企业的扶持力度，在产业发展、创业孵化等方面加强对小微企业的帮扶。其次，发展特色农业，建立产销结合的农业发展模式，降低种养的风险，让农民免除后顾之忧，敢种、敢养，有收益。可引进实力雄厚的农业龙头加工企业到人口较少民族聚居地区从事农产品深加工，提升农业产业化、规模化水平，延伸农副产品产业链，提高其附加值，带动农业结构调整和农民增收。同时，要抓好现代特色农业（核心）示范区创建工作，特色农业还可与休闲观光旅游相结合。最后，发展具有民族特色的旅游业，打造民族特色景区。环江县拥有丰富的旅游资源，可打造一个专门的民族特色文化景区或街区，展示毛南族的特色文化，包括展示馆、民族特色文艺演出、民族特色餐饮、民族特色产品及其制作等。以民族民俗旅游为依托，结合自然景观、农业生态休闲旅游、健康养生旅游，拉长旅游消费产业链，既要吸引游客前来，还要让游客住得下来，玩得开心。

（三）加大基础设施建设投入，完善基础设施建设

改革开放以来，国家对毛南族聚居区基础设施建设的投入逐年加大，当地基础设施有了明显改善，但是毛南族聚居地区的交通、通信、信息化、医疗、教育、文化等方面的基础设施仍然滞后，不能满足当地经济社会发展的需要。由于毛南族地区多大石山区，地形复杂，投资、维护成本高，加上经济基础薄弱，财政收支不平衡，配套建设资金也很难落实到位，依靠自身很难解决基础设施不足的问题。因此，建议从国家层面给予长期的资金和政策倾斜与扶持，同时进一步鼓励各省对于毛南族聚居区的发展援助，更多向基础设施建设领域倾斜，以加快完善各项基础设施建设，提升毛南族聚居区经济社会可持续发展的能力。

（四）加大各级财政对文化事业投入的力度

首先，设立文化体育事业发展专项基金。由财政拨付文化体育事业发展专项资金，除了加大文化体育基础设施建设投入力度之外，用于繁荣文艺创作与理论研究、艺术教育培训、文化遗产保护、体育竞技人才培养、全民健身、老年体育重大节庆的举办等。其次，建立健全公共文化服务体系。坚持政府主导、社会参与、公共文化服务普遍均等原则，重点实施文化信息资源共享、互联网公共信息服务、农村数字放映、民族文化出版等工程。开展优秀村屯文艺队、农村文化示范户评选奖励活动，鼓励农民自办文化；行政村建成融教育、文化娱乐、信息服务、科学普及、体育活动等于一体的文化中心；创建农村公共文化体育服务实验区、民族和谐文化建设示范区等。

广西散杂居民族全面建成小康社会调研报告

农世杰　廖凌子*

彝族、仡佬族、回族、水族是广西的世居少数民族。相对于其他世居民族而言，这些民族在广西人口数量较少，因此分布分散，与壮、侗、苗、瑶、汉等其他民族杂居。在广西的彝族主要分布在隆林各族自治县（以下简称“隆林县”）的德峨、克长、者浪、岩茶等乡镇，以及那坡县城乡，百都、下华等乡镇，其余居住在西林、田林县内。2017 年年末，隆林县的彝族人口 3976 人[1]，占广西彝族人口总数近 1/2。仡佬族主要分布在隆林县的德峨、岩茶、克长、者浪、蛇场沙梨等乡镇。2017 年年末，隆林县的仡佬族人口 2806 人[2]，占广西仡佬族人口总数的 2/3。回族主要分布在桂林市各城区及灵川县、永福县等郊县，其中桂林市雁山区草坪回族乡是广西唯一的回族乡，回族人口 1971 人，占全乡总人口的 38%，是广西回族人口占比最高的乡镇。水族主要居住在河池市南丹县、宜州区、都安瑶族自治县、环江毛南族自治县和柳州市融水苗族自治县，其中融水苗族自治县有水族 4020 人，是广西水族人口最多的县级行政单位。

本报告以隆林县为研究对象，结合全面建成小康社会指标体系进行分析，采取定量研究的形式，准确把握当前广西彝族、仡佬族地区全面建成小康社会的进程。

回族、水族在广西呈现“大散居、小聚居”的分布形式，且多聚居在乡

---

* 农世杰，广西民族研究中心助理研究员；廖凌子，广西民族研究中心工作人员。

[1] 隆林各族自治县县志纂委员会 . 隆林年鉴（2018）[M]. 北京：方志出版社，2018.

[2] 同[1]。

或者村屯，因此本报告选取桂林市雁山区草坪回族乡，融水苗族自治县英洞村和北高村作为反映广西回族、水族地区全面建成小康社会的研究区域，采取定性研究为主、定量研究为辅的形式，分析、探究当前广西回族、水族地区脱贫攻坚和全面建成小康社会的情况。

一、广西彝族、仡佬族地区全面建成小康社会具体分析

广西彝族、仡佬族所在的隆林县作为少数民族地区、革命老区、边远山区、连片特困地区和水库移民区“五区合一”的贫困县，贫困面广、贫困程度深、扶贫难度大，是广西4个极度贫困县之一。经2015年年底精准识别和历年动态调整，全县管辖的16个乡（镇）180个行政村（社区）中共有贫困村97个、贫困户19 807户、贫困人口86 076人，贫困发生率为23.57%。经过4年的努力，通过产业、助学、搬迁、务工等精准扶贫方式，全县累计实现减贫17 588户78 247人，脱贫87个贫困村，贫困发生率下降至2.02%，在经济社会、民生建设、文化生活、民主法治、资源环境等方面都取得了可喜的成绩。

（一）广西彝族、仡佬族地区全面建成小康社会现状

根据《自治区统计局关于印发广西全面建成小康社会统计监测实施方案的通知》（桂统字〔2019〕62号），通过参照《全区全面建成小康社会统计监测指标体系》《市级全面建成小康社会统计监测指标体系》，广西彝族、仡佬族地区全面建成小康社会情况如下。

第一大类：经济发展。如表1所示，根据经济发展10项指标，第3项服务业增加值占地区生产总值比重和第5项互联网普及率指数中的移动宽带及电话用户普及率已提前实现。近年来，彝族、仡佬族地区着力提升信息化水平，实施“宽带隆林”建设，加快高速宽带网络发展。截至2019年，固定宽带家庭普及率已完成目标值的92%。人均地区生产总值距目标值还有一定差距，实现程度为68.8%。虽然常住人口城镇化率实现程度较低，但2017—2019年，常住人口城镇化率分别为25.14%、25.81%、26.03%，处于连续上升的趋势。

表 1 经济发展指标体系

<table>
<tr><th rowspan="13">第一大类：经济发展</th><th colspan="2">监测指标</th><th>目标值</th><th>2019 年</th><th>权重</th></tr>
<tr><td colspan="2">人均地区生产总值 / 元（2010 年不变价，2010 年人均地区生产总值为 11 105 元）</td><td>翻一番</td><td>15 283</td><td>3</td></tr>
<tr><td colspan="2">地区经济发展差异系数</td><td>≤ 0.45</td><td>满分</td><td>3</td></tr>
<tr><td colspan="2">服务业增加值占地区生产总值比重 /%</td><td>≥ 42</td><td>54.4</td><td>3</td></tr>
<tr><td colspan="2">常住人口城镇化率 /%</td><td>≥ 54</td><td>26.03</td><td>2</td></tr>
<tr><td rowspan="2">互联网普及率指数</td><td>固定宽带家庭普及率 /%</td><td>≥ 70</td><td>64.32</td><td rowspan="2">2</td></tr>
<tr><td>移动宽带及电话用户普及率 /%</td><td>≥ 70</td><td>100</td></tr>
<tr><td colspan="2">科技进步贡献率 /%</td><td>≥ 55</td><td>满分</td><td>1</td></tr>
<tr><td colspan="2">研究与试验发展（R&D）经费投入强度</td><td>≥ 2</td><td>暂无</td><td>0.5</td></tr>
<tr><td colspan="2">战略性新兴产业增加值占地区生产总值比重 /%</td><td>≥ 15</td><td>满分</td><td>0.5</td></tr>
<tr><td colspan="2">高技术产品出口额占出口总额比重 /%</td><td>≥ 15</td><td>满分</td><td>2.0</td></tr>
<tr><td colspan="2">服务贸易占对外贸易比重 /%</td><td>≥ 7</td><td>满分</td><td>2.0</td></tr>
</table>

注：地区经济发展差异系数、科技进步贡献率、战略性新兴产业增加值占地区生产总值比重、高技术产品出口额占总出口额比重、服务贸易占对外贸易比重 5 项指标县级暂不统计，为保持与市级、区级体系一致，保留以上 5 项指标，按满分计算。

第二大类：人民生活。人民生活类指标是衡量全面建成小康社会的重要参数。如表 2 所示，居民人均可支配收入、城镇登记失业率、基本社会保险参保率指数及公共交通服务指数中的建制村通客车率均已实现目标值。2019 年，彝族、仡佬族地区城乡居民的收入差距依然存在，城镇居民人均可支配收入为 32 508 元，同比增长 6.7%❶，较 2010 年的 16 151 元增长 101.27%，已实现翻一番的目标任务；农村居民人均可支配收入为 9972 元，同比增长 9.5%❷，较 2010 年 2899 元增长了 243.98%，是 2010 年的近 3.5 倍。但就增速而言，农村居民收入的增幅高于城镇居民，如持续保持农村人均居民可支配收入增速高于城镇居民可支配收入的发展形势，城乡居民收入差距将不断缩小。

❶ 数据来源于《隆林各族自治县 2019 年经济运行分析》。

❷ 同❶。

表 2　人民生活指标体系

<table>
<tr><td rowspan="17">第二大类：人民生活</td><td colspan="2">监测指标</td><td>目标值</td><td>2019 年</td><td>权重</td></tr>
<tr><td colspan="2">居民人均可支配收入 / 元（2010 年不变价）</td><td>翻一番</td><td>15 640</td><td>3</td></tr>
<tr><td colspan="2">城镇登记失业率 /%</td><td>≤ 5</td><td>3.8</td><td>3</td></tr>
<tr><td colspan="2">恩格尔系数 /%</td><td>≤ 30</td><td>—</td><td>3</td></tr>
<tr><td colspan="2">基尼系数</td><td>≤ 0.47</td><td>满分</td><td>1</td></tr>
<tr><td colspan="2">城乡居民收入比</td><td>≤ 2.7</td><td>3.26</td><td>2</td></tr>
<tr><td colspan="2">城乡居民家庭人均住房面积达标率 / %</td><td>≥ 60</td><td>—</td><td>2</td></tr>
<tr><td rowspan="2">公共交通服务指数</td><td>城市每万人拥有公共汽（电）车 / 台</td><td>≥ 14</td><td>5</td><td rowspan="2">1</td></tr>
<tr><td>建制村通客车率 / %</td><td>≥ 95</td><td>100</td></tr>
<tr><td colspan="2">平均预期寿命 / 岁</td><td>≥ 77</td><td>满分</td><td>3</td></tr>
<tr><td colspan="2">劳动年龄人口平均受教育年限 / 年</td><td>≥ 10</td><td>满分</td><td>2</td></tr>
<tr><td colspan="2">每千人口执业（助理）医师数 / 人</td><td>≥ 2.3</td><td>0.8</td><td>1</td></tr>
<tr><td colspan="2">每千名老年人口拥有养老床位数 / 张</td><td>≥ 35</td><td>2</td><td>1</td></tr>
<tr><td rowspan="2">基本社会保险参保率指数</td><td>基本养老保险覆盖率 / %</td><td>≥ 90</td><td>94.8</td><td rowspan="2">3</td></tr>
<tr><td>基本医保参保率 / %</td><td>≥ 95</td><td>98.75</td></tr>
<tr><td colspan="2">单位 GDP 生产安全事故死亡率 / %
（2010 年不变价）</td><td>≤ 0.1</td><td>满分</td><td>1</td></tr>
<tr><td colspan="2">制造业产品质量合格率 / %</td><td>≥ 93</td><td>满分</td><td>2</td></tr>
</table>

注：基尼系数、平均预期寿命、劳动年龄人口平均受教育年限、单位 GDP 生产安全事故死亡率、制造业产品质量合格率县级暂不统计，为保持与区、市级体系一致，保留指标，按满分计算。

第三大类：三大攻坚。由表 3 三大攻坚 7 项指标可看出，政府负债率已完成目标任务；主要污染物排放指数中“单位 GDP 二氧化硫”“单位 GDP 氮氧化物排放量”均远低于规定的排放量；农村贫困人口累计脱贫率的实现程度也超过 90%。按照《2020 年隆林各族自治县〈政府工作报告〉重点工作部门分工方案》“剩余的 10 个贫困村 7829 人全部脱贫出列”的工作要求，到 2020 年年末，该县的农村贫困人口累计脱贫率完成了 100% 的目标。2017 年，隆林县污水处理率达 98.5%，生活垃圾处理率达 100%[1]，已提前完成目标任务。

[1] 数据来源于《隆林各族自治县 2018 年政府工作报告》。

表 3 三大攻坚指标体系

<table>
<tr><td rowspan="13">第三大类：三大攻坚</td><td colspan="2">监测指标</td><td>目标值</td><td>2019 年</td><td>权重</td></tr>
<tr><td colspan="2">广义货币供应量与国内生产总值之比 / %（M2/ 地区生产总值）</td><td>≤ 2.0</td><td>满分</td><td>2</td></tr>
<tr><td colspan="2">政府负债率 / %</td><td>≤ 40</td><td>32.67</td><td>2</td></tr>
<tr><td colspan="2">规模以上工业企业资产负债率 / %</td><td>≤ 60</td><td>58.5</td><td>2</td></tr>
<tr><td colspan="2">农村贫困人口累计脱贫率 / %（现行标准）</td><td>=100</td><td>90.9</td><td>3</td></tr>
<tr><td rowspan="4">主要污染物排放指数</td><td>单位 GDP 化学需氧量（吨 / 亿元）</td><td>≤ 24.2</td><td>31.93</td><td rowspan="4">2</td></tr>
<tr><td>单位 GDP 氨氮排放量（吨 / 亿元）</td><td>≤ 2.5</td><td>3.70</td></tr>
<tr><td>单位 GDP 二氧化硫排放量（吨 / 亿元）</td><td>≤ 19.1</td><td>4.20</td></tr>
<tr><td>单位 GDP 氮氧化物排放量（吨 / 亿元）</td><td>≤ 19.1</td><td>0.11</td></tr>
<tr><td colspan="2">污水处理率 / %</td><td>≥ 85</td><td>已达标</td><td>2</td></tr>
<tr><td rowspan="2">生活垃圾处理指数</td><td>城市生活垃圾无害化处理率 / %</td><td>≥ 95</td><td>已达标</td><td rowspan="2">2</td></tr>
<tr><td>对生活垃圾进行处理的行政村比例 / %</td><td>≥ 90</td><td>已达标</td></tr>
</table>

注：广义货币供应量与国内生产总值之比（M2/ 地区生产总值）县级暂不统计，为保持与广西体系一致，保留该指标，按满分计算。污水处理率和生活垃圾处理指数已于 2017 年实现目标值，故按已达标计算。

第四大类：民主法治。在民主法治类的 4 项指标中，“基层民主参选率”“人民陪审员参审率”均已实现，其余两项尚未达到市级全面建成小康社会统计监测指标体系目标值（表 4）。

表 4 民主法治指标体系

	监测指标	目标值	2019 年	权重
第四大类：民主法治	基层民主参选率 /%	≥ 90	100	3.5
	每万人拥有社会组织数 / 个	≥ 6.5	1.86	0.5
	人民陪审员参审率 /%	≥ 78	100	3.5
	每万人拥有律师数 / 人	≥ 2.3	0.2	0.5

第五大类：文化建设。文化建设是丰富城乡居民生活的重要途径，根据表 5 文化建设 6 项指标可看出，“三馆一站”覆盖率、行政村（社区）综合

性文化服务中心覆盖率、城乡居民文化娱乐消费支出占家庭消费支出比重指标均已达到目标值，广播电视综合人口覆盖率暂时未达到目标值，但实现程度已高达98.5%。

表5　文化建设指标体系

	监测指标	目标值	2019年	权重
第五大类：文化建设	文化及相关产业增加值占地区生产总值比重/%	≥4	—	0.5
	人均公共文化财政支出	≥180	134.33	1
	“三馆一站”覆盖率/%	=100	100	2.5
	广播电视综合人口覆盖率/%	≥98.5	97	3
	行政村（社区）综合性文化服务中心覆盖率/%	≥95	98	2
	城乡居民文化娱乐消费支出占家庭消费支出比重/%	≥4.2	6	1

第六大类：资源环境。如表6所示，资源环境类12项指标中，非化石能源占能源消费总量比重、地级及以上城市空气质量优良天数比率、地表水达到或好于Ⅲ类水体比例、一般工业固体废物综合利用率均完成了目标任务。广西彝族、仡佬族地区力争在2020年实现创建国家卫生县城的目标，为此，定期开展农村生活饮用水水质卫生监测，2018年和2019年自来水普及率分别达到了85%和90%。广西2017年实施“美丽广西·宜居乡村”活动，其中“改厕改厨”是基础便民专项活动的重要组成部分，彝族、仡佬族所在的隆林县扎实推进农村改厕工作，实行每户补助1200元，对农村厕所实施无害化卫生厕所改造，农村卫生厕所普及率显著提高。

广西彝族、仡佬族地区树立“绿水青山就是金山银山”的理念，以改善环境为主线，加快推进生态建设。具体做法有：推进重点生态工程建设，大幅度提高森林面积和森林质量；强化环境保护基础设施建设，推进工业废水和城乡生活污水治理、垃圾无害化处理；加强大气污染治理和固体废弃物、农业面源污染防治，加大农村环境集中连片治理力度；执行环境影响评价制度，严格项目准入许可；实行最严格的环境保护制度，落实能源和水资源消耗、建设用地等总量和强度双控行动；推进循环经济发展，加快建立循环型工业、农业、服务业体系。

表 6 资源环境指标体系

	监测指标	目标值	2019 年	权重
第六大类：资源环境	单位地区生产总值建设用地使用面积（公顷 / 亿元）（2010 年不变价）	≤ 68.5	—	2
	单位地区生产总值用水量（立方米 / 万元）（2010 年不变价）	≤ 128	—	0.5
	单位地区生产总值能耗下降率 / %	与百色市保持一致	3.18	2
	非化石能源占能源消费总量比重 / %	≥ 21	满分	2
	地级及以上城市空气质量优良天数比率 / %	≥ 80	97.8	2
	地表水达到或好于Ⅲ类水体比例 / %	≥ 70	100	2
	森林覆盖率 / %	≥ 62.5	71.78	2
	草原综合植被盖度 / %	≥ 56	满分	2
	城市建成区绿地率 / %	≥ 33	—	1
	一般工业固体废物综合利用率 / %	≥ 73	80	0.5
	农村自来水普及率 / %	≥ 80	已达标	2
	农村卫生厕所普及率 / %	≥ 85	已达标	2

注：非化石能源占能源消费总量比重和草原综合植被盖度在县级暂不统计，为保持与市级、区级体系一致，保留该指标，按满分计算。

（二）广西彝族、仡佬族地区全面建成小康社会指标实现情况

由于广西彝族、仡佬族地区所在的隆林县行政区划级别属于县级，而区级和市级指标的目标值是根据区、市的经济、社会、民生、文化、生态等实际情况来制定的，且现阶段隆林县所在百色市没有形成系统的县级全面建成小康社会统计监测指标体系，因此县级参照区、市级指标目标值来衡量全面建成小康社会的进展情况具有较高难度。但对照《全区全面建成小康社会统计监测指标体系》《市级全面建成小康社会统计监测指标体系》的要求，该地区过半的指标已经达到了市级甚至是区级的目标值，打赢脱贫攻坚仗已取得阶段性胜利。

如表 7 所示，在六大类指标体系中，民主法治已实现的目标值占权重比例最高，达到 87.5%，可见广西彝族、仡佬族地区群众能直接行使民主权利，依法进行自我管理、自我服务和自我发展，人民享有的民主权利得到保

障。除此之外，三大攻坚、资源环境已实现目标值所占权重比例达 73.3% 和 72.5%，经济发展和人民生活两类指标达标的权重比例均在 60% 以上。

表 7　广西彝族、仡佬族地区全面建成小康社会指标统计

项目	指标总数	现阶段完成指标数	完成率 / %	权重	已实现目标值权重 / %	已实现目标值权重占项目权重比例 / %
经济发展	10	6.5	65.0	19	12.5	65.8
人民生活	14	8.5	60.7	28	19.5	69.6
三大攻坚	7	5.5	78.6	15	11.0	73.3
民主法治	4	2.0	50.0	8	7.0	87.5
文化建设	6	4.0	66.7	10	5.5	55.0
资源环境	12	8.0	66.7	20	14.5	72.5
合计	53	34.5	65.1	100	71.0	71.0

注：未提供的指标数据均按照未完成计算。

在 53 个指标中，广西彝族、仡佬族地区已达到目标值的指标已经过半，其中经济发展、三大攻坚、文化建设、资源环境四大类指标完成程度较高，且经济发展中“固定宽带家庭普及率”，三大攻坚中“农村贫困人口累计脱贫率”，文化建设中“广播电视综合人口覆盖率”等 3 项指标在 2019 年就已实现目标值的 92.0%、90.9%、98.5%，完成程度均已达 90% 以上。由此可见，在地区经济发展、防范化解重大风险、精准脱贫、污染防治、文化基础设施建设、生态环境保护等方面，广西彝族、仡佬族地区又好又快地完成了目标值，脱贫攻坚取得了显著成效。

（三）广西彝族、仡佬族地区决胜全面建成小康社会的短板及解决策略

1. 广西彝族、仡佬族地区全面建成小康社会短板分析

（1）城乡收入差距较大

城乡居民收入是衡量全面建成小康社会的核心指标。长期以来，广西彝族、仡佬族地区的城乡居民收入比较单一，主要以工资性收入和转移性收入为主，但城镇居民的工资性收入和转移性收入远超过农村居民，而经营性收入作为农村居民的增收途径，受到农业规模、产量和劳动力的制约，增收效果不佳。2019 年，该地区传统农业由于受耕地面积和种植面积限制，产量、

产值基本定型，难有大幅度增长；传统特色产业渔业、烤烟、蚕茧均有下滑趋势；新特色产业规模较小，不能有效带动大部分农户参与。现阶段，城乡居民收入比目标值相差 0.56。城乡收入差距过大，意味着城乡经济发展不协调，长此以往，将成为影响地域经济发展的不利因素。

（2）民生问题仍旧突出

目前，广西彝族、仡佬族地区的医疗卫生、公共交通服务、农村教育等方面的民生问题较为突出。在医疗卫生方面，“每千人口执业（助理）医师数”仅为 0.8，距全面建成小康社会的目标值较远；“每千名老年人口拥有养老床位数”只有 2 张，距全面建成小康社会目标值相差 33 张。在公共交通服务方面，虽然建制村通客车率已达到 100%，但“城市每万人拥有公共汽（电）车”只有 5 辆，仅完成目标值的 35.7%。在农村教育等方面，农村小学教师队伍普遍存在老龄化、发展动力不足、内驱力不够的问题，教师资源和校舍建设相对落后。

（3）工业基础薄弱，对资源依赖程度高

广西彝族、仡佬族地区的工业经济基础薄弱、结构单一，且该地区的工业以高耗能工业企业为主，工业耗能高是造成该地区单位 GDP 化学需氧量和氨氮排放量较高的重要原因之一，距目标值分别相差 31.9% 和 48.0%。2019 年，该地区规模以上工业总产值同比下降 15.5%，其中，规模以上工业在库企业 23 家，总产值较上年下降的有 18 家，占在库企业 78.3%。从企业减产、停产原因看，存在经济发展对资源的依赖程度偏高、自主创新能力弱等问题。受环保政策影响，部分企业停槽技改，部分企业停产；同时受电价及原材料上涨等因素影响，大部分企业停产减产。

2. 广西彝族、仡佬族地区决胜全面建成小康社会的路径

（1）打破城乡二元经济结构壁垒

城乡二元经济结构，是造成城乡发展失衡、机会不均等的主要原因。打破二元经济结构壁垒，是实现城乡一体化、农村现代化的关键。因此，要实现广西彝族、仡佬族地区城乡良性互动，逐步减少农村人口，增加城镇人口，转移农村剩余劳动力，转变生产增长方式，提高劳动生产率，优化第一产业结构，促进第二、第三产业的发展，从而提高经济效益和社会效益。具体来说，一是加快推进农业产业化，繁荣农村经济。要改变传统产业布局，

拓宽农业发展领域，推进现代特色农业核心示范园区、脱贫奔康产业园建设，做大做强油茶、板栗、桑蚕、西贡蕉、百香果、中草药、林下养鸡、黑猪、黄牛、山羊等特色种养产业和龙头农业产业，培育壮大新型农业经营主体，带动农业结构优化，提高农民收入。二是深化户籍制度改革，完善流动人口管理，加快城镇化进程。三是促进彝族、仡佬族地区的城镇和乡镇企业的结合，形成合理的城镇体系，促进城乡协调发展。

（2）稳就业保民生

稳定农村居民就业，尤其是农村贫困劳动力的就业，是当前最直接、最现实的脱贫之策，也是实现全面建成小康社会的重中之重。广西彝族、仡佬族地区可采取以下措施稳就业：一是加快深圳·隆林易地扶贫搬迁城西安置点“扶贫车间”就业产业园的建设，解决搬迁贫困户就近就业、生计等问题，促进易地扶贫搬迁群众增收致富。二是做好隆林鹤城新区易地搬迁安置点隆泰电子有限公司就业扶贫车间、文创电子科技有限公司就业扶贫车间、天生桥黄金百香果脱贫奔康产业园、隆林扶贫产业园达江电子科技有限公司等现有扶贫车间的贫困群众就业工作。三是与贵州、广东等地合作，建立长效贫困劳动力输出帮扶机制，同时，为返岗复工的贫困群众提供交通补贴和就业稳岗补贴，鼓励贫困人民外出务工。四是继续做好农村劳动力资源调查和返乡人员调查，有针对性地提供就业信息和就业技能培训。

（3）产业结构优化升级，探索新型工业化道路

按照高质量低污染发展的新要求，推动工业转型升级，构筑经济发展新支撑。一是加快建设发展平台。强力推进桂黔（隆林）产业合作园区项目，支持核心企业整体开发桂黔（隆林）经济合作产业园区；建设入园大道、污水处理项目等基础设施；抓好园区招商，重点引进铝深加工、农产品深加工、林产品深加工、石材深加工等区内外实力强的知名企业入驻园区。二是尽快完善轻工业园区基础设施建设，积极盘活闲置厂房和土地，助力铝深加工产业发展，推进铝产业转型升级。高位推动百矿煤电铝一体化项目，着力抓好金联胜特种线缆项目，协调推动翔吉公司参与市场增量电量交易，启动原桂鑫公司电解铝就地合作技改。三是继续推进重点企业达产增效。保持隆林全县规模以上企业正常生产，做好潮韵木业公司、昌隆服装厂、创胜公司3家企业的规模以上培育。主动争取上级支持，积极实施黔电、滇电入桂政

策，充分发挥自主支配电量降低实体企业生产成本的作用。

（4）补齐短板达目标

建议重点围绕医疗卫生、教育、为民办实事等方面开展工作。一是提升医疗服务水平。推进基本公共卫生服务、家庭医生签约服务全覆盖；加大乡村医生培训管理，提高医疗卫生整体服务水平；加快改造隆林社会福利院，促进养老服务设施升级。二是优先发展教育事业。以义务教育均衡发展“国检”验收为契机，合理调配教育资源，确保农村师资力量，加大教师队伍人才引进；加大学校管理力度，加快消除县城区“择校热”“大班额”问题，提高教育教学质量；完成农村义务教育学校校舍维修改造等项目建设。三是继续实施为民办实事工程。财政、人社、卫健、教育、住建等相关部门通力合作，继续推进办好社保惠民、健康惠民、教育惠民、水利惠民、安居惠民、农补惠民、生态惠民、文化惠民、扶贫惠民和科技惠民 10 大类项目。

二、广西回族地区全面建成小康社会具体分析

据第六次全国人口普查统计，广西全区有回族 30 741 人，主要分布在桂林市、柳州市和南宁市。其中，桂林市有回族 18 048 人，是广西回族人口最多的城市，主要分布在桂林市各城区及灵川县、永福县等郊县。广西的回族呈大散居，小聚居的形式，大部分与壮、汉等民族杂居，分散居住于城市各社区。本报告主要针对相对聚居的回族乡村进行全面建成小康社会的调查。

桂林市雁山区草坪回族乡是广西唯一的回族乡，截至 2017 年，草坪回族乡辖 3 个村委会、1 个居委会、11 个自然村，总人口 5187 人，其中回族人口 1971 人，占总人口的 38%，是广西回族人口占比最高的乡镇。

（一）经济快速发展

桂林市将草坪乡作为全市乡镇扶贫点的重中之重，实行特殊扶持政策。随着政策的落实和生产条件的不断完善，草坪乡农业产业结构调整步伐加快，逐步走上高效、高产、优质农业的发展路子，陆续发展起银杏、沙田柚、月柿、无核黄皮果等名优水果基地及蔬菜基地，并招商引资成功开发了漓江沿岸的冠岩景区、田园观光休闲农庄等一批规模较大的旅游项目。

党的十八大以来，草坪乡经济发展步入了快车道，在各项经济政策的实

施下，其底子薄、贫穷落后的山乡面貌发生了翻天覆地的变化，人民走上了快速致富的康庄大道。2012 年 11 月草坪乡提出“建设草坪休闲旅游主题小镇”这一目标；2013 年 8 月，适逢桂林建设国际旅游胜地的机遇，依托桂林市城镇化示范乡镇建设，雁山区启动实施草坪休闲旅游主题小镇建设。草坪自然风光优美，旅游资源丰富，是漓江东岸重要的旅游目的地，休闲旅游业和生态农业的融合发展成为草坪经济发展的动力。2016 年，草坪在漓江东线旅游集散中心、南方喀斯特地形区自驾车旅游目的地、中国乡村旅游民宿基地的规划定位下，依托原有农业资源和民族风情，打造“溢彩草坪”特色生态休闲观光品牌，整体包装推进草坪休闲农业（核心）示范区建设，对示范区内的提子、竹子、黄皮果、柿子种植基地进行全方位改造和提升，注入现代农业生产要素和经营理念，以农民专业合作社为载体，以国家农业科技示范园区、相关科研院所为依托，推进生产标准化，打造产业新特色。草坪在潜经村池塘种植荷花，整合格桑花、向日葵种植地组成花卉观光带，着力打造提子长廊示范点，带动提子合作社种植优质提子，打造了一年四季有果摘、有花赏的观赏休闲观光农业示范区，逐渐形成包括冠岩青石、漓江绿道、潜经白祠、兰口蓝调、大田红柿、明村黄皮、草坪水墨在内的特色生态休闲观光品牌，获得“桂林市级特色农业核心示范区”的荣誉称号。

“十三五”以来，草坪乡以大田村为核心打造的“柿里回乡”休闲农业（核心）示范区已成为自治区现代化农业示范区。大田村是回族聚居的村，有回族 400 余人，素有种植月柿的传统，其所产月柿个大味美，远近闻名。2017 年，雁山区创新思维，正式打造“桂林雁山柿里回乡休闲示范区农业（核心）示范区”。示范区规划总面积达 29 725 亩，主导产业为柿子、柑桔。核心区位于大田村、碧岩阁村、草坪镇区、古东垌、兰口村，面积 4322 亩；拓展区面积 5403 亩，辐射区面积 2 万亩。至 2018 年，示范区已引进自治区级农业龙头企业 3 家，组建农民专业合作社 5 家，建设蔬菜采摘体验园 8 个、休闲农庄 16 座，聘请高级农艺师等专家 11 人，注册商标 6 个，建立了“示范区 + 合作社 + 农户”经营模式，农产品的保鲜库存与专业公司建立长期合作机制，大力推进示范区内水果、农副加工产品的仓储物流开发与销售。示范区内配套完善了农业和休闲旅游基础设施，至 2018 年示范区内完成了 27.3 千米道路、10.9 千米水利线路、2.2 千米电力线路等基础设施建设；

核心产业园内路网全部实现硬化连通，机械入户率达 100%；推广应用水肥一体化节水灌溉技术 100 亩，安装太阳能杀虫灯 65 盏，示范区内食用农产品质量安全率、质量安全关键技术到位率、主推技术覆盖率、病虫害统防统治覆盖率均达到 100%；建设观景摄影平台 3 个，建成绿色慢行步道 22.4 千米，道路两侧各设置了 2.25 米宽的慢行绿道，满足游客徒步和骑自行车观光的需要。同时，还在沿途设置了休息驿站、公交车停靠站等，为游客和行人提供方便，建成融合交通、旅游观光为一体的特色慢行道；完成了示范区内的镇区改造和村容村貌提升整治工作。

2016 年，示范区核心区结合农业休闲旅游产业接待游客达 70 万人次，同比增长 30%；实现核心区农民年人均纯收入 17 414 元，拓展区农民年人均纯收入 12 788 元，草坪全乡农民年人均纯收入 13 352 元，示范区被评为“桂林现代特色农业（核心）示范区”。同时，依托示范区共同建设的草坪休闲旅游主题小镇获得“自治区五星级乡村旅游区”称号。2017 年，草坪乡围绕休闲旅游做文章，推进特色农业发展，大田生态农业旅游区、潜经旅游通道观光农业示范带初步建成，基本形成了“一村一品”的特色产业格局。草坪全乡有果树面积 5950 亩，其中无核黄皮果种植面积 300 亩；优质梨种植面积 350 亩；优质柑橙类种植面积 2020 亩；优质提子种植面积 280 亩；优质桃、李种植面积 1400 亩；月柿 1600 亩；蔬菜种植面积 3300 亩。到 2019 年，全乡财政预算总收入达 875 万元，同比增长 33%；企业营业收入达 6942.3 万元，同比增长 5.2%；到乡旅游人数突破 110 万人次，同比增长 22%，全乡呈现经济稳步发展、社会和谐稳定、民生持续改善的良好局面。

（二）脱贫攻坚圆满完成

草坪回族乡潜经村曾是贫困村，2015 年时全村 510 户，有建档立卡贫困户 116 户 493 人，贫困发生率为 22.7%。潜经村通过产业扶贫等政策，实施贫困村产业发展提升工程，全面推广“双对接双选择”产业到户机制。2018 年，对有产业发展意愿和已发展特色产业的贫困户累计开展涉及果树、蔬菜等产业扶贫技术培训 4 次，培训贫困户 60 余人次，发放相关技术资料 400 余份。2018 年全年累计发放教育补贴资金 7 万余元，雨露计划补贴 6.02 万元，结对帮扶资金 17.8 万元，扶贫产业以奖代补资金 53.5 万元，扶贫小额信贷贴息13万元；实施年度危旧房改造贫困户15户，房屋达标率达到98.22%；落实易地扶贫搬迁贫困户5户，资金拨付进度达到100%，2018年年底，潜经村已实现整村脱贫。

草坪乡抓住地处漓江黄金旅游通道的优势条件，积极发展旅游产业，以竹筏特色旅游带动经济发展，成果显著。草坪乡通过为贫困户设立多个免租摊位在码头经营小商品、优先安排贫困户上岗做竹筏工等措施，增加就业岗位220多个。脱贫工作与旅游发展紧密结合，改善了贫困户生活条件，助力村民实现脱贫。2019年，草坪全乡实现脱贫200户770人，剩余未脱贫1户2人，全乡贫困发生率降至0.038%。

（三）基础设施趋于完善

党的十八大以来，草坪乡便捷的道路网络逐步成型。2014年，建设碧岩阁至草坪镇区二级公路，同时改造至大圩公路，打通了草坪至桂林的便捷通道。2015年实施漓东百里生态长廊漓江慢行绿道建设，完成8.3千米的沿漓江绿道工程，成为桂林市第一条漓江慢行绿道。2017年建设完成兰口至大田二级公路，这条连接兴安至阳朔和大圩至草坪两条二级路的路线全长约3.3千米，作为漓东百里生态示范带交通基础设施建设的关键一环，建成后成为草坪连接兴阳公路的便捷旅游通道，大大提高了漓江东岸旅游通行能力，方便周边村民出行，对推动当地群众脱贫致富，加快草坪休闲旅游小镇和漓东百里生态示范带建设等具有重要意义。2018年，途经草坪大田村的兴安至阳朔二级公路正式竣工，改变了草坪回族乡长期以来只有一条二级公路与外界相连的历史，连接起漓江东岸多处风景旅游区，大大方便了草坪群众的出行，也为草坪旅游经济发展创造了优越条件。

2013年10月，开工建设草坪镇区700米迎宾大道，同时实施滨江路、镇区内街道的改造，并设置交通标识，安装路灯，配备道路无障碍设施等，全乡实现路面硬化率、路灯亮灯率100%；新栽行道绿化树近5000棵，新增道路绿化面积14 000余平方米。2014年，雁山区从国际旅游胜地建设的高度出发，对草坪回族乡进行了全新的规划，启动了草坪老街风貌改造、潜经民族特色村寨改造、民族广场、客运场站、供水与电力系统改造、草坪棚户区改造及镇区更新等近80个建设项目，打造国际范和民族特色有机融合的休闲旅游主题小镇。至2017年，以改造农村旧貌为重点，打造了农业核心示范带、改厨改厕和风貌改造示范乡3个示范亮点，全面完成了改水、改房、绿化、硬化等工程。其中草坪镇区老街房屋立面改造完成191户，面积约5万平方米，政府充分挖掘本地建筑元素，打造了一座兼具桂北民居和岭南民居风格的漓江山水小镇；潜经村完成房屋立面改造60栋2万平方米，潜经清真寺得以翻新，恢复了有600年历史的古井古亭的原貌，潜经村于2017年荣获“中国少数民族特色村寨”称号。草坪基础建设的不断配套与完善，既优化了旅游环境，也大大方便了人民群众的生产生活。

（四）生态建设全面提升

草坪回族乡山清水秀，环境优美，林业资源丰富。党的十八大以来，草坪申请成立了竹林种植基金，以每亩1000元的扶持基金鼓励村民在漓江周边种植竹林，带动了草坪竹笋产业的飞速发展，也提高了漓江流域周边生态环境的稳定。2013年草坪污水处理站建立，同时草坪各村全面设立了垃圾处理站，形成了一体化垃圾处理模式，至2018年全乡垃圾统一收运和处理率达到100%。2015年，草坪成立小镇管委会，对草坪镇区实行景区化、市场化日常管理，全面推进改厨改厕工作。2017年验收发放资金203户，2018年完成157户，潜经村实现改厨与改厕完成率80%，其他各村实现50%，初步展现了新时代农村的形象。同时，运用旅游基础设施专项资金在草坪镇区建设了一批3A级公共卫生间，镇区卫生、交通、旅游环境日趋良好，占道经营及违章建筑基本取缔，村容村貌进一步提升，完成了5个自治区级绿化示范村屯建设。

草坪深化水污染综合防治，扎实推进污水处理系统工程，至2019年全乡共建成污水处理系统10处，处理后出水水质达到《城镇污水处理厂污染物排放标准》一级B标准，其中，草坪乡靠近漓江范围的污水处理排放水质达到一级A标准。草坪实施了乡村水资源可持续利用与保护战略，加强农业有效灌溉，推广有机农业种植，撤销网箱养鱼以提高流域水质；严格落实“河长制”，明确了漓江流经草坪乡段的河长名单，扎实推进漓江河道水环境综合整治，促进河道保洁常态化、长效化，保证漓江流域水资源生态不受影响。同时，加强饮用水源保护工作，划定饮用水源保护区范围并竖立警示牌，实施饮水净化工程，开展潜经村莲塘治理项目。

（五）社会民生全面发展

党的十八大以来，草坪乡建立了农村基层卫生服务网络，全面推行新型农村合作医疗，提高了全乡医疗卫生服务水平，草坪群众看病难看病贵的现象得到了改变。2013年全年，草坪卫生院门诊住院为群众新农合报销120多万元。2014年全乡各村分别建立了高标准卫生室。2017年年底全乡新农合参合人数为4255人，参合率为99.3%，实现了全乡新型农村合作医疗制度全覆盖，还建立了覆盖全乡的疾病预防控制和救治体系，卫生服务水平得到了进一步的完善和提高。

草坪全面落实农村“五保”供养政策和特困户救济工作，及时发放各类补助。2018年全乡居民养老保险参保1084人，参保率达到了108.4%，超出目标任务；医疗保险参保4002人，其中建档立卡贫困户参保率达100%。同时大力宣传妇女“两癌”保险工作，全乡共有146人投保。

2017年，草坪所属三个村均已建成农家书屋，并完成了农家书屋补充更新出版物项目建设工作，每个农家书屋都有1200册以上的图书、音像制品及月刊杂志；文艺活动日益丰富，组织群众文艺队参加各级各类文艺演出，其中2017年全年参加区级演出2场，放映电影10场次，群众精神文化生活丰富多彩。同时，加强潜经村传统文化的保护和传承工作，积极收集潜经村老物件，完成了潜经村回族民俗文化陈列馆的布展建设。草坪回族乡民族体育事业成绩显著，曾代表雁山区在全国、自治区、桂林市各级少数民族传统体育运动会上多次取得好成绩。2019年，草坪乡先后获得“全国民族体育模范集体”“自治区民族团结进步创建示范单位”“自治区养生小镇”“桂林市文化先进乡”“桂林市文明村镇”等荣誉称号，草坪村和明村均获得“自治区卫生村”称号，草坪村获得“自治区绿色村屯”、自治区“美丽桂林·宜居乡村”示范村称号，潜经村获“广西文艺村”称号。

三、广西水族地区全面建成小康社会具体分析

据第六次全国人口普查统计，广西全区有水族14 215人，主要分布在河池市的南丹县、宜州区、都安瑶族自治县、环江毛南族自治县等县区和柳州

市融水苗族自治县。其中，融水苗族自治县有水族4020人，是广西水族人口最多的县级行政单位。

广西的水族分布总体情况与回族相似，呈现大散居、小聚居的形式，大部分与壮、苗、瑶、汉等民族杂居，主要分布在广西北部4个县区8个乡镇的13个村29个屯。

广西的水族多为明清时期从贵州迁徙而来，大部分居住在山高路陡、土地贫瘠的边远高寒山区。耕地零星分散、可开发资源少、自然条件恶劣等因素严重制约着当地的经济发展，广西水族地区在全面建成小康社会方面面临重重困难。

党的十八大以来，融水苗族自治县充分利用党和国家给予的好政策，采取有力措施，在通路、通电、通广播电视、通电话及村级卫生室、文化室、安全饮用水等方面，切实加强人口较少民族聚居村屯基础设施和文化设施建设。截至2020年6月，融水县内水族聚居地的行政村均已修通四级以上砂石路，建立了村级卫生室，所有自然村均通了电和广播电视，有效改善了水族地区群众出行难、看病难、饮水难、信息闭塞等问题。同时，不断加强基层民族教育工作，多渠道筹措资金，改善水族聚居行政村办学条件，落实好“两免一补”及“免费午餐”工作，有效提高水族地区各级学校的教学水平，提高升学率；重视培养、选拔和使用水族干部，定期向组织人事部门推荐优秀水族干部。

融水水族主要聚居的同练瑶族乡英洞村距融水县城约100千米，距离乡政府驻地同练村20千米，紧邻贵州省从江县；全村总面积58平方千米，下辖23个居民小组及自然村；2019年共有人口566户，2156人，其中有水族500余人。英洞村四面环山，坐落于英洞河河谷盆地里，经济以农业为主，全村有耕地面积2158亩，其中水田851亩，林地58 540亩。2008年，英洞村年人均纯收入仅2324元，不仅大大低于广西全区水平，也低于融水全县平均水平。全村有建档立卡贫困户110户412人，贫困发生率为18.7%，是一个典型的山区贫困村。

融水在水族地区积极探索特色产业扶贫路子，结合柳州市螺蛳粉产业发展特色需求和英洞村的地理气候优势，采取“政府主导＋合作社牵头＋基地＋贫困户”模式在英洞村大力发展“稻＋螺”规模化养螺产业。在具体实施中，实行先建后补的方式，投入财政资金用于补助田螺养殖。2019 年，稻（藕）田套养螺蛳每亩补助标准为 500 元，以“公司 + 基地 + 农户”的经营模式，以“稻 + 螺”综合种养和稻田主养两种种养模式进行养殖。综合种养模式主要是对田基进行清理、修缮，确保稻田保水性优良，每亩投放螺种 50 公斤，在光照和水肥充足情况下，每亩单产可达到 300 公斤，每亩可增收 1200 余元；主养螺蛳模式则是在具备适宜条件的低产田中进行加高田基、保障水源等改造，改造后稻田蓄水深度可达到 60 厘米以上，每亩可投放螺种 150 公斤，每亩单产可达到 1000 公斤以上，每亩可实现收入 4000 余元。同时，政府指导养殖户成立合作社或公司，鼓励和引导相关螺蛳产销经营主体签订合作协议，积极做好产销对接；做好技术跟踪服务，加强技术培训，使养殖户掌握投饵、疾病防控等养殖技术。在加强产销对接、拓宽农产品销售渠道方面，融水主动加强与柳州螺蛳粉协会等相关市场组织的沟通对接，与各知名螺蛳粉预包装行业龙头企业签约合作。扶持合作社建成脱壳和冷藏加工车间，延长产业链条，提高产品附加值。英洞村利用山水生态环境良好的优势，优选无污染山泉水灌溉连片稻田，通过合作社实行订单合作种养，该村成立的种养合作社采取以土地入股分红的方式提高村民及村集体收入。2020 年，合作社基地养殖高山泉水石螺 1500 斤，草鱼 2000 余尾，同时发展林下生态土鸡等养殖。在合作社的有力带动下，2020 年英洞全村已发展稻田养螺立体生态种养产业 1000 余亩，成为柳州市稻田养螺的核心示范区之一。稻田养螺产业已成为当地农户脱贫致富奔小康的重要途径。

除了稻田养螺特色产业，英洞村还发展了稻田养鱼、杉木种植、药材种植、土鸡养殖、黑香猪养殖、煨酒等特色产业。2020 年 6 月，英洞全村有杉木林 5300 亩，土鸡超过 1.1 万羽，黑香猪存栏 120 头，种植黄精等高山药材 450 亩，种植优质黑糯米与紫薯等特色有机农产品 300 亩，贫困户特色产业覆盖率 100%，全村农户特色产业覆盖率也达到 92%，发展煨酒产业农户达 196 户，年产煨酒可达 2.5 万斤。村里建立了稻田种养和中药材种植的专业合作社、木材加工厂，培育了一批致富带头人带动群众发展产业。2019 年，英洞村发展特色产业农户人均增收 7100 元。全村已于 2016 年脱贫摘帽，到 2019 年年底，仅剩 3 户 15 人待脱贫，贫困发生率降至 0.7%。

在基础设施方面，至 2020 年 6 月，英洞村已通水泥硬化路，道路路基宽8米，路面宽6.5米，每日有客车通达乡政府驻地及县城。具备条件的20户以上自然屯12个，全部通路基4.5米宽的水泥硬化路。全村566户通电率100%，电视入户率100%，手机信号覆盖率100%，智能手机拥有户比例100%；建立了22个集中供水设施，安全饮水通达率100%；宽带网络通达率97%。在公共服务方面，建成村委会办公楼2栋，7米长的文化宣传栏4个，文化室1间，农家书屋1间，戏台2个，篮球场5个，设置垃圾桶100个，设立全民健身器材一批。村里还组建了文艺队，各种文体活动丰富多彩，建设了一个标准化村级卫生室，能够满足群众的一般就医需求。建档立卡贫困人口城乡居民社会养老保险参保率100%，新型农村合作医疗参合率100%，住院费用一站式报销比例达到90%以上。全村60周岁以上老人享受养老保险待遇比例100%，全村新型农村合作医疗参合率97%，符合农村低保条件138户全部纳入农村低保户。全村符合条件厨改户、厕改户均已完成厨改、厕改，建成沼气池400户，沼气普及率超过70%。村里保留了一所设置一至三年级的村小学，方便义务教育阶段低年级学生就近就学。2020年春季学期有在校生23人，学龄儿童入学率保持在100%，巩固率100%。

英洞村平项屯是一个典型的水族村寨，2020年7月全屯一共有54户，全部为潘姓水族，其先祖由贵州省三都迁来，至今已有九代人，世代以种植水稻为生。平项屯距离黔桂省界约3千米，是融水通往贵州的通道之一，也是融水最偏远的村屯之一，长期发展滞后。近年来，随着政府积极落实扶贫政策，引导产业发展，平项屯发生了翻天覆地的变化。2012年，政府实施人工饮水工程，实现了自来水入户；2018年，实施了道路硬化工程，宽敞的双车道硬化路面从屯内穿过，两头分别连接乡驻地和贵州省界；同年，修建了硬地篮球场，宽带网络与4G网络均已覆盖，路灯延伸到屯里每一条道路；通过申请危旧房改造补助资金，全屯15户危旧房户已翻建房屋为三层以上的砖混楼房。2020年上半年，平项屯10户贫困户全部脱贫。

在融水永乐镇北高村的水族群众则大力发展生猪养殖业。融水县引进投资4.8亿元建设生猪养殖综合基地产业扶贫项目。为保证养殖基地的正常运转，基地于2020年下半年启动作为生猪青饲原料的3000亩构树种植项目，基地提供技术和服务并负责回收，安置300名当地农户就业，带动包括贫困户在内的北高村500户农户脱贫致富。

河池市宜州区龙头乡龙盘村向南屯是一个传统的水族村落，全屯110户，其中水族96户376人，占全屯人口的89%。村里有许多自清代形成的特色民居保存至今，入选了广西传统村落名录。向南屯在保持传统的同时，锐意进取，敢为人先，在宜州率先发展种桑养蚕产业。2019年，向南屯年人均纯收入达到3万元以上，全屯50%以上的农户都有小轿车，在小康的道路上走在了前列。

从融水及宜州水族地区全面建成小康社会情况来看，2020年水族地区人民生活已普遍达到了小康水平。

广西京族地区全面建成小康社会调查报告

罗柳宁*

一、背景

京族主要分布在广西壮族自治区防城港市下辖的东兴市江平镇的“京族三岛”——万尾岛（村）、巫头岛（村）、山心岛（村），其余则分散与汉、壮民族杂居在谭吉、红坎、恒望、寨头、米漏、瓦村、三德等海边村镇。“依海而居，靠海吃海”是京族传统生计方式的写照，长期的海上生产和生活实践铸就了京族包容并蓄、敢为人先的民族个性，在改革开放的时代浪潮中勇于探索、敢于创新，率先将小康社会的宏伟蓝图变成生动的示范典型，贡献了我国全面建成小康社会的京族智慧、京族方案、京族力量。

20 世纪 60 年代中期，京族民众通过围海造田和筑堤引水，将现在的万尾、巫头、山心三岛由海岛变成了与越南仅一水之隔的半岛，使农田面积成倍增加，农耕生产得以普及，改变了仅靠捕鱼为生的单一的生产方式，初步展示了京族人民勇于开创美好新生活的气概和智慧。改革开放的春风，给京族三岛带来了勃勃生机，特别是中越边贸恢复以来，得益于国家优惠政策的实施，京族人民增强了致富的信心和决心，他们利用本地资源，在捕鱼和种田之余，积极参与边境贸易，收入明显增加，生活条件有了很大改善，生活水平在我国少数民族中名列前茅。

作为与越南民主共和国的主体民族——越族（京族）同源的跨境民族，京族人民充分发挥族源、文化、语言优势和地处中国—东盟自由贸易区、珠

* 罗柳宁，广西民族研究中心副研究员。

江三角洲、泛北部湾经济合作区，以及中越“两廊一圈”[1]的地缘优势，充分利用国家西部大开发政策、沿海地区开放政策和边境地区开放政策等多种政策优势，成为我国率先进入小康社会的少数民族。

二、京族全面建成小康社会情况

（一）产业结构调整

产业结构调整是后发国家加快经济发展的本质要求，经济发展本质上是技术、产业的不断创新及结构不断变化的过程。竹山村位于北仑河出海口，与越南隔海相望，以盛产竹子得名。全村面积11平方千米，下辖4个自然村、18个生产组，1079户4031人，其中京族395人。竹山村充分利用地理、气候优势，对农业产业结构进行了适宜的调整，从传统农业、渔业升级转型为传统产业、特色产业和旅游业并存的产业结构。农作物种植以水稻为主，红薯、花生为辅，在种植优质农业经济作物的同时，还利用浅海滩涂、咸酸田发展优质水产养殖，生产的对虾、文蛤远销广州、澳门等地，养殖业和海洋采捕业成为村民的主要经济来源。与此同时，竹山村还形成了红树林套养海鸭蛋等优势产业，年养殖海鸭10万羽，年产海鸭蛋1万斤。

以海产养殖加工致富而闻名的巫头村是京族三岛中的一岛，“巫头模式”远近闻名。全村总面积5.4平方千米，辖7个村民小组428户2225人，其中京族人口占99%。巫头村海岸线长3.9千米，海滩涂面积2万亩，海洋资源十分丰富，盛产对虾、海蜇、沙虫、青蟹、花蟹等海产品，年海水捕捞量1万多吨。巫头村以“农商结合，养捕加工并举”的村庄发展思路作为贯穿经济生产的红线，坚持实施“3331致富工程”（即全村30%的劳动力发展捕捞，30%的劳动力发展海水养殖，30%的劳动力发展海产品加工，10%的劳动力发展边境贸易），依托东兴市京岛海洋渔业（核心）示范区，通过海水养殖和海产品加工龙头企业江源公司的示范带动，大力发展特色海洋渔产业。巫头村通过充分利用沿海滩涂及咸酸田、中低田进行农业产业结构调整，改田建塘，发展对虾养殖业，壮大海产品加工业，促进村民大幅度增

[1] “两廊一圈”：指“昆明—老街—河内—海防—广宁”“南宁—谅山—河内—海防—广宁”经济走廊和环北部湾经济圈。

收，农民人均纯收入 33 000 元以上。巫头村大力发展海洋经济的同时，注重龙头企业的培育，创建京族海洋渔业（核心）示范区，村委会与企业合作组建 25 个水产养殖专业合作社，注册资金 9300 万元；承担国家有关水产养殖新技术示范推广项目，积极引导养殖场推行南美白对虾健康生态养殖技术，严格执行无公害农产品标准，海水对虾养殖面积共 3820 亩，养殖户达 190 多户，约占全村总户数的一半，实现年养殖成品对虾平均亩产量 714 公斤，总产量 4683 万吨，年产值 5620 万元，对虾养殖业已成为巫头村的特色产业和支柱产业。巫头村有各类海产品加工企业 45 家，从事海产品加工业农户 110 户，年海蜇加工总产量 4200 多吨，年产值 3360 万元。除传统的海产养殖、加工外，2019 年巫头村还因地制宜引进阳光能源有限公司，租用 3000 亩虾塘，充分利用土地资源，发展渔光互补光伏发电项目。

（二）特色村寨打造

中华文明历史悠久，京族作为海洋民族，文化的传承具有重要意义。少数民族特色村寨具有重要的历史文化价值，保护和发展少数民族特色村寨意义重大。我国积极实施乡村振兴战略，乡村振兴战略为推进民族特色村寨保护与振兴带来了新机遇。

京族渔村在推进特色产业致富的同时，也在探索具有京族特色的宜居宜业生态乡村的发展路径。江平镇作为全国京族唯一的聚居地，京族传统文化底蕴深厚，其以京族海洋特色小镇建设为契机，重点打造京族风格浓郁的农村社区。作为有 500 多年历史的村落，巫头村具有丰富的历史人文资源。为进一步保护和开发好巫头村的传统资源，2015 年当地政府制定了《东兴市江平镇巫头村传统村落保护与发展规划》，将传统格局和历史风貌较为完整、传统风貌建筑集中的地区划为核心保护范围，以巫头村哈亭、灵山佛寺、京族文化长廊、文化活动基地、戏台所在区域及周边为中心，进行重点保护。巫头村整合利用现有京族资源，共投入 150 多万元，对村落整体进行独具特色的风貌改造：以融入京族血脉的海洋文化为基调，充分利用海滩贝壳、海岸石头等海洋元素对村落居住环境加以点缀装饰，提升文化韵味，凸显哈节、独弦琴等获得国家级非物质文化遗产称号的京族文化符号；通过一系列硬件设施的建构，将“特色村寨”的概念落到实处，如村史馆、观景平台、健康步道建设及维修京族哈亭、修缮妈祖庙等项目的实施，使巫头村整体面貌焕然一新。喃字是京族的古老文字，记录着京族人民的文化生活，承载着京族人民的历史记忆。巫头村将喃字元素装点在村小学、民居的院墙上，为整个村庄增添了文化气息。

（三）精神文明与生态文明建设

农村生态文明建设是我国生态文明建设的重要内容。中国生态文明理念的形成与发展过程，是中国共产党领导全国人民不断探索可持续发展的现代化过程。党的十八大把生态文明建设纳入了中国特色社会主义建设“五位一体”的总体布局，彰显了党的科学发展理念新境界，体现了党和政府增进人民福祉、实现民族永续发展的决心。巫头村作为京族聚居地，拥有独特的海洋文化，积极贯彻落实党的理念，促进精神文明与生态文明的建设。

2020年11月30日，广西东兴市获生态环境部授予第四批国家生态文明建设示范市县匾牌，这是2020年全国唯一一个既沿边又沿海的边境城市获此殊荣。近年来，东兴市牢固树立“绿水青山就是金山银山”的发展理念，全市上下一条心，锐意进取，攻坚克难，深挖“海”的潜力，激发“江”的活力，做足“边”的文章，已成功创建自治区、市级生态村镇23个。通过创建国家生态文明建设示范市（县），东兴市生态环境明显改观。2019年，全市饮用水源和地表水水质达标率、城市环境空气优良率和近岸海域环境功能区水质达标率均达100%，生态环境状况指数（EI）为83.3，等级为“优”。东兴市顺利完成节能减排任务。京族人民将生态文明建设融入经济建设、政治建设、文化建设、社会建设各方面和全过程，建设集人居环境优美、生态特色明显、城市文化鲜明的国家生态文明建设示范区。

为做好乡村振兴和美丽乡村工作，巫头村成立了以村党支部书记为组长的工作小组，发挥党支部先锋引领作用。巫头村不仅实行村庄治理建设村民议事制度，建立和完善了村规民约，而且不断深化乡风文明宣传教育，积极引导村民注重家庭建设、家教传承和家风培育，通过评选表彰“十佳家庭”等活动，形成了健康向上的精神风貌，并通过“文化下乡”、创建“科普示范村”等活动，大力宣传社会主义核心价值观、科普知识，有效提升了村民的精神风貌和科学文化素养。2019年，江平镇巫头村开始作为核心区打造创建京族海洋特色小镇项目。巫头村通过基层党组织和新乡贤理事会的示范带动，深入实施“五精工程”建设，即精品农房工程、精致环境工程、精彩文化工程、精美“农家乐”工程、精心产业，全面建设宜居、宜业、宜游的美丽乡村。推动“三清三拆三整治”工作扎实推进。在整治工作过程中，村干部、党员、乡贤理事会成员带头，在主动搞好自家的“三清三拆三整治”工作的同时，还各自负责一个片区，组织该片区村民积极行动。在村干部、党员、乡贤的示范带动下，广大村民积极性空前高涨，加大农村环境综合整治和风貌改造力度，浓墨重彩绘就乡村振兴美丽新画卷。

为促进乡村文化的发展，万尾村每年坚持组织开展“字喃京语”“哈妹”等培训班；成立京族文化培训基地，指导恢复京族歌圩，深入开展古籍文化的研究工作，至今已编写出版发行《京族喃字史歌集》等多本京族书籍，加强未成年人思想道德教育。万尾京族学校以戏曲进校园推动民族文化传承发展，在中小学开设了“喃”字文化、独弦琴、天灯舞等独具民族特色的教育，邀请新乡贤给广大师生授课，培养民族文化的接班人。其中，“喃”字认读已普及，“喃”字广场成为一个有着浓郁民族特色的文化地标。

哈节是京族最具代表性的传统民族节日。历时 7 日以通宵达旦的歌舞来庆祝哈节，已经成为防城港市全民共享共庆共欢的一个最具民族特色的节日，哈节由此于 2006 年经国务院批准列入第一批国家级非物质文化遗产名录。在广西京族聚居村落，过哈节的日期不尽相同，如巫头村为农历八月初一、万尾村为农历六月初十、山心村为农历八月初十，但节日的仪式流程、内容安排、内涵蕴意基本相同。

三、深入开展民族团结进步工作

党的十九大的顺利召开，标志着习近平新时代民族团结进步思想的形成，它是习近平新时代中国特色社会主义思想的重要组成部分，是马克思民族团结理论中国化的最新成果。民族团结关乎国家的长治久安，关乎民族的发展繁荣，关乎人民的幸福生活。[1]民族团结是民族关系和民族发展的核心。团结既是一种价值主张，也是一种关系表达，具有和睦、不可离间之意。基

[1] 乌小花．习近平新时代民族团结进步思想的多维度与新内涵 [J]. 中央民族大学学报（哲学社会科学版），2017，44（6）：28–35.

于此，民族团结是以各民族为主体的团结，本质上是一种民族关系问题。[1]深入开展民族团结进步工作是当前我国民族工作的重要内容。在广西壮族自治区这个少数民族聚居的省份，京族人民的民族团结工作同样十分重要。

在新时代的发展中，民族团结不仅有利于更好地处理民族关系，而且对维护国家主权也具有重要意义。坚持落实民族团结工作，更利于解决民族交往交流交融中存在的矛盾与冲突，进而实现中国梦的伟大复兴目标。京族地区以铸牢中华民族共同体意识为主线，持续开展全国民族团结进步示范市创建工作，以兴边富民示范创建点为载体，扎实推进兴边富民示范创建各项工作开展，民族团结进步创建和兴边富民示范创建取得显著成效。

万尾村全村人口 5744 人，其中京族占 95%。村民主要从事浅海捕捞、海水养殖、海产品加工销售、旅游餐饮服务、边境互市贸易、竹排修造等多种产业。作为自治区文明村，万尾村不断发挥新乡贤的引领和示范作用，注重以京族大节“哈节”为平台，凝心聚力，全面促进全村精神文明、民族文化、旅游经济、养殖产业、民族团结、社会和谐稳定和对外友好交流等各项事业发展。万尾村建有字喃研究中心、京族民间艺术团、党员义务消防队、爱心志愿服务队、煤炭经营公司、旅游服务合作社、水产养殖合作社等多个组织，有九年一贯制京族学校 1 所，文化广场 4 座，群众文化艺术团 2 个，各类宾馆旅社农家乐 60 多家，建有标准化的村级卫生室、京族博物馆、京族文化沙龙等，群众精神文化生活十分丰富。

2017 年 4 月，习近平总书记视察广西时指出：“长期以来，广西边境一线的边民肩负着保家卫国的责任，一个村就是一个哨所，一个边民就是一个哨兵，为国家戍边守疆作出了重大贡献。”“深入开展民族团结进步创建活动，像爱护自己的眼睛一样爱护民族团结，使各民族心连心、手拉手的好传统代代相传。”广西认真贯彻落实习近平总书记重要指示精神，扎实推进兴边富民行动小康示范创建工作，落实党的民族政策，发挥涉海涉边和丰富旅游资源的优势，支持京族群众先行先试、大胆创新，在产业发展、民族文化传承、民族团结进步、基层党组织建设等方面积极探索，打造了兴边富民的“京族模式”。2019 年，万尾村京族群众人均纯收入 1.96 万元，村集体经济

[1] 严庆，于浩宇 . 社会资本视域下的民族团结进步创建 [J]. 西北民族研究，2019，(01)：38–47.

收入35万元。该村在基层党组织建设、产业发展、民族团结进步创建、文化传承等方面积累了宝贵经验。

民族团结进步工作是中国特色社会主义民族工作的重要组成部分，对于增强中华民族凝聚力、向心力意义重大。民族团结进步创建活动是做好民族工作的有效载体、有力抓手，建立对其进行评价的指标体系，对规范、引导和推动民族团结进步创建活动的深入开展十分必要。必须结合创建活动的目标，以民族团结进步及民族事务治理的相关理论为依据；遵循系统性、科学性、差异性、可操作性和动态性原则，根据不同类型、特点构建民族团结进步创建活动的评价指标体系。

（一）因地制宜抓好“国门党建”，夯实兴边富民行动根基

兴边富民行动是看得见、摸得着、得民心的惠民行动，其借助基础设施建设的契机，鼓励边境地区发展特色经济，凸显边境地区的贸易优势，进而通过边境经济合作区的发展与升级，形成一个持续“富民”的模式。因此，京族地区可以借助双边贸易的平台，加快当地经济的建设，推动“兴边富民”深入开展的进程。“国门党建”不仅维系着民族认同、社会认同与国家认同，并且担任着实现边境地区的经济发展、民族团结、社会稳定、边境安宁的重要任务，国门与国防意识教育十分重要。

江平镇万尾村常住人口5801人，京族人口占95%。2019年万尾村村党支部共有党员89名，党小组3个，其中女性党员15名，少数民族党员70名，35岁以下党员22人，有村干部17名，其中全额干部10名，半额干部7名（含2名监委委员），女性干部6名。

万尾村党总支部有效发挥党建引领作用，抓好“国门党建”特色品牌打造，以学党史、悟思想、办实事、开新局促进旅游经济、京族文化、海水养殖、社会和谐稳定和对外友好交流等各项事业的发展。近年来，该村党支部有效发挥党建引领作用，围绕“国门党建”特色品牌，着力打造平时看得见、关键时刻拉得出、危急时刻顶得住的基层党组织和党员队伍；拓展“党建+产业”模式，充分发挥支部的引领和党员骨干先锋模范作用，借助独特区位优势，大力发展边境特色产业，不断壮大集体经济，带领群众实现脱贫致富梦；拓展“党建+文化”模式，将“国门党建”和京族文化传承相结

合，加强基层组织阵地建设，组织京族群众以唱哈和唱山歌等形式，宣传习近平新时代中国特色社会主义思想、社会主义核心价值观，以及党的路线、方针、政策，有效增强京族群众的爱国主义情感和守边、固边意识。

近年来，在村党支部引领下，万尾村先后被评为“全国休闲农业与乡镇旅游示范点”“全国农村幸福社区建设示范单位”，并获全区“关心下一代工作先进集体”“全区先进基层党组织”“全区五星级基层党组织”等荣誉称号。

（二）坚持基础设施先行，夯实兴边富民全面建设小康社会基础

基础设施薄弱、发展后力不足是边境发展的一大问题。兴边富民全面小康需要狠抓对加快发展具有重大作用的交通、通信、环保、水利等基础设施项目。改革开放后，国家积极推进兴边富民专项行动，加快推进边境地区道路、饮水、水利、边民互市点等基础设施建设。近年来，万尾村加快推进边境地区基础设施建设，先后建成民族大道、中心大道、京族博物馆、京族文化广场、沿海休闲公路、集贸市场等设施。同时，采取“地方财政补一点，有关部门支持一点，社会各界捐一点，村集体筹一点”的办法，多渠道增加资金投入，积极建设幸福新家园。

（三）坚持特色产业带动，做好边民持续增收

产业是高质量发展的根基，要坚定不移抓实产业，持续增强发展动能，为富民兴边打下基础。近年来，京族群众以东兴市京岛海洋渔业（核心）示范区为龙头，以京岛风景名胜区为依托，坚持“农商结合、养捕加工并举、旅游带动”发展思路，在盐碱地上重点发展养捕加工、旅游餐饮、边境互市贸易、竹排修造等产业；充分利用临近著名旅游景点金滩的区位优势，借助岛、滩、海风光大力发展旅游服务业；借助京族“哈节”和京族独弦琴艺术等国家级非物质文化遗产，传承弘扬民族特色文化，建立京族民族文化博物馆、哈亭、京族学校、京族喃字文化传承研究中心、京族文化保护和传承中心、京族独弦琴文化培训基地，开展“祭神”、山歌会等系列活动，充分展示京族文化魅力。

（四）打造城市化特色乡村，推动人与自然和谐共处

万尾村是国家4A级旅游景区——京岛风景名胜区的重要组成部分，拥有京岛荷塘、金滩、哈亭、京族博物馆、红豆树、古榕树等景点。广西壮族自治区民族宗教委员会等有关部门积极扶持、引导当地政府统筹推进特色文化名镇建设，整个村庄按照城市的标准进行美化、亮化、绿化、硬化、特色化建设，全面打造城市化特色京族乡村。

按照“每个地方都是旅游看点”的思路，万尾村在京岛荷塘修建了观光栈道，把荷塘连成一整片，方便游客观赏；突出京族民族文化元素，统一规划和标准，实施村民住房风貌改造；实施道路亮化、绿化、硬化工程，在村屯道路安装路灯，植树种花，围圈保护古树，铺设生态砖，建起贝壳墙体，使村容村貌和基础设施建设达到新型城镇化水平。

万尾村还积极落实卫生保洁员包片责任制，设置村级环卫人员和卫生监督员，彻底整治了脏、乱、差现象；订立村民卫生自治公约，就村卫生工作实行村民自治，形成了人人讲卫生、人人爱卫生的文明新风。由于生态建设的深入推进，万尾村红树林面积不断增加，已逐渐发展成为跨国红树林。

四、京族地区的先进举措

（一）万尾村

万尾村曾荣获“全国首批农村幸福社区”“全国关心下一代工作委员会先进集体”“自治区先进基层党组织”“自治区和谐村屯”“自治区文明村”等多项荣誉称号。

近年来，万尾村充分发挥党建引领作用及党员致富带头人的先锋模范作用，以党建强文化、以党建壮经济、以党建促发展，大力发展乡村旅游、海水养殖及海产品加工业，不断推动全村社会经济迈向更高水平。

“不忘初心、牢记使命”主题教育启动以来，万尾村党支部严格按照各级党委部署要求，召开“不忘初心、牢记使命”主题教育工作会议，及时传达上级党委会议精神，并对全村主题教育工作进行了动员部署；要求支部全体党员必须牢牢把握主题教育总要求，结合支部“三会一课”和自身实际把学习教育、检视问题、整改落实贯穿主题教育全过程，扎实提升村党支部向

心力、凝聚力和战斗力，为打赢打好脱贫攻坚战、实现“建设壮美广西、共圆复兴梦想”的目标贡献力量。

（二）山心村

山心村位于东兴市江平镇东南部的京族岛，至今已有五百多年历史，辖区面积 1.8 平方千米，下辖 9 个村民小组，共 330 户 1630 人。有水田 621 亩，虾塘、蟹塘 900 亩，旱地 738 亩，鱼塘 80 亩，海滩涂 3500 亩，现有土地流转 794 亩（虾塘）。2019 年，村民人均可支配收入达到 19 050 元。

山心村现有村级文体服务中心楼 1 栋，内设标准的综合服务中心、多功能会议室、妇女儿童之家、新时代讲习所、驻村工作队“先锋工作站”等。山心村产业主要以第一产业、第三产业为主。第一产业主要以种植水稻、红薯，水产养殖（以咸淡水为主）、捕捞为主。其中，水稻种植面积 60 亩，年产量 4800 斤，种植水稻人口 22 人，占全村总人口的 1.35%；红薯种植面积 30 亩，年产量 6 万斤，产值 15 万元，种植人口 200 人，占全村总人口的 12.2%；水产养殖，以咸淡水养殖对虾、大蚝、蛤蜊为主，咸淡水养殖人口 35 户 178 人，占全村总人口的 11%。捕捞以浅海捕捞为主，主要形式有渔箔、自由抓捕等。渔箔是京族传统产业，已延续了 500 多年。2019 年，全村共有渔箔 72 所，从事生产作业的有 33 所。第三产业主要以手工制作鱼露、干沙虫等海产品，风吹饼、水米糕等特色小吃及发展边境贸易、乡村旅游为主。全村共有鱼露手工作坊 28 家，年产值 24 万元，其中以自治区级非物质文化遗产代表性项目（京族鱼露制作技艺）生产性保护示范户黄尚文、东兴市山心鱼露农民专业合作社为主。

为了壮大村级集体经济，山心村把强化基层党组织的凝聚力放在首位，把发挥党员示范带头作用摆在突出位置，通过党员创业、劳动式帮扶等方式推进本村渔业实现产业化，进一步保障了主要农产品有效供给，促进了农民持续较快增收。2019 年全村集体经济收入以土地流转、虾塘出租为主，两项收入 6 万元；全年集体经济收入共 7.5 万元。

五、京族地区发展计划

第一，坚持党的统一领导，全面贯彻新发展理念，切实把增强“四个意识”、坚定“四个自信”、做到“两个维护”落到行动上。京族地区属于边境地区，贯彻党的领导更加重要。要落实好当地党建工作，增强民众的国家认同与民族认同。

第二，建设沿边路项目，不断完善惠民便民基础设施。沿边公路的建设一方面可以促进当地的交往交流，促进经济往来；另一方面，沿边公路的风景十分美丽，可以作为一个旅游热点带动当地旅游发展。

第三，做大做强特色手工食品，不断增加村民收入。京族三岛以渔业及特色民俗出名，可全力发展鱼露、干沙虫特色海产品制作及风吹饼、水米糕等特色小吃加工产业，提升产品的附加值，进一步促进村民增收。

第四，抓好乡村振兴，建设新时代社会主义新农村。山心村着力强化党组织建设，发挥党员干部的先锋模范作用；结合当地实际，不断完善村庄规划，稳步完善村级基础设施；增强沿海风光、山心哈亭及传承鱼露制作技艺等吸引力，全力发展乡村旅游，增加村级集体经济和村民收入；抓好美丽乡村建设，打造干净整洁美丽家园，建设新时代社会主义新农村。

第五，大力实施强边固防、兴边富民行动。大力实施兴边富民行动，加快水电路通讯网等基础设施建设。推进京族小镇建设，加快“十四五”边境村镇实施方案，打造边境民族风情小镇，完善、落实当地居民增收、就业、就医、住房、社保、子女就学等政策，提高基本公共服务水平，吸引人口聚集。引导群众就地就业，就地增收。

第六，扎实筑牢“两个屏障”。其一，严格落实疫情防控，实施当地网格防控；其二，坚守生态环保底线，大力开展国土绿化活动。高效统筹疫情防控和经济社会发展，从严从实落实疫情防控和安全生产各项措施，坚决筑牢疫情防控防线，守住安全生产底线，确保人民群众生命健康安全，推动京族地区经济持续平稳健康发展。要加强与企业沟通联系，精准对接企业需求，用心用情用力做好服务保障，积极帮助企业做好疫情防控工作，解决好原材料购置、物流运输等难点堵点问题，切实保障产业链供应链稳定，最大限度减少疫情对经济社会发展的影响。

附　录

2019年广西民族发展大事记

1月

1日，《河池市城市建筑垃圾管理条例》正式施行，这是广西壮族自治区出台的首部关于建筑垃圾管理方面的地方性法规。

同日，《南宁市公园条例》正式实施。

梧州市举办2019年市民运动会，这是该市举办的首届市民运动会，时间跨度为12个月。

“广西壮族自治区成立60周年庆祝活动”摄影比赛获奖作品展在南宁展出。此次展览共展出作品120幅，多角度展现了广西风清气正的政治生态、团结和谐的社会生态、山清水秀的自然生态。

2日，2018年国家企业技术中心名单公布，广西路桥工程集团有限公司、广西博世科环保科技股份有限公司、广西柳州钢铁集团有限公司、中国化学工业桂林工程有限公司4家广西企业技术中心获批上榜。

3日，广西壮族自治区人民政府、广东省人民政府签订了九洲江流域上下游横向生态补偿协议（2018—2020年）。

5日，融水苗族自治县侗学研究会第一次代表大会在融水县召开。

同日，广西铁路首开南宁东至福州高速动车。

广西壮族自治区政府发布第七批现代特色农业示范区名单，授予都安瑶族自治县瑶山牛扶贫产业核心示范区“广西现代特色农业核心示范区（五星级）”称号，授予马山县乔老河休闲农业核心示范区等24个示范区“广西现代特色农业核心示范区（四星级）”称号，授予上林县云姚谷休闲农业核心示范区等39个示范区“广西现代特色农业核心示范区（三星级）”称号。

7日，2019年世界桂商暨商会经贸文化交流合作大会在南宁举行。

同日，“走近东盟——2019新年音乐会”在南宁博物馆举行。

8日，广西参与的5项成果获2018年度国家科技进步奖二等奖。其中，广西科技工作者作为第一完成人、广西单位为第一完成单位牵头主持的项目1项，广西作为参与单位完成的项目4项。

9日，广西南宁马山县古零镇等7个地方入选2018—2020年度“中国民间文化艺术之乡”。

同日，腾讯众创空间（桂林）开园仪式暨“企鹅号+桂林”启动分享会在桂林国际会展中心举行。

海关总署印发《关于同意北海综合保税区验收结果的批复》，北海综合保税区正式通过海关总署验收。

9日至10日，广东省民族宗教委员会赴龙胜各族自治县、恭城瑶族自治县就扶持少数民族自治县加快发展政策措施、脱贫攻坚、生态文化旅游产业和少数民族特色村寨建设工作进行调研。

10日，广西红十字会志愿者到龙胜各族自治县龙脊镇小寨村，为当地84户遭受火灾群众送油、米、保暖衣物等救灾物资。

11日，梧州220千伏翡翠变电站通过验收，顺利并网投产运行。该变电站是广西首座220千伏电压等级的3C绿色智能数字变电站。

11日至12日，2019年全国文化科技卫生“三下乡”广西站主会场集中示范活动在田阳举行。

13日，融水·苗族芦笙斗马节被评为“首批最具中国特色传统节庆”。

14日，广西首家职业教育人工智能学院落地南宁职业技术学院。

14日至15日，国家民族事务委员会、广西民族大学、北京师范大学等单位专家组成的国家社科基金重大项目“构建中华各民族共有精神家园的少数民族视域研究”课题组，先后到柳州市全国民族团结进步创建示范社区——鱼峰区大龙潭社区、全国民族团结进步创建示范企业柳州两面针股份有限公司、柳州工业博物馆进行考察调研活动。

15日，2018—2019全国青少年校园足球联赛大学男子超级冠军联赛在梧州开赛。本次比赛历时9天。

17日，“桂品丝路行”启动仪式在南宁举行，广西贸易促进会将于2019—2021年持续三年开展“桂品丝路行”活动。

19 日至 22 日，首届中国（广西）老品牌博览会在南宁召开。

20 日，2019 年桂台（南宁）少数民族民俗文化交流周开幕。

21 日，广西举行首场“八桂楷模”发布仪式，向全社会发布百色市那坡县人民武装部天池国防民兵哨所哨长凌尚前先进事迹。

22 日，由海关总署批复设立的署级信息化应用创新实验室——海关边境贸易信息化应用创新实验室在南宁海关挂牌成立。

同日，广西壮族自治区党委、广西壮族自治区人民政府决定，授予南宁市横县校椅镇六凤村等 125 个行政村（社区）“‘美丽广西’乡村建设示范村”称号，授予南宁市横县校椅镇韦村高旺村等 500 个村屯“绿色村屯”称号，授予颜受恒等 458 名同志“2018 年度‘美丽广西’乡村建设模范保洁员”称号。

23 日，2019 中国（广西）壮语春节联欢晚会在广西合山市体育馆隆重举行，晚会分为“大好合山、壮美广西、共圆梦想”三个篇章。

同日，“美丽中国 · 心仪广西”欢乐春节文化艺术活动在菲律宾首都马尼拉市黎刹公园中国园拉开序幕。

26 日，“广西民族出版社那书苑”揭牌暨与古岳文化村战略合作签约仪式在南宁市青秀区南阳镇古岳文化村举行。

28 日，2018 年度全国“平安农机”示范市和农机安全监理示范岗位标兵名单公布，河池市获评全国“平安农机”示范市，是广西唯一获评市。同时，河池的天峨县、罗城仫佬族自治县获评全国“平安农机”示范县。

31 日，第七批中国历史文化名镇名村名单公布。桂林市阳朔县福利镇、防城港市防城区那良镇入选第七批中国历史文化名镇，南宁市江南区江西镇同江村三江坡、宾阳县古辣镇蔡村，桂林市阳朔县高田镇朗梓村等 20 个村入选第七批中国历史文化名村。

▲ 全国首条膜法制糖生产试验线在广西建成投产。

2 月

12 日，2019 年春节中越边关（爱店 · 那党）民间文化交流活动在宁明县举行。

16 日，“2019 年南丹 · 荔波白裤瑶年街节”开幕式在南丹县里湖瑶族乡

“千家瑶寨·万户瑶乡”旅游景区里湖核心区瑶王府广场举行。广西南丹县与贵州荔波县携手打造白裤瑶特色旅游品牌，共同推进跨省全域旅游合作。

26日，京东集团（北海）项目揭牌仪式在中国电子北部湾信息港举行。

28日，南宁市少数民族语言文字服务中心正式挂牌。

3月

7日，中越“生态保护”座谈会在龙州县举行。

8日，全国妇联在人民大会堂举行纪念和表彰大会，表彰了2018年度全国三八红旗手标兵、全国三八红旗手、全国三八红旗集体，南宁市妇幼保健院等6个单位荣获“全国三八红旗集体”称号。

10日，中央统战部调研组到环江毛南族自治县调研，为国家制定“十四五”人口较少民族经济社会发展规划提供决策参考。

12日，法国文化专家马依诺拉到河池市东兰县考察铜鼓文化，了解铜鼓的制作工艺、艺术价值、传承保护等情况。

13日，水利部公布第一批节水型社会建设达标县（区）名单，鹿寨县、蒙山县、北海市银海区、兴业县、百色市右江区、贺州市八步区6个县（区）上榜。

15日，广西师范大学新农村发展研究院揭牌成立。

19日，防城港市获得第三批国家公共文化服务体系示范区命名授牌。

20日，广西壮族自治区人力资源和社会保障厅公布广西首批高层次人才认定人选名单。其中，A层次人才1名，B层次人才23名，C层次人才58名，D层次人才88名，E层次人才等165名。

21日，2019广西“壮族三月三·e网喜乐购”电商节首次举行北京专场活动。

21日至22日，2019年中国广西与越南边境四省党委书记新春会晤联谊活动在越南谅山举行。

23日，广西民族大学举办中华民族共同体研究院揭牌仪式。

25日，大新县举行中越呗侬国际侬峒节暨宝圩乡2019观音诞文化节开幕仪式。

27日，由广西出品的脱贫攻坚题材电影《西河十八湾》在北京国家会议中心举行首映式。

29 日，由澳门广西社团联合总会、澳门广西贵港交流促进会组织的交流考察团在贵港开展考察活动及参加“同心同源贵澳文化交流基地”揭牌仪式。

30 日，大型民族音乐舞蹈诗《唱娅王》在中央民族大学大礼堂上演。

▲ 南宁、桂林获评“国家卫生城市”，柳州市鹿寨县城被确认为国家卫生县城（乡镇）。

南宁市邕宁区、隆安县、马山县等广西的 32 个县（区）被列入首批革命文物保护利用县名单。

4 月

1 日，“第三届中国壮乡三月三校园民族文化艺术节”广西民族师范学院专场成功举行。

2 日，南宁直飞印度尼西亚美娜多定期国际航线开通。

3 日，第十一届广西体育节、2019 年“壮族三月三 · 民族体育炫 · 民族歌圩节”开幕。

同日，2019 年广西壮族自治区民族团结进步宣传月活动启动仪式暨“民族团结 · 共圆梦想”民族文艺展演活动在贵港市新世纪广场举行。

4 日，柳州市举办全国侗族大歌 · 芦笙踩堂邀请赛。

同日，“纹创广西 八桂造物”文化创意产品展在南宁展出，展期将持续至 5 月 20 日。

罗非鱼“壮罗 1 号”通过全国水产原种和良种委员会审定，获得水产新品种证书。“壮罗 1 号”成为广西首个通过国家审定的鱼类品种。

6 日，第十一届广西歌王展演“灵水歌圩”斗歌盛会在南宁市举行。

同日，骆越祭祖大典在武鸣区举行。

12 日，广西首个市级融媒体中心在来宾试运行。

同日，广西东盟（南宁）国家林业科技示范园在广西国有七坡林场揭牌。

13 日至 23 日，第 29 届中国戏剧梅花奖现场竞演在南宁市举行。

14 日，中央民族大学壮侗学研究所教研基地南宁市武鸣区文化馆五彩壮乡分馆挂牌成立。

15日至16日，“广西三月三·乡音播全球”民族文化交流品牌活动在日本冲绳首次亮相。

18日，“广西龙狮文化研究基地”在广西电力职业技术学院揭牌。

同日，广西首个地质文化村建设工作在乐业—凤山世界地质公园下牙点正式启动。

18日至21日，2019年桂黔滇三省区民族文化交流活动在百色市举行。此次活动包括开幕式、桂黔滇三省区建设民族文化生态保护区座谈会、桂黔滇三省区民族文化交流活动文艺演出、桂黔滇三省区少数民族服饰展示、桂黔滇三省区原生态民族原创歌曲展演等内容。

19日，来宾市国家现代农业产业园被认定为首批国家级产业园，来宾市成为广西首个获得这一荣誉的设区市。

20日，第十届泛北部湾围棋联赛在北海市开幕。

同日，《又是一年三月三》荣获第九届北京国际电影节民族类“金杉叶”优秀影片奖。

21日，土司文化研究会在来宾市成立。

23日，广西首开泰国水果海铁联运集装箱冷链专列。

28日，广西首例5G远程协同手术在柳州市三江侗族自治县人民医院成功实施。

29日，广西壮族自治区住房和城乡建设厅公布了荣获2018年度宜居城市综合奖名单和宜居城市建设优秀范例名单。南宁市、北流市荣获宜居城市综合奖，柳州市城市管理综合执法范例、梧州市棚户区改造范例、桂林市黑臭水体控源截污等9个项目荣获宜居城市建设优秀范例。

▲ 中国首个原创儿童壮语音乐短片《壮家传扬歌》在广西圆满杀青。

广西木论国家级自然保护区管理局护林员韦显秋荣获中国野生动物保护协会2018年度“斯巴鲁生态保护奖”。

2019年全国五一劳动奖和全国工人先锋号名单公布，广西崇左东亚糖业有限公司获“全国五一劳动奖”，陆志高等17名同志获全国五一劳动奖章，南宁富宁精密电子有限公司ETMG成型部等19个单位获“全国工人先锋号”称号。

广西众创示范基地荣获“全国创业孵化示范基地”称号。

5月

1日，广西全区首个采用新能源旅游大巴车的“全绿色出行”旅游集散中心在桂林成立。

同日，2019世界旅游仙子跨国巡游邀请赛在大新县举行，赛期3天。

1日至3日，南宁市天桃实验学校象棋队在2019年“朝阳小学杯”全国象棋特色学校比赛中蝉联全国冠军。

4日，第六届中国地中海贫血联盟大会在南宁市举行。

5日，原创文化类电视栏目《民族文化》在广西卫视首播。该节目通过电视化、故事化手段，展示、传播、普及、弘扬中华民族优秀文化，宣传广西本土传统文化，交流借鉴世界优秀文化。

7日，全国首个5G华为数字小镇在钦州市正式启动。

同日，第11届中国早餐产业发展论坛在柳州市举行。

11日，广西首次面向广大市民推出文化惠民卡。

同日，2019年全国城市节约用水宣传周活动在南宁市启动。

15日，2019年度全国“最美家庭”揭晓。来自广西的梁彩丽等30户家庭荣膺全国“最美家庭”称号。

同日，广西首个全区性5G试验网搭建完成。

17日，第16届苏迪曼杯世界羽毛球混合团体锦标赛在南宁开幕。

17日至25日，柳州市举办“柳州文博旅游艺术周”活动。

18日，广西民族大学语言博物馆开馆仪式暨语言文化保护座谈会在广西民族大学举行。

19日，中华人民共和国文化和旅游部公布新一批4家国家级旅游度假区，桂林阳朔遇龙河旅游度假区上榜。

同日，广西木叶演奏艺术研究会在南宁市挂牌成立。

20日，南宁市上林县被联合国官方机构联合国老龄所积极老龄化专家委员会正式授予“世界长寿之乡”荣誉称号。

同日，来宾市首个“巨型水稻”种植基地在象州试种。

5月20日至6月2日，广西两部文艺精品舞剧《花界人间》和杂技剧

《百鸟衣》参加第十二届中国艺术节的演出活动。

22日，舞剧《刘三姐》登陆北京天桥艺术中心大剧场，并由此开启2019年全国巡演。

23日，平果县壮族嘹歌文化代表团赴泰国南邦皇家大学开展文化交流。

25日，第二届中国四大名陶展在钦州坭兴陶博物馆开展。

27日，国际医学创新合作论坛（中国—上海合作组织）在防城港市开幕。

28日，广西玉柴机器股份有限公司四大新能源动力系统在北京举行发布会。

同日，第八届中国—东盟音乐周开幕式交响乐作品音乐会在广西文化艺术中心音乐厅举行。

▲ 广西民族大学首届瑶语本科班19名学生全部学成毕业，该班也是全国高校首届瑶语本科班。

贵港口岸正式获批成为进境粮食指定口岸。

国家知识产权局新确定7个国家知识产权示范城市（城区），南宁市位列其中，成为广西首个国家知识产权示范城市。

6月

1日，《广西壮族自治区食品安全条例》正式施行。

同日，广西首届“民族团结进步杯”插画大赛启动仪式在南宁市举行。

5日，《龙滩、天生桥、百色水利枢纽等3个大型跨省库区通航安全管理规定》新闻发布会在南宁市召开。《龙滩库区通航安全管理规定》《天生桥（万峰湖）库区通航安全管理规定（修订）》和《百色水利枢纽库区水上交通安全管理办法》颁布实施。。

6日，南宁市江南区江西镇安平村那马坡等119个村落入选第五批中国传统村落名录。

7日，第十五届中国—东盟（南宁）国际龙舟邀请赛在广西南宁邕江举行。

10日，广西国际壮医医院与柬埔寨宏恩医院在南宁市签署合作协议，计划在柬埔寨宏恩医院设置中医科（壮医科）。

12日，中国工程院院士、广西大学郑皆连教授主持建造的合江长江一桥获第36届国际桥梁大会（IBC）最高奖——乔治·理查德森奖。

15日，在广西桂林市恭城瑶族自治县油茶小镇，在吉尼斯英国总部认证官的见证下，2019位瑶族民众在30分钟内完成同时打油茶、同时出锅，创造了“最多人同时一起打油茶”的吉尼斯世界纪录。

17日，百色市乐业县新化镇百坭村原第一书记黄文秀在突发山洪中不幸遇难，献出了年仅30岁的宝贵生命。之后，黄文秀同志被追授“全国优秀共产党员”“时代楷模”“全国脱贫攻坚模范”“最美奋斗者”“中国青年五四奖章”“全国三八红旗手”等国家级和自治区级荣誉称号，并被授予全国五一劳动奖章。

18日，广西壮族自治区从2019年起每年在1~2个“一带一路”沿线国家举办“广西农业丝路行”境外投资贸易对接推介活动。“广西农业丝路行”首站定在马来西亚。

21日，中国（广西）—奥地利（维也纳）经贸合作洽谈会在维也纳举行。

22日，“2019壮学论坛”在百色学院举行。

23日至25日，广西第三届花山诗会在来宾市举行。

26日，由广西出品的26集动画连续剧《那世纪》在广西广播电视台科教频道播出。该剧以动画片形式演绎了广西原始时代人们发现、栽培水稻，解决人类食物来源难题的传说，是国内首部以“那”文化起源为题材的原创动画。

27日，“新时代，新通道，新作为——首届中国北部湾发展论坛暨新时代高水平开放与西部陆海新通道建设研讨会”在钦州市北部湾大学开幕。

▲ 广西选送的舞蹈《打扁担》亮相第十二届中国艺术节，并摘取全国群众文艺领域的政府最高奖项——群星奖。

7月

1日，国家民族事务委员会、全国人大外事委员会、中华人民共和国财政部等9个部门组成联合调研组，赴广西就广西代表团在十三届全国人大二次会议上提交的“关于加大对边疆民族地区兴边富民行动支持力度的建议”进行调研，并在南宁市召开座谈会。

4日，金秀瑶族自治县费孝通纪念馆和费孝通民族调查史记保护展示馆开馆并向公众开放。

5日，广西壮族自治区民族古籍办公室选送的壮族古壮字古籍《三千书》及一批代表性古籍整理出版成果亮相“民族遗珍 书香中国——中国少数民族古籍珍品暨保护成果展”全国巡展（内蒙古站）内蒙古美术馆。

6日，融水苗族自治县侗学研究会双龙沟研究室在双龙沟4A级景区“梦鸣苗寨”挂牌。

10日，南宁市首次开行的直通香港动车正式发车，成为全国首个开行始发香港动车的少数民族自治区。

同日，“中国甘桑骆越石刻文研究中心”在平果揭牌。

12日，“壮族‘唱娅王’”成为2019年国家社科基金特别委托项目“中国史诗百部工程”子课题。

13日，“问茶东门·文化名家墨迹邀请展”在南宁市工人文化宫开展。

16日，中越爱店—峙马公路客货运输口岸正式开放运营。

17日，广西首个少数民族服务中心——桂林七星区少数民族服务中心揭牌，该中心集政策教育、语言学习、技能培训、咨询服务、矛盾调解等多功能于一体。

同日，第十届全国杂技展演开幕式在广西文化艺术中心举行。

18日，广西大明山国家级自然保护区获得2019年“中国天然氧吧”创建地区称号。

20日，兴安县高尚镇等10个广西乡镇入选中华人民共和国农业农村部、中华人民共和国财政部公布的农业产业强镇示范建设名单。

25日，广西全区城市少数民族流动人口服务管理工作经验交流会在南宁市召开。

26日，2019中欧智能工业发展论坛、首届中国（柳州）国际智能工业博览会在柳州市开幕。

▲ 第16届中国—东盟博览会主题口号确定，主口号为“共绘合作新愿

景，共享精彩东博会”，副口号为“东博盛会精彩有约，民心交融‘媒’力无限”“‘一带一路’同心同梦，东博盛会共享共赢”“共建陆海新通道，共赢丝路新未来”。

南宁市重新编印《少数民族流动人口服务手册》。

8 月

1 日，大新县举办了首届壮族农耕民俗文化节，此次农耕民俗文化节以“以民礼地，以食敬天”为主题。

14 日至 15 日，作为广西唯一受邀参演“2019 年全国基层院团戏曲会演”剧目，大型桂剧《破阵曲》首次在北京公演。

17 日，首届“于成龙廉洁之路文化旅游论坛”在人民日报社报告厅举行。仫佬族风情歌舞《妹，要去》在论坛上表演。

26 日，经国务院批准，同意设立中国（广西）自由贸易试验区。

29 日，在全国围棋锦标赛上，14 岁的柳州少女严古韵琪 5 段勇夺女子少年组冠军。

9 月

1 日，《广西壮族自治区文明行为促进条例》正式施行。

同日，全国第十届残疾人运动会暨第七届特殊奥林匹克运动会在天津落下帷幕。广西代表队一共获得了 29 枚金牌、18 枚银牌和 30 枚铜牌。

2 日，庆祝新中国成立 70 周年广西专场新闻发布会在北京举行。

4 日，广西“三皇西红柿”“平南余甘果”“浦北黄皮”“涠洲岛香蕉”“钦州赤禾”“木梓阿婆茶”“融水田鲤”“北海沙虫”8 个产品获国家农产品地理标志登记保护。至此，广西获农产品地理标志登记保护产品数已达 126 个，列全国第六位。

5 日，黄文秀、蒙晓梅、蓝连青 3 人荣膺第七届全国道德模范，蓝凤秀等 9 人获提名奖。

7 日至 9 日，第一届中国—东盟人工智能峰会暨中国—东盟信息港合作伙伴签约仪式在南京市举办。

8 日至 16 日，第十一届全国少数民族传统体育运动会在河南郑州举行，广西参加13个竞赛项目和8个表演项目，包括运动员、领队和教练员在内约有430人参赛。最终以10个一等奖、25个二等奖、27个三等奖和体育道德风尚奖的成绩，交出了运动成绩和精神文明双丰收的优异答卷。

8日，“庆祝新中国成立70周年首届广西期刊展”在南宁市图书馆开展。

9日，中华人民共和国人力资源和社会保障部、中华人民共和国教育部授予广西宁明县民族中学等19个单位“全国教育系统先进集体”称号，马成正等25名教师荣获“模范教师”称号，刘金玲等3人荣获“全国教育系统先进工作者”称号。

12日，2019年中国—东盟（南宁）戏剧周在南宁市人民会堂举行开幕式。

16日，以“弘扬丝路精神 共同合作发展”为主题的首届“一带一路”侨商侨领交流合作大会在南宁市开幕。

同日，第五届中国—东盟保险合作与发展论坛在南宁市召开。

17日，2019年“中国农民丰收节”启动仪式暨河池市“庆丰收·促脱贫”系列活动在都安瑶族自治县举行。

20日，第14届中国—东盟文化论坛在广西民族博物馆举行。

同日，中华人民共和国文化和旅游部公布首批71家国家全域旅游示范区名单，桂林市阳朔县和来宾市金秀瑶族自治县上榜。

21日至24日，第16届中国—东盟博览会、中国—东盟商务与投资峰会在南宁市举办。

23日，广西壮族自治区政府授予南宁市西乡塘区顶哈鸽产业核心示范区等10个示范区“广西现代特色农业核心示范区（四星级）”称号，授予南宁市邕宁区告祥时宜桑蚕产业核心示范区等25个示范区“广西现代特色农业核心示范区（三星级）”称号。

24日，桂林市兴安县溶江镇（葡萄）等17个村镇入选第九批全国“一村一品”示范村镇名单。

25日，黄文秀、韩素云、杜丽群、凌尚前、李延年5人被授予“最美奋斗者”荣誉称号。

26日，2019中欧绿色智慧城市峰会在南宁市举行。

27日，第七次全国民族团结进步表彰大会在北京市召开，广西有34个模范集体和39个模范个人受到表彰。

同日，广西边境旅游联合体成立，该联合体由大新、防城、东兴、龙州、宁明、凭祥、靖西、那坡等边境县（市、区）的旅游企业组建而成。

30日，“我和我的祖国”庆祝中华人民共和国成立70周年诗歌朗诵会在南宁市工人文化宫举行。

▲ 全区普法学习统编教材《“七五”普法（四）》出版，《广西少数民族语言文字工作条例》被编入该教材。

10月

1日，《广西壮族自治区铁路安全管理条例》《广西壮族自治区测绘管理条例》正式施行。

8日，在2019北京世界园艺博览会颁奖典礼上，广西园荣获北京世园会组委会特等奖，广西展区荣获北京世园会金奖。

9日，袁隆平院士工作站揭牌仪式在桂林市灌阳县举行，这是袁隆平在广西设立的第二个院士工作站。

9日至20日，广西戏剧院携壮剧《百色起义》《冯子材》及现代桂剧《赤子丹心》在北京开展庆祝中华人民共和国成立70周年广西地方戏曲优秀剧目展演活动。

10日，《富川瑶族自治县传统村落保护条例》正式发布施行。

15日，广西生态环境科普工作座谈会在南宁市召开，会上为广西首批12个自治区生态环境科普基地授牌。

15日至17日，国家民委调研组到广西南宁市少数民族流动人口服务中心、凤岭北社区、中华中路社区就民族团结进步创建进社区活动开展专题调研。

17日，全国首个乡镇级高铁无轨站“融水苗族自治县大浪镇高铁无轨站”正式开通运营。

17日至22日，2019年环广西公路自行车世界巡回赛举办。

18日，第七届中国—中亚合作论坛、首届中国—中亚北斗合作论坛、中国—中亚妇女论坛在南宁市开幕。

同日，2019中国—东盟博览会旅游展在桂林开幕。

18日，宜州第十届刘三姐文化旅游节在河池市宜州区拉开帷幕。

19日，广西民族研究学会第七届、广西壮学学会第五届会员代表大会在南宁市召开，广西民族研究学会会长、广西壮学学会会长分别作工作报告。19日，“八桂遗珍秘典重光——庆祝中华人民共和国成立70周年广西少数民族古籍保护成果展”在广西壮族自治区图书馆开展。

22日，广西原创动画连续剧《喀斯特神奇之旅》中央电视台首播新闻发布会在广西民族大学相思湖学院举行。10月23日起，该剧在中央电视台少儿频道“动画大放映”栏目播出。

25日，庆祝中华人民共和国成立70周年民族优秀图书出版成就展在南宁市国际会展中心举行。同时，第二届中国全民阅读年会暨2019广西书展在此拉开帷幕，壮族文学史上第一套壮族作家作品丛书“我们丛书·壮族作家作品系列”正式发布，广西民族出版社那书苑会展中心书廊揭牌。

26日，壮剧《百色起义》获得第十六届中国戏剧节优秀剧目奖。

26日至27日，首届广西全区壮汉双语教师暨师范生壮语文教学技能大赛在南宁师范大学举行。

28日，广西中华民族共同体意识研习基地揭牌仪式在广西民族大学举行。

本月，广西罗城国家地质公园、广西都安地下河国家地质公园正式被命名为“国家地质公园”。

11月

7日，交通运输部、农业农村部、国务院扶贫办联合印发《关于命名“四好农村路”全国示范县的通知》，命名全国83个县（市、区）为“四好农村路”全国示范县。贵港市平南县、河池市凤山县名列其中。

7日至8日，广西全区科技支撑乡村振兴发展现场会在恭城瑶族自治县举行，部署实施五大创新举措支撑乡村振兴。

8日，广西12345政府服务热线正式启动。

同日，广西民族出版社“那书苑——广西民族文化全民阅读推广项目”荣获2019年全国全民阅读优秀项目，其是广西唯一获此殊荣的全民阅读项目。

8 日至 10 日，2019 中国—东盟传统医药健康旅游国际论坛在巴马瑶族自治县举行。

10 日至 12 日，第九届广西发明创造成果展览交易会在南宁国际会展中心开幕。

11 日，广西壮族自治区党委、政府在广东省深圳市举行 2019 年广西全面对接粤港澳大湾区产业发展推介会暨签约仪式，共谋产业对接，共商发展大计，共享合作商机。

13 日，三江侗族自治县、桂平市、昭平县 3 市县获得“第三批国家生态文明建设示范市县”称号，金秀瑶族自治县被评为第三批“绿水青山就是金山银山”实践创新基地。

15 日，2019 年“品牌强桂”高峰论坛暨新时代品牌传播学术研讨会在南宁师范大学举行。

同日，灵川县、恭城瑶族自治县、南宁市邕宁区、鹿寨县、凌云县被评为第六批广西特色旅游名县。

16 日，第二届广西中小学生民族团结进步知识竞赛现场大赛在广西民族大学成功举行。来自广西 14 个地级市的 14 支代表队共 42 名选手参赛，最终百色市代表队获得一等奖。

同日，广西出台首个港澳台人才引进专项计划“港澳台英才聚桂计划”。

同日，第二届广西弘勤文化研究会第一次会员代表大会在南宁市举行。

16 日至 18 日，2019 世界米粉大会在南宁市举办。

18 日，广西第十四届运动会开幕。

同日，灵川县、恭城瑶族自治县、南宁市邕宁区、鹿寨县、凌云县被评为第六批广西特色旅游名县。

18 日至 30 日，广西第十四届运动会在百色市举行。本届运动会首次纳入群众体育比赛项目，由竞技体育项目和群众体育项目组成。本届运动会是区运会有史以来参赛人数最多、项目最多、规模最大的一届。

20 日，广西壮族自治区政府新闻办公室发布《广西壮族自治区中长期青年发展规划》，这是广西出台的第一部关于青年工作的专项规划。

20 日至 21 日，首届广西文化旅游发展大会在桂林市举行。

24日，2019年广西森林康养产业发展论坛在六万大山森林公园举办。

28日，广西壮族自治区民族宗教事务委员会发布法律类新词术语壮文规范288条，并推荐推广使用。

▲ 汉、壮双语版《防震小常识》宣传手册印制出版，这是广西首本印刷出版的双语版科普宣传读物。

长篇人物传记《红色信仰——黄日葵传》正式与读者见面。该书再现了广西第一位中国共产党党员——黄日葵为红色信仰奋斗终生的人生轨迹。

12月

3日，纪念《广西日报》创刊70周年座谈会在南宁市举行。1949年12月3日，《广西日报》作为中共广西省委机关报正式创刊。

4日，广西区内通航短途运输“梧州—桂林”（往返）航线正式开通并首飞成功。

5日，第17届广西名特优农产品（桂林）交易会在桂林国际会展中心开幕。

9日，广西壮族自治区人民政府正式批准区民宗委筹设广西民族职业学院。

11日，百色起义90周年纪念大会在百色干部学院隆重举行。

13日，广西文联授予德保县“广西马骨胡艺术之乡”称号。

16日，由中国歌剧舞剧院携手桂林市文化广电和旅游局共同打造的民族歌剧《刘三姐》音乐会版在悉尼歌剧院、墨尔本汉墨音乐厅唱响。

18日，建设平安广西活动表彰大会在南宁市召开，表彰2017—2018年度建设平安广西活动先进单位和个人，研究部署下一阶段平安广西建设工作。

20日，2019边境县域旅游可持续发展研讨会暨2019广西县域旅游竞争力评价研究报告发布会在大新县举行。会上发布了《广西县域旅游竞争力评价研究报告（2018—2019）》，评选出广西2018—2019年度“旅游综合竞争力十强县（市）”和“旅游创新发展十强县（市）”。

21日，文集《山乡飘出五彩云》在人民日报社广西分社举行首发式。

25日，南宁市轨道交通4号线西段和2号线东延段的轨道铺设任务全部完成，顺利实现了 2019 年年底全线“短轨通”节点目标。

26 日，广西壮族自治区民宗委出台了《广西壮族自治区少数民族语言测试管理规定（试行）》《壮语文水平考试管理办法（试行）》。两份文件对广西少数民族语言测试（口语测试）及壮语文水平考试有关工作作出了明确规定。

31 日，国家民委公布“第三批中国少数民族特色村寨名单”。南宁市青秀区南阳镇施厚村古岳坡、邕宁区新江镇新江社区那蒙坡、武鸣区双桥镇八桥村大伍屯等 40 个少数民族村寨入选。

同日，2020 年新年戏曲晚会在国家大剧院举行，壮剧《黄文秀》唱段精彩亮相。

▲ 2019 年广西少数民族语言资源保护工程顺利通过项目验收。

2019 年全区壮汉双语法官评定工作圆满完成。本年共有 159 名法官被评定为“广西壮族自治区壮汉双语法官”。

国际投资贸易与广西自贸试验区法制建设国际研讨会在广西大学举行。来自国内外科研院校的 20 余位专家学者，围绕“广西自贸试验区法制建设：国际经验与国内实践”“中国—东盟自贸区法制建设”“投资条约、自由贸易协定及自贸区”“国际贸易法与自贸区法前沿问题”4 个议题展开了深入的剖析、对话与交流。